Heinrich Conrad

Eingekerkerte und Ausbrecher

e-artnow 2018

Leseempfehlungen (als Print & e-Book von e-artnow erhältlich)

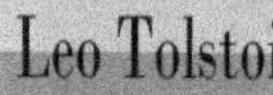

Leo Tolstoi
Anna Karenina (mit Personenregister)

Julius Wolff
Das Wildfangrecht: Historischer Roman

Leo Tolstoi
Krieg und Friedenmit Personenregister

Marquis de Sade
Die 120 Tage von Sodom - Justine - Juliette - Die Philosophie im Boudoir (4 Meisterwerke der Erotik und BDSM)

Jane Austen
Stolz und Vorurteil

Heinrich Conrad

Eingekerkerte und Ausbrecher

Die Abenteuer der Eingekerkerte und Ausbrecher

e-artnow, 2018
ISBN 978-80-273-1517-8

Inhaltsverzeichnis

Vorwort 11
Freiherr Friedrich von der Trenck 13
Fürst Peter Krapotkin 47
Graf von Lavalette und seine Frau 69
Masers de Latude 97
I. 97
II. 108

Vorwort

Wohl jeder von uns ist einmal neben einem Schlossvogt gestanden, der bei Kerzenlicht mit langweilig leiernder Stimme die einstige Verwendung eines düsteren, kalten, feuchten Mauerloches unter der Erde erklärte. »Und hier meine Herrschaften ist der Kerker, in dem unter anderen der Graf Kuno über zwanzig Jahre lang ohne Licht und Streu, nur bei Wasser und Brot, mit zweiundsiebzig Pfund Ketten beladen, schmachten musste. Er war an den Mauerring hier angeschmiedet, und Sie sehen noch, wo die Ketten den Stein ausgewetzt haben.« Wir entsinnen uns noch, wie dann ein Schauer über unsere Haut lief und unsere Phantasie sich bemühte, sich die höllische Wirklichkeit einer solchen Kerkerhaft vorzustellen.

Das Leben der lebendig Begrabenen, der Eingekerkerten, hat von jeher die Einbildungskraft entzündet, und Bewunderung für ihre standhafte Ausdauer, gemischt mit tiefstem Mitleid und Grausen, ausgelöst. Noch innigeren Anteil aber nehmen wir, noch höher steigt unsere Bewunderung, wenn wir von kühnen, oft in endlos währender Kleinarbeit vorbereiteten Ausbrüchen aus den festesten Kerkern hören. Selbst der gemeinste Raubmörder gewinnt ja ein wenig unsere Sympathie, wenn wir in der Zeitung lesen, wie er, mit kühnem Wagemut und kalt überlegendem Scharfsinn, seinen Wächtern entronnen ist. Wir Gebildeten gestehen uns kaum ein, dass wir das Scheusal dann für einen ›Helden‹ ansehen, aber aus den primitiv empfindenden, ethisch unbeschwerten Schichten des Volkes fliegen ihm die Herzen zu. Solche Beweise von Stärke, Geist und Verwegenheit werden nie aufhören, einen mehr oder weniger tiefen Eindruck auf alle Menschen zu machen, denn in jedem von uns ruht das Gefühl der Bewunderung für die kühne Tat, und es ist gut, dass dieses Gefühl vorhanden ist.

Die Kerkerleben und die Kerkerausbrüche, die ich hier vorführe, sind von den Männern selbst beschrieben, die das alles erduldet und erkämpft haben und die es daher am besten wissen müssen, was sie alles gedacht, getan, gefühlt und gelitten haben. Selbstverständlich konnte mich bei meinem Buche der Gedanke der Vollzähligkeit nicht leiten. Sonst hätte ich, um nur einige wenige zu nennen, den württembergischen Landschaftskonsulenten Moser nennen müssen, der jahrelang auf dem Hohentwiel sass, ein Opfer desselben Herzogs Karl Eugen, der den Dichter Schubart 10 Jahre lang auf der Feste Asperg schmachten liess; der Bildhauer Cellini hätte müssen zu Worte, kommen, der auf der Engelsburg eingekerkert, eine verwegene Flucht vollbrachte und mit gebrochenem Bein bis in die Gärten des Vatikans kroch; und Casanova hätte hier seine berühmte Flucht aus den Bleikammern Venedigs erzählen müssen. Ich beschränke mich auf den Freiherrn von der Trenck, den Fürsten Peter Krapotkin, den Grafen von Lavalette, und Masers de Latude. Latudes Gefangenenleben hat 35 Jahre gewährt, er war sozusagen Gefangener von Beruf, und die Schilderung dieser 35 Jahre umfasst einen ganzen Band; ich habe mich daher begnügt, zwei Episoden daraus zu geben, die besonders charakteristisch sind. Bei den übrigen dagegen gebe ich die Schilderung der ganzen Haft, bis zur endlichen Befreiung.

Unsere vier Gefangenen werden die Anteilnahme des Lesers aufs höchste fesseln; niemand wird leugnen können, dass das Buch voll Spannung ist, wie der beste Abenteurerroman. Aber ich möchte mehr, als nur unterhalten! So, wie nach eigenen Berichten grosse Männer in den schwersten Tagen an den Vorbildern ihres Plutarch sich gestärkt haben, so glaube ich, kann auch dieses Buch der Eingekerkerten und Ausbrecher Vorbilder liefern für Tugenden, die recht erstrebenswert sind in unserer schwächlichen Zeit der massenhaften Selbstmorde aus ganz unzulänglichen Gründen. Es gibt immer noch Auswege und Hoffnungen, für den, der Mut und Ausdauer hat und alle seine Kräfte zusammennimmt, um einen Ausweg zu finden. Fortes fortuna adjuvat.

München
Heinrich Conrad.

Freiherr Friedrich von der Trenck

Der Freiherr Friedrich von der Trenck wurde im Jahre 1726 in Königsberg i. Pr. geboren. Mit 13 Jahren schon auf der Universität, wurde er mit 14 Jahren Kadett der Garde du Corps, von Friedrich dem Grossen alsbald seiner glänzenden Gaben wegen ausgezeichnet und zum Offizier befördert. Mit 18 Jahren wurde er Ordonnanzoffizier des Königs und erhielt er den Auftrag, die schlesische Kavallerie in der neuen Taktik zu unterweisen! Zur selben Zeit etwa trat der Umstand ein, der später Trencks lange und schwere Haft zur Folge hatte: er begann ein — sein erstes — Liebesverhältnis, mit der 20jährigen Schwester Friedrichs des Grossen, der Prinzessin Amalia. Der königliche Bruder kam hinter das Geheimnis, seine Warnungen blieben erfolglos, und so ergriff Friedrich der Grosse einen günstigen Vorwand, um Trenck zu kassieren und auf die Festung Glatz zu setzen, von wo der Gefangene jedoch bald ausbrach, um nach mancherlei Irrfahrten und Abenteuern in östreichische Dienste zu treten. Im Jahre 1754 begab Trenck sich in Familienangelegenheiten nach Danzig, damals einer freien Stadt, wo ihn sein Geschick ereilte. Die Danziger lieferten den preussischen »Deserteur« — er war ja aus Glatz geflohen — an Friedrich aus, der ihn nach Magdeburg bringen liess. — Die Schilderung der Kerkerhaft entnehme ich den Lebenserinnerungen Trencks, die er 1787 erscheinen liess und die seitdem unzähligemale neu gedruckt wurden.

C.

Mein Gefängnis war in einer Kasematte, wovon der vordere Teil, sechs Fuß breit und zehn Fuß lang, durch eine Zwischenmauer abgeteilt war. In der inneren Mauer waren doppelte Türen, und zum Eingang in die Kasematte selbst die dritte. Das Fenster in der sieben Fuß dicken Mauer war oben am Gewölbe dergestalt angebracht, daß ich zwar Licht genug hatte, aber weder den Himmel noch die Erde sehen konnte. Gegenüber sah ich das Dach des Magazins allein. Inwendig steckten eiserne Stangen, auswendig gleichfalls, und in der Mitte dieses Mauerfensters war ein ganz enges Drahtgitter angebracht, welches wegen hinaufsteigender Abdachung um einen Fuß kleiner war als das Fenster selbst; hierdurch blieb es unmöglich, weder hinaus-noch hineinzusehen. Von außen stand ein hölzernes Palissadengatterwerk, sechs Fuß von der Mauer, wodurch die Schildwachen dem Fenster nicht beikommen konnten, um mir etwas zuzustecken. Dabei hatte ich ein Bett mit einer Matratze, welches aber, mit Eisen an dem Fußboden befestigt, unbeweglich stand, damit ich es nicht an das Fenster rücken und aufsteigen konnte. Ein kleiner eiserner Ofen stand an der Seite der Türe, und bei demselben ein gleichfalls festgenagelter Leibstuhl. Man legte mir aber keine Eisen an, hingegen bestand meine Kost in 1½ Pfund Kommißbrot und einem Kruge Wasser.

Da ich nun in meiner Jugend einen besonderen Freßmagen hatte und mein Brot meistens so verschimmelt war, daß man kaum die Hälfte genießen konnte — welches vom Geize des damaligen Platzmajors Rieding herrührte, der bei der großen Zahl der unglücklichen Gefangenen noch Gewinn suchte — so ist es mir unmöglich, meinen Lesern die ungeheure Folter zu schildern, welche mir ein elf Monate dauernder unausgesetzter wütender Hunger verursachte. Ich hätte täglich sechs Pfund Brot begierig geschluckt — wenn ich nun alle vierundzwanzig Stunden meine kleine Portion erhielt, so blieb ich nach Genuß derselben ebenso hungrig, als ich vorher war, und mußte abermals vierundzwanzig Stunden auf neue Labung warten. Wie gern hätte ich einen Wechsel auf tausend Dukaten auf mein Wiener Vermögen assigniert, um mich nur einmal an dürrem Brote satt zu essen! Kaum gestattete mir der wütende Hunger einen ruhigen Schlaf, so träumte mir, als ob ich an einer großen Tafel schmauste, wo eben alle Speisen, die ich vorzüglich gern essen mochte, im Überflusse aufgetragen waren. Ich fraß träumend wie ein Nimmersatt, die ganze Gesellschaft erstaunte über meinen Appetit. Der Magen fühlte nichts in Wirklichkeit, desto begieriger fraß ich in Gedanken. Ich erwachte oder vielmehr der Hunger weckte mich, dann schwebten mir die vollen Schüsseln vor den Augen, und dem leeren Magen blieb die rasende Sehnsucht. Der Hunger, der Trieb der Natur, forderten immer mehr, immer rasender, diese Marter hinderte den Schlaf, um desto fürchterlicher erschien mein grausames Schicksal der in die Zukunft forschenden Seele, welche sich die Dauer unübersteiglich schilderte.

Man kann acht Tage Mangel leiden, drei Tage hungern, aber gewiß hat noch kein Mensch auf Erden elf Monate lang so bitter gefastet und sich nicht einmal halb satt gegessen. Man sollte glauben, wenig essen würde Gewohnheit, ich habe aber das Gegenteil empfunden; mein Hunger stieg mit jedem Tage, und eben diese elf Monate waren in meinem ganzen Leben die grausamsten Büttel meiner Standhaftigkeit. Vorstellung, Bitten half nichts, die Antwort war: »Es ist des Königs ausdrücklicher Befehl, man darf Ihnen nicht mehr geben.«

Die drei Türen wurden verschlossen, ich blieb meinem Nachsinnen trostlos überlassen, und alle vierundzwanzig Stunden brachte man mir mein Brot und Wasser um die Mittagsstunde; die Schlüssel von allen Türen waren bei dem Kommandanten. Die inwendige allein hatte ein besonderes verschlossenes Mittelfenster, durch welches mir meine Bedürfnisse hereingereicht wurden. Alle Mittwoch nur wurden die Türen geöffnet, und der Kommandant nebst dem Platzmajor kamen herein, um zu visitieren, wenn vorher mein Abtritt durch einen geschlossenen Delinquenten gereinigt war.

Nachdem ich dieses ein paar Monate hindurch beobachtet hatte und vollkommen sicher war, daß in der ganzen Woche niemand in mein Gefängnis kam, fing ich eine Arbeit an, die ich zuvor genau untersucht hatte und wirklich möglich fand.

Auf dem Platze, wo der Ofen und der Abtritt stand, war der Boden mit Ziegeln gepflastert, und die Wand war der Schwibbogen zwischen meiner benachbarten Kasematte, die niemand bewohnte. Ich hatte nun eine Schildwache vor dem Fenster und fand bald ein paar ehrliche Kerle, die trotz des Verbotes mit mir sprachen und mir die ganze Lage meines Kerkers schilderten. Durch diese erfuhr ich, daß ich leicht entfliehen könne, falls es mir möglich wäre, in diese nächste Kasematte hineinzubrechen, wo die Türe unverschlossen war, dann käme es darauf an, wenn ich einen Freund mit einem Nachen an der Elbe bereit hätte, oder wenn ich mich durch Schwimmen retten könnte; die sächsische Grenze wäre nur eine Meile davon.

Hierauf wurde nun mein Plan gemacht, dessen zergliederte Schilderung dieses halbe Buch füllen würde.

Ich arbeitete die Eisen los, womit mein Abtritt in dem Boden befestigt, und die achtzehn Zoll lang am Kastenbrett mit drei kleinen Nägeln befestigt waren, die ich inwendig abbrach und von außen her, wo allein visitiert wurde, die Köpfe richtig wieder an ihren Ort steckte.

Hierdurch erhielt ich Brecheisen, hob die Ziegel vom Boden auf und fand unter denselben sogleich Erde.

Ich fing also den ersten Versuch an, hinter diesen Kasten ein Loch durch den Schwibbogen zu brechen, welcher sieben Fuß dick war. Die erste Lage der Mauern war Ziegelsteine, dann folgten aber sogleich große Bruchsteine. Nun versuchte ich erst, sowohl die Ziegel des Bodens, als die ersten der Wand, genau zu numerieren und zu bemerken, um das Loch wieder akkurat zuzumachen; dieses glückte, ich griff also weiter.

Am Tage vor der Visitation wurde alles ganz behutsam zugemacht. Beinahe einen Fuß hoch brach ich in die sichtbare Mauer. Die Ziegel wurden wieder eingesetzt, der feinste Kalk wohl verwahrt, der übrige von der Mauer abgeschabt, die vielleicht hundertmal vorher überweißt war und unmerklich Stoff genug zu meinem Bedürfnis gab. Von meinen Haaren machte ich einen Pinsel, machte alles gleich, dann den feinen Kalk in der Hand naß, überstrich und blieb mit dem bloßen Leib so lang an der Mauer sitzen, bis alles trocken und der übrigen Wand gleich war. Dann wurden die Eisen wieder am Abtritte befestigt, und es war unmöglich, das Mindeste zu bemerken.

Während der Arbeit lagen Steine und Schutt in meiner Bettstelle. Hätte man nun in der ganzen Zeit einmal den Verstand gehabt, an einem andern Tage als am Mittwoch zu visitieren, so wäre ich sogleich entdeckt worden; da dieses aber binnen sechs Monaten gar nicht geschah, so war mir die Ausführung einer unglaublichen Unternehmung möglich.

Inzwischen mußte ich auf Mittel sinnen, Schutt aus dem Gefängnis zu schaffen, weil es nie möglich ist, aus einer gebrochenen Mauer alles wieder in den vorigen Raum zu bringen. Dieses geschah auf folgende Art: Kalk und Steine waren unmöglich fortzuschaffen, ich nahm also Erde, streute etwas in mein Zimmer und trat den ganzen Tag auf derselben herum, daß sie ein feiner Staub wurde. Diesen Staub streute ich auf mein Fenster; um heraufzusteigen, brauchte ich den losgemachten Abtritt. Dann machte ich mir einen kleinen Stab von Holzsplittern der Bettstelle; der Zwirn von einem alten Strumpf diente zum Zusammenbinden, und vorne machte ich aus meinen Haaren einen Busch.

Im mittleren Drahtgitter am Fenster machte ich ein Loch größer, das von unten her nicht bemerkt werden konnte, dann warf ich meinen Staub ganz dick auf die Fenstermauern und schob ihn mit großer Mühe mit meinem Stabe durch das Drahtgitter bis an den äußern Rand des Fensters. Dann wartete ich, bis windiges Wetter einfiel, und wenn die Windstöße in der Nacht am Fenster vorbeistrichen, stieß ich mit meinem Pinsel den Staub hinaus, welcher in die Luft geführt wurde und von außen keine Merkmale auf der Erde hinterließ.

Auf diese Art habe ich gewiß allgemach mehr als drei Zentner Erde herausgeschafft und mir zur angefangenen Arbeit Luft gemacht.

Da dieses aber nicht hinlänglich war, so half noch folgendes: Ich machte Würste von Tonerde, die dem Kote ähnlich sahen, trocknete sie, und wenn man das Schloß der letzten Türe am Mittwoch öffnete, dann warf ich sie geschwind in den Abtritt; der Arrestant eilte mit dem Eimer hinweg, schüttete aus, und auf diese Art wurden gleichfalls alle Wochen ein paar Pfund hinausgeschafft. Ich machte auch kleine Kügelchen und blies mit einem Stück Papier, wenn die Schildwache spazieren ging, eines nach dem andern weit zum Fenster hinaus. Auf diese Art schaffte ich Platz, füllte den leeren Erdraum unter dem Bretterboden mit Kalk und Steinen aus und arbeitete glücklich vorwärts.

Unmöglich kann ich aber die Arbeit schildern, die ich fand, nachdem ich ein paar Fuß tief in die Bruchsteine kam. Meine Eisen vom Abtritt, zuletzt auch die vom Bette, waren die beste Hilfe. Eine redliche Schildwache steckte mir einmal einen alten eisernen Ladestock zu, der mir gute Dienste leistete, und ein Messer, so wie es die Soldaten zu kaufen pflegen, welches eine hölzerne Scheide hat, etwa zwei Kreuzer kostet und Kneif genannt wird. Dieses letztere hat mir in der Folge unglaubliche Dienste geleistet. Mit diesem Messer schnitt ich Stücke von den Brettern des Bettes ab und machte Späne, mit welchen ich allgemach den Kalk zwischen den Steinen herausarbeitete.

Unglaublich ist es, was diese sieben Fuß dicke Mauer mir für Arbeit kostete. Das Gebäude ist uralt, und der Kalk war an einigen Orten ganz petrifiziert, so daß ich die ganzen Steine in Staub zerreiben mußte. Sechs Monate lang dauerte die Arbeit unausgesetzt, ehe ich an die letzte Lage kam, welches ich an den Ziegeln erkennen konnte, womit jedes Kasemattenzimmer inwendig ausgemauert war.

In dieser Zeit hatte ich nun Gelegenheit, mit einigen Schildwachen zu sprechen; unter diesen war ein alter Grenadier, Namens Gefhardt, den ich hier deshalb nenne, weil er in meiner Geschichte als ein Beispiel des großmütigsten Menschen auf Erden erscheinen wird. Von diesem erfuhr ich nun die ganze Lage meines Gefängnisses und alle Umstände, wie ich zu meiner Freiheit gelangen konnte.

Nichts fehlte mir als Geld, um einen Kahn zu kaufen und auf der Elbe mit ihm nach Sachsen zu fliehen. Durch diesen rechtschaffenen Mann machte ich Bekanntschaft mit einem Judenmädchen, namens Esther Heymannin aus Dessau, deren Vater daselbst auf zehn Jahre im Gefängnisse saß. Dieses redliche Mädchen, das ich nie sehen konnte, gewann zwei andere Grenadiere, die ihr Gelegenheit boten, so oft sie bei mir auf der Schildwache standen, mit mir zu sprechen. Ich machte von meinen Spänen einen langen, zusammengebundenen Stock, welcher bis vor die Palissadeneinfassung vor dem Fenster reichte: hierdurch erhielt ich Papier, ein Messer und eine Eisenfeile.

Ich schrieb an meine Schwester, die an den einzigen Sohn des Generals von Waldow verheiratet war, schilderte meinen Zustand, gab ihr Instruktion, wie sie für meine Freiheit arbeiten sollte und bat sie, daß sie diesem Judenmädchen dreihundert Reichstaler geben sollte, weil ich durch ihre Hilfe Möglichkeit gefunden hätte, aus meinem Kerker zu entfliehen.

Zugleich gab ich ihr einen beweglichen Brief an den kaiserlichen Minister in Berlin, Graf Puebla, mit, schloß einen Wechsel von tausend Gulden bei, um ihn in Wien einzukassieren und dieser Heymannin zu behändigen. Diese tausend Gulden hatte ich ihr als Belohnung für ihre Treue versprochen. Die dreihundert Reichstaler von meiner Schwester sollte sie aber mir bringen, und dann nebst ihren Grenadieren meine Anstalten zur sicheren Flucht befördern, welches auch unfehlbar entweder durch mein bereits damals halbfertiges Loch in der Mauer oder mit Hilfe der Jüdin und Schildwache durch Durchschneidung meiner Türen um die Schlösser herum geschehen wäre.

Die Briefe waren offen, weil ich sie nur um den Stock wickeln und ihr auf diese Art zustecken konnte.

Das arme redliche Mädchen geht also nach Berlin, gerade und glücklich zum Minister Graf Puebla. Er gibt ihr allen Trost, übernimmt Brief und Wechsel und befiehlt ihr, mit seinem Gesandtschaftssekretär, Herrn von Weingarten, zu sprechen, und alles zu tun, was dieser ihr befehlen würde.

Sie geht zu ihm und wird auf das freundlichste empfangen. Er fragt sie alles aus und sie vertraut ihm den ganzen Plan, durch Hilfe der beiden Grenadiere, zu meiner Flucht. Auch daß sie einen Brief an meine Schwester nach Hammer bei Küstrin zu tragen habe.

Er fordert diesen Brief, liest ihn, forscht alles aus, befiehlt ihr, sogleich zu meiner Schwester zu gehen, und gibt ihr zwei Dukaten auf die Reise, mit dem Befehl, bei ihrer Rückkunft wieder zu ihm zu kommen. Indessen wolle er die Zahlung des Wechsels per tausend Gulden in Wien besorgen und ihr sodann weitere Instruktion geben.

Das Mädchen geht freudig nach Hammer. Meine Schwester, die Witwe war und ihren Mann nicht mehr, wie im Jahre 1746, zu fürchten hatte, ist entzückt über die Nachricht, daß ich noch lebe, gibt ihr dreihundert Reichstaler und muntert sie auf, alles Mögliche zu meiner Rettung beizutragen.

Hiermit eilt sie, nebst einem Briefe an mich, nach Berlin zurück und bringt die Nachricht dem Herrn von Weingarten. Dieser liest meiner Schwester Brief und fragt die Jüdin alles ab, auch sogar die Namen der beiden Grenadiere. Er sagt ihr, die tausend Gulden wären noch nicht aus Wien angekommen, gibt ihr aber zwölf Dukaten, mit dem Befehl, nach Magdeburg zu eilen, mir die gute Nachricht zu bringen, dann aber sogleich nach Berlin zurückzukehren und ihre tausend Gulden bei ihm abzuholen. Das gute Mädchen fliegt nach Magdeburg, geht auf die Citadelle, begegnet aber zu ihrem größten Glücke vor dem Tore dem Weibe des Grenadiers, welches ihr mit Winseln und Tränen erzählt, daß ihr Mann nebst seinem ihr bekannten Kameraden tags vorher arretiert und, in Eisen scharf bewacht, festsäßen.

Die Jüdin hatte einen gesunden Verstand, roch den Braten, kehrte auf der Stelle um und flüchtete glücklich nach Dessau.

Nun will ich dieses wichtige und schreckbare Rätsel auflösen, weil ich nach meiner erlangten Freiheit von eben dieser Jüdin die ganze Relation schriftlich erhalten, die ich noch gegenwärtig wirklich in Händen habe.

Der Legationssekretär von Weingarten war, wie bald hernach weltkundig wurde, ein Verräter, welchem Graf Puebla zu viel vertraut hatte, der als Kundschafter wirklich in preußischem Sold stand und alle Geheimnisse der kaiserlichen Gesandtschaft, auch den in Wien entworfenen Kriegsplan, an das Berliner Ministerium verraten hatte. Er blieb auch bei bald darauf ausgebrochenem Kriege wirklich als ein Treuloser im preußischen Dienste zurück. Mich hatte er verraten, um den Wechsel per tausend Gulden in seinen Sack zu schieben. Denn sicher und erwiesen ist es, daß Graf Puebla meinen Wechsel wirklich nach Wien geschickt, und derselbe ihm den 24. Mai 1755 aus meiner Administrationskasse bezahlt, mir auch nach erlangter Freiheit hier angerechnet wurde. Denn nimmermehr kann ich glauben, daß der Minister selbst diese tausend Gulden für sich behalten habe, obgleich in Wien das Geld wirklich von ihm selbst quittiert ist, wie in der mir vorgelegten Rechnung zu lesen ist, die ich zum Beweis in Händen habe.

Da nun Weingarten das Judenmädchen auf das genaueste ausgekundschaftet hatte, so hat der Schelm, um tausend Gulden zu erobern, mich in das Verderben gestürzt und meiner Schwester Unglück und frühzeitigen Tod verursacht; und seine Verräterei war Ursache, daß ein Grenadier gehenkt wurde, der andere hingegen drei Tage Gassen laufen mußte.

Ich selbst geriet durch Weingartens Verräterei in die ungeheuren Fesseln, die mich noch neun Jahre folterten. Ein unschuldiger Mensch verlor am Galgen sein Leben. Meine redliche Schwester hingegen mußte mir auf ihre Kosten das neue Gefängnis in der Sternschanze bauen lassen. Der Fiskus strafte sie um eine Summe, die ich nie erfahren habe. Ihre Güter wurden bald hernach gänzlich ausgeplündert und in eine Wüstenei verwandelt. Ihre Kinder gerieten durch diese Begebenheit in die bitterste Armut, und sie selbst starb in der Blüte der Jahre, im dreiunddreißigsten, von Gram und Verfolgung, durch ihres Bruders Unglück und durch die Verräterei der kaiserlichen Gesandtschaft zugrunde gerichtet.

In meinem Kerker erfuhr ich in den ersten Tagen gar nichts. Bald aber kam mein ehrlicher Gefhardt wieder auf die Schildwache zu mir. Da aber die Posten verdoppelt waren und nunmehr zwei Grenadiere meine Türe bewachten, so war das Sprechen ohne Gefahr fast unmöglich. Indessen gab er mir doch Nachricht von den beiden unglücklichen Kameraden.

Der König kam eben nach Magdeburg zur Revue. Er selbst ist in der Sternschanze gewesen und hat in aller Eile das neue Gefängnis in derselben für mich zu bauen befohlen, auch die Ketten angeordnet, in die ich geschmiedet werden sollte.

Mein ehrlicher Gefhardt hatte seine Offiziere sprechen hören, daß dieses neue Gefängnis für mich bestimmt sei. Er gab mir Wind davon, versicherte mir aber, daß es vor Ende des Monats nicht fertig sein könnte.

Ich faßte also den Entschluß, eilfertig den Ausbruch meines Lochs in der Mauer zu beschleunigen und ohne auswärtige Hilfe zu entfliehen.

Möglich war es, denn von meinem Bette hatte ich einen Strick verfertigt, den ich an eine Kanone anbinden und mich vom Walle herunterlassen wollte. Über die Elbe wäre ich geschwommen, und da die sächsische Grenze nur eine Meile entfernt ist, so wäre ich auch sicher glücklich davongekommen.

Am 26. Mai wollte ich in die Nebenkasematte herausbrechen. Da ich mich aber unter dem Ziegelboden herausarbeiten wollte, fand ich dieselbe so fest ineinander gefügt, daß ich den Ausbruch auf den folgenden Tag verschieben mußte. Der Tag brach wirklich heran, als ich müde und matt aufhörte; und wäre jemand zufällig am folgenden in das Zimmer gegangen, so hätte man das bereits aufgewühlte Loch gefunden.

Der 27. Mai war ein neuer Unglückstag für mich. Mein Gefängnis war in der Sternschanze rascher fertig geworden, als man glaubte. Und eben, als die Nacht heranbrach und ich Anstalt zu meiner Flucht machen wollte, hielt ein Wagen vor meinem Gefängnisse still. Gott! Wie erschrak ich! Du allein weißt es, wie mir damals zumute war! Schlösser und Türen wurden geöffnet! In Geschwindigkeit versteckte ich noch mein Messer zur letzten Nothilfe an einem geheimen Orte auf dem Leibe, und in eben dem Augenblicke trat der Platzmajor nebst dem Major du jour und einem Kapitän in mein Gefängnis, zwei Laternen in den Händen.

Man sprach kein Wort, als: »Ziehen Sie sich an.« Dies war gleich geschehen, es war noch meine kaiserliche Uniform. Hierauf reichte mir jemand ein paar Eisen, mit welchen ich mich selbst übers Kreuz an Hand und Fuß schließen mußte. Dann band mir der Platzmajor mit einem Tuche die Augen zu, man griff mir unter die Arme und führte mich in den Wagen. Aus der Zitadelle muß man nun durch die ganze Stadt und dann erst zur Sternschanze wieder hinausfahren. Ich hörte nun nichts als das Geklirre der den Wagen umgebenden Bedeckung, in der Stadt aber einen gewaltigen Zulauf des neugierigen Volks, weil man ausgesprengt hatte, ich sollte in der Sternschanze enthauptet werden.

Sicher ist es auch, daß verschiedene Leute, welche mich damals mit verbundenen Augen durch die Stadt führen sahen, überall erzählt und geschrieben haben, daß am 27. Mai der Trenck in die Sternschanze geführt und daselbst ihm der Kopf vor die Füße gelegt sei. Die Offiziere der Garnison hatten auch den Befehl, dieses zu bekräftigen, weil niemand wissen sollte, wo ich geblieben war.

Endlich hielt der Wagen still. Man führte mich aus demselben in das neue Gefängnis und löste mir bei dem Scheine einiger Lichter das Tuch von den Augen. Aber, o Gott! wie regte sich mein Gefühl, als mir zwei schwarze, dem Teufel ähnliche Schmiede, mit einer Glutpfanne und Hammer bewaffnet, und der ganze Boden mit rasselnden Ketten bedeckt, in die Augen fielen.

Man griff sogleich zum Werke, und beide Füße wurden mir mit schweren Ketten an einem eisernen, in der Mauer befestigten Ringe festgeschmiedet. Dieser Ring war drei Fuß vom Boden erhaben, folglich konnte ich links und rechts etwa drei Fuß breit Bewegung machen. Dann wurde mir um den nackten Leib ein handbreiter Ring angeschmiedet, welcher mit einer Kette an einer eisernen, armdicken Stange zusammenhing, die zwei Fuß lang war und an deren beiden Enden man meine Hände in zwei Schellen befestigte. Das ungeheure Halseisen wurde mir diesmal noch nicht angelegt und folgte erst im Jahre 1756.

Nun sagte kein Mensch gute Nacht, alles ging in schreckbarer Stille fort, und ich hörte nacheinander vier Türen mit fürchterlichem Gerassel zuschließen.

Schildern kann meine Feder nicht, was in dieser ersten Nacht in meinem Herzen, in meinen Entschließungen kämpfte und den letzten Entschluß zurückhielt. Ich sah wohl ein, daß dieses Schicksal mir nicht auf kurze Zeit bestimmt sei, weil mir der nächst ausbrechende Krieg zwischen Österreich und Preußen bekannt war, und das Ende mit Gelassenheit abzuwarten, schien mir unmöglich. Dabei hatte ich Ursache zu zweifeln, ob man sich am Ende noch in Wien für mich interessieren werde, weil ich Wien aus Erfahrung kannte, auch wußte, daß die, welche meine Güter daselbst geteilt hatten, gewiß alles Mögliche tun würden, um mir die Rückkehr zu wehren. Mit diesen Gedanken verfloß die Nacht. Der Tag erschien, aber nicht in seinem Glanze für mich. Dennoch konnte ich in der Dämmerung meinen Kerker betrachten.

Die Breite war acht und die Länge zehn Fuß. Neben mir stand ein Leibstuhl, und vier Ziegel waren in der Ecke in die Höhe gemauert, worauf ich sitzen und den Kopf an die Mauer anlehnen konnte. Dem Ringe in der Mauer gegenüber, an den ich angeschmiedet war, war ein künstliches Fenster in der sechs Fuß dicken Mauer angebracht, in der Form eines halben Zirkels, aber nur einen Fuß hoch und zwei im Diameter. Von innen ging die Öffnung aufwärts gemauert bis an die Mitte, woselbst ein enges Drahtgitter befestigt war. Dann lief die Abdachung gegen die Erde hinaus, wo man dieses Luftloch oder Fenster mit dicht aneinander stehenden eisernen Stangen ebenso wie inwendig versichert hatte.

Da nun mein Gefängnis in dem Graben des Hauptwalls gebaut, von hinten an denselben gelehnt, inwendig acht Fuß breit und die Mauer sechs Fuß dick war, so stieß das Fenster beinahe an die Mauer des zweiten Walles; folglich konnte von oben her gar keines, von unten auf aber nur der Widerschein des Tageslichts in meinen Kerker, besonders durch ein so enges Loch, hereinbrechen, welches dreimal mit Eisen und Gittern versehen war. Mit der Zeit wurde mein Auge aber dennoch so an diese Dämmerung gewöhnt, daß ich eine Maus konnte laufen sehen. Im Winter aber, wo die Sonne gar nicht in den Graben schien, war bei mir ewige Nacht. Inwendig war vor dem Gitter ein Fenster, wovon die mittlere Scheibe zum Luftloch geöffnet werden konnte.

Neben dem hölzernen Leibstuhl, der alle acht Tage ausgetragen wurde, stand ein Wasserkrug.

In der Mauer konnte man den Namen *Trenck* von roten Ziegeln ausgemauert lesen, und unter meinen Füßen lag ein Leichenstein mit dem Totenkopf, unter welchen ich begraben werden sollte, und mit meinem Namen bezeichnet. Mein Kerker hatte doppelte Türen von zwei Zoll dickem, eichenem Holze. Vor denselben war eine Art von Vorzimmer mit einem Fenster, und dieses abermals mit zwei Türen verschlossen.

Weil nun der Monarch ausdrücklich befohlen hatte, daß mir absolut aller Umgang, alle Gelegenheit, mit Schildwachen zu sprechen, sollte abgeschnitten werden, damit ich keinen mehr verleiten könne, und deshalb der Kerker undurchdringlich gebaut werden müsse, so war der Hauptgraben, in welchem mein Palast prangte, von beiden Seiten mit zwölf Fuß hohen Palissaden geschlossen, und den Schlüssel zu dieser fünften Türe allein hatte der wachhabende Offizier.

Mir selbst blieb keine andere Bewegung übrig, als auf der Stelle, wo ich angeschmiedet war, zu springen, oder den oberen Leib so lange zu schütteln, bis mir warm wurde. Mit der Zeit, als ich mich an die schweren Fesseln gewöhnt, konnte ich auch Seitenbewegungen von vier Fuß machen, wobei aber die Schienbeine litten.

Das Gefängnis war binnen elf Tagen mit Gips und Kalk ausgemauert worden, und gleich wurde ich hineingebracht, wobei jedermann glaubte, daß ich den neuen Mauerndampf in einem ganz geschlossenen Loche nicht vierzehn Tage überdauern würde. Wirklich saß ich etwa sechs Monate beständig im Wasser, welches von dem ungeheuer dicken Gewölbe ebenda, wo ich stehen mußte, beständig auf mich herabträufelte. Ich kann auch meine Leser versichern, daß mein Leib binnen der ersten drei Monate gar nicht trocken wurde, und dennoch blieb ich gesund.

So oft man zur Visitation kam, und dies geschah täglich um Mittag nach Ablösung der Wache, mußte man vorher die Türen einige Minuten offen lassen, sonst löschte der erstickende Dunst der Mauer die brennenden Lichter in der Laterne aus.

Mein Vorsatz war, dem Unglück zu trotzen und meinen Sieg trotz allen Hindernissen selbst zu erringen. Der Ehrgeiz, mir dereinst diesen Sieg selbst zuzueignen, war vielleicht die stärkste Triebfeder zu diesem Entschluß, welcher endlich durch wiederholte Prüfungen bis zu dem Grade des echten Heldengeistes heranwuchs, dessen Sokrates im grauen Haare sich gewiß in solchem Gewichte nicht rühmen konnte. Er war alt, hörte auf zu empfinden und trank den Giftbecher gleichgültig. Ich hingegen war im Feuer der Jugend, und das Ziel schien auf allen Seiten weit entfernt, wo ich hinstrebte. Die gegenwärtige Art der wirklichen Leibes-und Seelenfoltern waren von solcher Art, daß ich von meinem Gliederbaue wahrscheinlich keine Dauer erwarten konnte.

Mit solchen Gedanken rang ich, als es Mittag war und mein Käfig zum erstenmal geöffnet wurde. Wehmut und Mitleid war auf jeder Stirne meiner Wächter gemalt. Niemand sprach ein Wort, auch nicht einmal guten Morgen, und fürchterlich war ihre Ankunft, weil sie mit den noch nicht gewöhnten ungeheuren Riegeln und Schlössern an den Türen etwa eine halbe Stunde rasselten, ehe die letzte geöffnet wurde.

Man trug meinen Leibstuhl hinaus, brachte eine hölzerne Bettstelle oder eine Pritsche herein, nebst einer Matratze und guten wollenen Decken; zugleich auch ein ganzes Kommißbrot von sechs Pfund, wobei der Platzmajor sagte: »Damit Sie sich nicht mehr über Hunger zu beklagen haben, wird man Ihnen Brot geben, so viel Sie essen wollen.« Man schloß die Türen zu und überließ mich meinem Schicksale.

Gott! wie kann ich die Wollust schildern, die ich im ersten Augenblicke empfand, als ich nach elfmonatlichem, wütendem Hunger mich zum erstenmal sattessen konnte. Kein Glück schien mir im ersten Genüsse vollkommener als dieses, und keine Mühle zermahlt die harten Körner geschwinder, als damals meine Zähne im Kommißbrot wühlten. Ich fraß, ich rastete, stellte Betrachtungen an, aß wieder, fand mein Schicksal schon erleichtert, vergoß Tränen, brach ein Stück nach dem andern ab, und noch eh' es Abend wurde, war mein Brot im Leibe.

Meine erste Freude dauerte aber nicht lange, und gleich lernte ich, daß ein übertriebener Genuß ohne Mäßigung Ekel hervorbringt. Mein Magen war durch so langen Hunger geschwächt, die Verdauung wurde gehemmt, der ganze Leib schwoll auf, mein Wasserkrug wurde leer, Krämpfe, Koliken und zuletzt Durst mit unglaublichen Schmerzen folterten mich bis zum andern Tage, und schon verfluchte ich die, welche ich kurz vorher deshalb segnete, weil sie mir satt zu essen gaben. Ohne Bett wäre ich in dieser Nacht gewiß verzweifelt. Meine grausamen Fesseln war ich noch nicht gewöhnt, die Kunst, in denselben zu liegen, hatte ich noch nicht so gelernt, wie sie mir endlich Zeit und Gewohnheit lehrten. Ich konnte mich wenigstens auf trockener Matratze sitzend krümmen. Diese Nacht war aber dennoch eine der grausamsten, die ich erlebt habe. Am folgenden Tage, da man meinen Kerker öffnete, fand man mich in einem erbärmlichen Zustande, wunderte sich über meinen Appetit und trug mir ein anderes Brot an. Ich protestierte, weil ich keines mehr zu bedürfen glaubte. Dennoch ließ man eins holen, gab mir zu trinken, zuckte die Achseln, wünschte mir Glück, weil ich allem Aussehen nach nicht lange mehr leiden würde, und schloß die Türen wieder zu, ohne zu fragen, ob ich anderer Hilfe bedürfe.

Drei Tage verflossen, bis ich wieder den ersten Bissen Brot essen konnte. Indessen war die sonst starke, standhafte Seele im kranken Leibe kleinmütig, und mein Tod wurde beschlossen.

Ich fand tausend Gründe, die mich überzeugten, daß es nunmehr Zeit sei, meinen Leiden ein Ende zu machen. Und da mich niemand gefragt hat, ob ich in die Welt kommen und geboren sein wollte, so glaubte ich auch, daß ich vollkommen berechtigt sei, gleichfalls, ohne jemand zu fragen, dieselbe zu verlassen, sobald mein Hiersein unerträglich wurde. Dennoch wollte ich den ersten Regungen eines verzweifelten Schmerzes mit aller möglichen Vernunft ausweichen und mir selbst Zeit lassen, alle Gründe und Gegensätze mit kaltem Blute abzuwiegen. Deshalb beschloß ich, noch acht Tage zu warten, bestimmte aber den 4. Juli zu meinem unfehlbaren Sterbetage.

Indessen sann ich auf alle mögliche Mittel, mir eigenmächtig zu helfen, oder in den Bajonetten meiner Wächter die Seele auszuhauchen.

Gleich am folgenden Tage wurde ich bei Öffnung meiner vier Türen gewahr, daß sie nur von Holz waren, und der Gedanke fiel mir ein, mit meinem aus der Citadelle glücklich herübergebrachten Messer die Schlösser auszuschneiden, sodann aber weiter meine Rettung zu versuchen. Wäre dann kein Mittel, dann sei es erst Zeit, den Tod zu wählen.

Nun ward sogleich der Versuch gemacht, ob es möglich sei, mich von meinen Eisen zu befreien.

Die rechte Hand brachte ich glücklich durch die Schelle, obgleich das Blut unter den Nägeln gerann, die linke aber konnte ich nicht herausbringen. Ich wetzte aber mit einigen Stücken Ziegelsteinen, die ich von meinem Sitze losschlug, so glücklich an dem nur nachlässig verschmiedeten Stifte der Handschelle, daß ich selbigen herausziehen und auch diese Faust befreien konnte.

An dem Ringe um den Leib war nur ein Haken mit der Kette an der Armstange befestigt; ich stemmte die Füße gegen die Wand und konnte ihn aufbiegen. Nun blieb mir noch die Hauptkette zwischen Mauer und Fuß übrig, ich drehte dieselbe übereinander — Kräfte hatte mir die Natur gegeben — sprengte mit Gewalt von der Mauer weg, und zwei Gelenke zersprangen auf einmal.

Von Fesseln frei, glaubte ich mich schon glücklich, schlich zur Türe, suchte im Dunkeln die Spitzen der durchgeschlagenen Nägel um das auswendig befestigte Schloß und fand, daß ich eben kein großes Stück Holz auszuschneiden hatte, um diese zu eröffnen. Gleich nahm ich mein Messer zur Hand, schnitt unten am Gerüste ein kleines Loch durch und fand die eichenen Bretter nur einen Zoll dick, folglich die Möglichkeit, alle vier Türen in einem Tage zu öffnen.

Hoffnungsvoll eilte ich nun zu meinen Eisen, um sie wieder anzulegen; doch, ach Gott! was waren hier für Schwierigkeiten zu übersteigen!

Das zersprungene Gelenk fand ich nach vielem Herumtappen und warf es in den Abtritt. Mein Glück war, daß man bis dahin gar nicht visitiert hatte, auch bis zum Tage der Unternehmung selbst nichts visitierte, weil man keine Möglichkeit zur Flucht vermutete. Ich band also mit einem Stück von einem Haarbande die Kette zusammen.

Da aber die Hand wieder in die Schelle zurücksollte, war sie vom gewaltsamen Ausziehen geschwollen, und aller Versuch unmöglich. Die ganze Nacht wurde auch an diesem Stifte gewetzt, der aber so stark verschmiedet war, daß alle Arbeit vergebens blieb.

Der Mittag, die Visitierstunde erschien, die Not, die Gefahr war da; der Versuch wurde erneuert, die Hand hineinzuzwingen; endlich gelang es mit Foltermartern, und man fand beim Hereintreten alles in Ordnung.

Den 4. Juli wurde kaum die Türe nach dem Visitieren geschlossen, so war auch schon die Hand aus der Schelle hinaus und alle Fesseln glücklich abgelegt. Sogleich ergriff ich mein Messer und fing die Herkulesarbeit an den Türen an. In weniger als einer Stunde war sie offen, weil sie einwärts aufging und die Querstange nebst dem Schlosse von außen hängen blieb.

Aber, o Gott! wie schwer ging es bei der zweiten! Das Schloß war bald umschnitten, aber da die Querstange an demselben befestigt war und die Türe hinaus geöffnet werden mußte, war kein anderes Mittel übrig, als sie über der Stange ganz durchzuschneiden.

Auch dieses wurde durch eine unglaubliche Arbeit möglich gemacht, und diese fiel mir desto schwerer, weil alles im Finstern allein durch Greifen bewerkstelligt werden mußte. Meine Finger waren alle wund, der Schweiß floß auf den Boden, und das rohe Fleisch blutete in den Händen.

Nun fand ich das Tageslicht. Ich stieg über die halbe Türe, im Vorgemache war ein offenes Fenster, ich kletterte hinauf und sah, daß mein Kerker im Hauptgraben des ersten Walles gebaut war. Ich sah vor mir den Aufgang auf denselben und die Wache etwa fünfzig Schritte von mir, auch die hohen Palissaden, die noch im Graben vor meinem Kerker zu übersteigen waren, ehe ich auf den Wall kriechen konnte. Meine Hoffnung wuchs und meine Arbeit verdoppelte sich, als ich zur dritten Türe griff, die wie die erste inwendig aufging, folglich nur die Umschneidung des Schlosses erforderte. Die Sonne ging unter, als ich auch mit dieser fertig war; die vierte mußte eben wie die zweite in der Quere durchschnitten werden, meine Kräfte hatten mich aber bereits verlassen, und das rohe Fleisch in beiden Händen machte mir alle Hoffnung schwinden.

Nachdem ich eine Weile gerastet, wurde dennoch auch diese angegriffen; wirklich war bereits etwa ein Fuß lang der Schnitt fertig, als mein Messer zerbrach und die Klinge hinausfiel.

Allsehender Gott! was war ich in diesem schrecklichen Augenblicke! Fand sich wohl jemals eines deiner Geschöpfe mehr gerechtfertigt als ich zur Verzweiflung? Der Mond schien hell, ich sah durch das Fenster mit starrem Blick den Himmel an, fiel auf meine matten Knie, suchte neuen Mut und Trost und fand keinen, weder in der Religion, noch in der Weltweisheit.

Ohne der Vorsehung zu fluchen, ohne mindeste Furcht vor meiner Vernichtung, noch vor der Gerechtigkeit eines Gottes, der unsres Schicksals Schöpfer ist, und der mir auch nur menschliche Kräfte in Vorfällen gegeben hatte, welche diese Kräfte weit überwiegen, empfahl ich mich dem möglichen Richter der Toten, ergriff das Stück meines Messers, durchschnitt mir die Adern am linken Arm und Fuße, setzte mich ruhig in den Winkel meines Kerkers und ließ mein Blut rieseln. Eine Ohnmacht bemeisterte sich meiner Sinne, und ich weiß nicht, wie lange ich in diesem Zustande sanft geschlummert habe.

Auf einmal hörte ich meinen Namen rufen, erwachte, und abermals rief man draußen: »Baron Trenck!«

Meine Antwort war: »Wer ruft?« Und wer war es? Mein redlicher Grenadier Gefhardt, der mir auf der Zitadelle alle Hilfe versprochen hatte.

Dieser rechtschaffene Mann war über mein Gefängnis auf den Wall hingeschlichen, um mich zu trösten.

Er fragte: »Wie geht's ?« Ich antwortete, nachdem er sich zu erkennen gegeben: »Ich liege im Blute, morgen findet Ihr mich tot.« — »Was, sterben ?« erwiderte er. »Hier ist es viel leichter für Sie, zu entfliehen, als auf der Zitadelle. Sie haben gar keine Schildwache, und ich werde schon Mittel finden, Ihnen Instrumente zuzustecken. Können Sie sich nur herausbrechen, für das übrige lassen Sie mich sorgen. So oft ich hier auf der Wache bin, will ich Gelegenheit suchen, mit Ihnen zu sprechen. In der ganzen Sternschanze steht nur eine Schildwache vor der Wache und eine am Schlagbaum. Verzweifeln Sie nicht! Gott wird Ihnen noch helfen! Verlassen Sie sich auf mich.«

Nach einer kurzen Unterredung wuchs mein Mut. Ich sah noch Möglichkeit zur Rettung, eine geheime Freude durchwühlte meine Seele. Gleich zerriß ich mein Hemd, verband meine Wunden und erwartete den Tag, der bald hernach mit heiterer Sonne heranbrach.

Nun hatte ich noch Zeit bis Mittag, zu überlegen, was ferner zu tun sei. Was war anders für mich zu erwarten, als daß ich noch ärger mißhandelt und eingeschmiedet werden müsse, als bisher geschehen war, sobald man meine zerschnittenen Türen und zernichteten Fesseln finden würde.

Nach reiflicher Überlegung faßte ich also folgenden Entschluß, der mir glücklich und wider alles Vermuten gelang. Ehe ich aber diesen erzähle, will ich nur einige Worte von meinem damaligen Zustande vortragen.

Meine Mattigkeit kann ich niemand schildern. Das Blut schwamm im Gefängnisse, und sicher war nur noch wenig in meinen Adern übrig. Die Wunden schmerzten, die Hände waren von der ungeheuren Arbeit starr und geschwollen, und ohne Hemd stand ich da, weil es zur Verbindung meiner Adern dienen mußte. Der Schlaf überfiel mich, und kaum hatte ich Kräfte übrig, aufrecht zu stehen. Indessen mußte ich wachen, um meinen Plan auszuführen.

Mit meiner eisernen Armstange stieß ich nun die Ziegelbank, worauf ich saß, leicht auseinander, weil sie noch ganz neu gemauert war, und alle Steine legte ich mitten in mein Gefängnis.

Die inwendige Türe war ganz offen. Die obere Hälfte der zweiten verstrickte ich an Angeln und Schlosse mit meinen Ketten, so daß keiner hinübersteigen konnte.

Als nun der Mittag herankam, und man die äußere Tür öffnete, erschrak jedermann, daß die andre offen war. Man trat in das Vorgemach mit Erstaunen. Nun stand ich an der inneren Türe in der fürchterlichsten Gestalt, mit Blut bedeckt, wie ein Verzweifelter da, hielt in einer Hand einen Stein, in der andern das zerbrochene Messer und rief: »Zurück, zurück, Herr Major! Sagen Sie dem Kommandanten, daß ich nicht länger in Ketten leben will. Er soll mich hier totschießen lassen! Herein kommt kein Mensch! Ich werfe und schlage fünfzig Mann tot, eh' einer hereinkommen kann, und für mich bleibt mir mein Messer. Sterben will ich hier, und das trotz Ihrer Gewalt.«

Der Major erschrak, konnte sich zu nichts entschließen und ließ den Vorfall dem Kommandanten melden. Indessen setzte ich mich auf meinen Steinhaufen und erwartete mein ferneres Schicksal. Mein geheimer Entschluß zielte aber damals wirklich nicht mehr auf Verzweiflung, sondern nur auf eine gute Kapitulation.

Gleich darauf erschien der Kommandant General von Borck nebst dem Platzmajor und einigen Offizieren. Er trat in das Vorgemach, sprang aber gleich zurück, sobald er mich zum Wurf bereit erblickte. Ich wiederholte, was ich dem Major gesagt hatte, und nun befahl er sogleich den Grenadieren, die Türe zu stürmen. Das Vorgemach war kaum sechs Fuß breit, und nicht mehr als einer oder zwei konnten meine Verschanzung zugleich angreifen. Sobald ich aber den Arm aufhob, um mein Bombardement mit Steinen anzufangen, sprangen sie wieder zurück. Endlich war eine kurze Stille, nach welcher der alte Platzmajor an die Türe trat und nebst einem Feldprediger mich zu beruhigen suchte. Die Unterredung dauerte lange, wer aber von uns die besten Gründe vorbrachte, dieses überläßt meine Feder dem Urteile der Leser.

Der Kommandant wurde unwillig und gab Befehl zum Angriff. Der erste Grenadier lag gleich auf der Erde, die andern aber sprangen vor dem Steinregen zurück und hinaus.

Der Platzmajor trat noch einmal herein mit den Worten: »Um Gottes willen, lieber Trenck! Was hab' ich an Ihnen verschuldet, daß Sie mich unglücklich machen wollen? Ich allein muß es verantworten, daß Sie durch meine Unvorsichtigkeit aus der Zitadelle ein Messer mit herübergebracht haben. Beruhigen Sie sich, ich bitte Sie! Sie sind noch nicht ohne Hoffnung, noch ohne Freunde.«

Meine Antwort war: »Aber wird man mich nicht noch ärger mit Fesseln belegen als bisher?« — Er ging hinaus, sprach mit dem Kommandanten und versicherte mir aufs Ehrenwort, der ganze Vorfall sollte nicht weiter gemeldet werden und alles beim alten bleiben.

Hiermit war nun die Kapitulation geschlossen und meine Verschanzung überstiegen. Man sah meinen Zustand wirklich mit Menschenliebe und Mitleid an, visitierte die Wunden, ließ einen Feldscher holen, der mich verband, gab mir ein anderes Hemd und ließ Blut und Steine wegräumen. Indessen lag ich wirklich halb entseelt auf dem Bette. Mein Durst war grausam, man labte mich auf des Chirurgen Rat mit Wein; zwei Schildwachen wurden in das Vorgemach gestellt, und so ließ man mich ohne Eisen vier Tage lang ruhig liegen. Man gab mir auch täglich eine Fleischsuppe zur Labung, wie mich aber diese erquickte, kann meine Feder nicht schildern.

Zwei Tage hindurch lag ich im immerwährenden Schlummer und mußte, sobald ich erwachte, trinken, ohne jemals den Durst zu löschen. Füße und Hände waren aufgeschwollen und meine Schmerzen im Rücken und in den Gliedern fast unerträglich.

Am fünften Tage waren die Türen fertig, wovon die innere ganz mit Eisen beschlagen wurde. Man schmiedete mich aber so wie zuvor in die Eisen, vermutlich weil man keine grausameren notwendig fand; allein die zersprengte Hauptkette an der Mauer war stärker als die erste. Man hielt aber im übrigen redlich Wort, was in unserer Kapitulation versprochen war, und bedauerte wirklich mit Wehmut daß man laut königlicher Order mein Schicksal nicht lindern dürfe, wünschte mir viel Standhaftigkeit und Geduld und schloß die Türen zu.

Nun muß ich aber auch meinen Lesern die Art meiner Kleidung schildern. Weil die Arme an einer Stange festgeschmiedet waren und die Füße an der Mauer, so konnte ich weder Hemd noch Hosen ordentlich anziehen, es wurde mir also das erstere mit offenen Nähten überall zusammen gebunden, und dieses geschah alle vierzehn Tage. Die Hosen aber waren auf beiden Seiten zum Zuknöpfen. Ein blauer Kittel von grobem Kommißtuche, der gleichfalls zusammengebunden werden mußte, bedeckte meinen Leib; ein Paar wollene Kommißstrümpfe und ein Paar Pantoffeln dienten für die Füße. Die Hemden waren von Musketierleinwand.

Nach dieser fehlgeschlagenen Unternehmung zur Flucht und wirklich wunderbaren Erhaltung meines Lebens fing ich erst gründlich zu moralisieren an, und je tiefer ich nachsann, je mehr Trostgründe fand ich in mir selbst, je mehr Standhaftigkeit, meine Leiden zu ertragen, und günstigere Gelegenheit zur Rettung abzuwarten.

Mein ehrlicher Grenadier Gefhardt hatte mich mit frischer Hoffnung beseelt. Ich beschäftigte mich demnach mit Denken und neuen Plänen, um mir eigenmächtig zu helfen. Man hatte mir, um mich näher zu beobachten, eine Schildwache vor die Türe gesetzt, und hierzu wurden allezeit die sogenannten Vertrauten oder verheirateten Landeskinder gewählt, die ich aber, wie die Folge meiner Geschichte erweisen wird, leichter und sicherer zu meinem Beistande überreden konnte, als fremde Flüchtlinge.

Indessen fing ich an, mich an meine im Anfange unerträglichen Fesseln allgemach zu gewöhnen. Ich lernte meine langen Haare auskämmen, und endlich sogar sie mit einer Hand zu binden. Mein Bart, der nie rasiert wurde, hatte mir bereits in so langer Zeit ein fürchterliches Aussehen gegeben. Ich fing an, ihn auszurupfen. Die Schmerzen waren empfindlich, besonders um den Mund herum. Aber auch dieses wurde Gewohnheit, und in den folgenden Jahren alle sechs Wochen oder zwei Monate bewerkstelligt, weil die ausgewurzelten Haare wenigstens einen Monat bedürfen, ehe sie von neuem hervorkeimen, und ebenso lange, bis man sie wieder mit den Nägeln ausreißen kann.

Ungeziefer hat mich nie gequält, die große Feuchtigkeit von der Mauer muß ihrer Entstehung zuwider gewesen sein. Geschwollen war ich auch nie, weil ich mir Bewegungen, wie bereits oben gemeldet, zu verschaffen wußte. Die einzige immerwährende Dämmerung war mir unerträglich.

Übrigens hatte ich zuvor viel in der Welt gelesen, gelernt, auch bereits gesehen und erfahren, folglich fand ich allezeit Stoff, meine Gedanken von Schwermut zu entfernen, und durchdachte den meinen Ideen sich ungefähr vormalenden Gegenstand in eben der Verbindung und in aller seiner Ausdehnung ebenso tiefsinnig, als ob ich dieselbe in einem Buche durchlese oder auf dem Papiere niederschrieb.

Gewohnheit brachte mich endlich so weit in der Denkkraft, daß ich ganze Reden, auch Fabeln, Gedichte und Satiren komponierte, sie laut redend in mir selbst wiederholte, zugleich auch meinem Gedächtnisse dergestalt einprägte, daß ich nach erlangter Freiheit imstande war, gegen zwei Bände solcher künstlerischer Arbeit aus meinem Kopfe niederzuschreiben.

So gewöhnt an Kopfarbeiten ohne Feder noch Papier, verflossen mir die Trauertage wie Augenblicke. Und die Folge meiner Erzählung wird zeigen, wie eigentlich diese Arbeit mir auch im Kerker Achtung und Freunde, endlich auch die Erlaubnis, auf Papier zu schreiben, Licht und sogar die Freiheit zuwege brachte.

Alles dieses habe ich meinen in der Jugend durch strengen Fleiß erarbeiteten Wissenschaften zu danken. Ich rate demnach allen meinen Lesern treulich, ihre Zeit ebenso wie ich anzuwenden. Reichtümer, Ehrenstellen und Glücksgüter kann jeder Monarch auch den nichtswürdigsten und unfähigsten Menschen geben, auch wieder willkürlich wegnehmen und in nichts verwandeln, aber mit aller Fürstenmacht keinen Gelehrten noch Rechtschaffenen machen, hingegen aber auch dem das nicht nehmen, was er ihm nicht geben kann.

Der Hauptgrund zu meiner Erhaltung war die Liebe. Ich hatte einen Gegenstand in Österreich hinterlassen und wollte noch für ihn in der Welt leben. Mein Gedicht im zweiten Bande meiner Schriften, »Der gefangene Dämon an Doris« betitelt, erweist, wie stark diese Leidenschaft in mir wirkte. Ich wollte meinen Gegenstand weder verlassen noch betrüben. Mein Dasein war ihr und meiner Schwester noch nützlich, die für mich so viel gewagt, gelitten und verloren hatte. Für diese beiden Personen wollte ich also mein Leben erhalten, für diese war mir kein Schicksal unübersteiglich, keine Geduld unerträglich — aber ach! da ich nach zehn Jahren meine Freiheit wirklich erhielt, fand ich beide schon im Grabe und genoß die Freude nicht mehr, für deren Erwartung allein ich soviel ertragen habe.

Ungefähr drei Wochen nach meiner letzten Szene, wo ich zu entfliehen suchte, kam mein ehrlicher Gefhardt zum erstenmal zu mir auf die Schildwache, und eben hierdurch erreichte ich meinen Zweck, um auswärtige Hilfe zu finden, ohne welche alle Rettung unmöglich war.

Kaum war mein Gefhardt zum erstenmal bei mir auf dem Posten, so hatten wir freie Gelegenheit zur Unterredung; denn wenn ich mit einem Fuße auf dem Bettkasten stand, reichte mein Kopf bis an das Luftloch im Fenster. Er schilderte mir nun die ganze Lage meines Kerkers, und der erste Entwurf wurde gemacht, mich unter den Fundamenten desselben, die er bauen gesehen und mir zwei Fuß tief beschrieb, auszubrechen.

Vor allen Dingen mußte ich Geld haben. Dieses wurde auf folgende Art bewerkstelligt: Er steckte mir nach der ersten Ablösung einen Draht zu, nebst einem Blatte Papier, welches um denselben gewickelt war, dann ein Stück dünnen Wachsstock, welches alles recht gut durch mein Drahtgitter hineinging. Schwefel, Licht und ein Stück brennender Schwamm kam auch glücklich durch, eine Feder gleichfalls. Hier hatte ich nun Licht, stach mich in den Finger, und mein Blut diente zur Tinte.

Hier schrieb ich nun nach Wien an meinen echten Freund, den damaligen Hauptmann von Ruckhardt, schilderte mit wenig Worten meinen Zustand, assignierte ihm dreitausend Gulden an meine Kasse und veranstaltete die Sache auf folgende Art: Er sollte tausend Gulden zur Reise behalten und den 15. August positiv in Glimmern, einem sächsischen Städtchen, nur zwei Meilen von Magdeburg gelegen, eintreffen. Daselbst sollte er an eben diesem Tage um die Mittagsstunde sich mit einem Briefe in der Hand sehen lassen. Ein Mensch würde ihm daselbst begegnen, welcher eine Rolle Rauchtabak in der Hand tragen würde. Diesem sollte er zweitausend Gulden in Gold einhändigen und dann wieder nach Wien zurückkehren.

Gefhardt erhielt eben diese Instruktion und bekam meinen Brief auf eben die Art durch das Fenster, wie er mir das Papier hineingesteckt hatte, schickte sein Weib mit demselben nach Glimmern und bestellte ihn glücklich auf der Post.

Nun stieg mein Mut mit jedem Tage, und so oft Gefhardt auf den Posten zu mir kam, wurden alle möglichen Anschläge gemacht und alle Vorkehrungen zur Flucht getroffen.

Endlich erschien der 15. August. Es verflossen etliche Tage, ehe er wieder Schildwache bei mir stand. Wie hüpfte aber mein Herz, als er mir auf einmal zurief: »Alles ist glücklich von statten gegangen.«

Als er abends wiederkam, wurde nun alles verabredet, auf welche Art er mir das Geld zustecken könne.

Ich konnte bis an das Drahtgitter mit zusammengefesselten Händen nicht greifen, das Luftloch war auch zu klein. Es wurde also beschlossen, bei nächster Wache sollte er Kalfakterdienste verrichten, dann aber bei Füllung meines Wasserkruges das Geld hinein-und mir zustecken.

Dieses wurde glücklich vollzogen. Aber wie erstaunte ich, als ich in demselben anstatt tausend Gulden die ganze Summe von zweitausend fand, wovon ich ihm doch die Hälfte zu nehmen erlaubt hatte.

Nur fünf Pistolen fehlten, und er wollte absolut nicht mehr annehmen, weil er genug zu haben glaubte.

Ehrlicher Mann! Und das tat ein pommerischer Grenadier! Wie seltsam ist dein Beispiel! Dein Name sei auch mit meinen Schriften, mit meinem Schicksale verewigt, denn nie fand ich in meiner großen Welterfahrung eine so große, uneigennützige Seele!

In der Folge habe ich ihn dennoch, aber mit Mühe, überredet, die tausend Gulden ganz anzunehmen. Meine Geschichte wird aber erzählen, daß er sie nicht genossen hat und daß sein dummes, treuloses Weib sich selbst etliche Jahre nachher unglücklich machte. Sie selbst litt aber allein, er hingegen gar nichts, weil er zu eben der Zeit im Felde stand und ungestraft davonkam.

Nun hatte ich Geld, um meine Anschläge auszuführen. Es wurde also der erste Plan gemacht, mich unter den Fundamenten des Gefängnisses auszubrechen.

Dieses geschah auf folgende Art: Zuerst mußte ich frei von Ketten sein, Gefhardt steckte mir ein paar feine Feilen zu. Die Kapsel an der Fußschelle war so weit gemacht, daß ich sie etwa einviertel Zoll vorwärts ziehen konnte; nun feilte ich inwendig das hineinpassende Eisen aus. Je tiefer ich dieses ausschnitt, je weiter zog sich die Kapsel herab, bis endlich das ganze inwendige Eisen, wo die Kette durchlief, ganz durchschnitten war. Dann zog ich dasselbe samt den Fesseln heraus und war hierdurch frei, weil die Schelle aufging; die Kapsel hingegen blieb auswendig ganz. Hierdurch wurden die Füße von der Mauer frei, und es wäre unmöglich, bei genauester Visitation den Schnitt zu finden, weil man nur das Äußere beleuchten und untersuchen konnte. Die Hände zwang ich alle Tage durch Zusammendrückung biegsamer, und brachte sie beide glücklich aus den Schellen. Dann umfeilte ich das verschmiedete Gewinde, machte mir von einem aus dem Boden gezogenen fußlangen Nagel einen Schlüssel und wand damit nach Belieben die Schrauben auf und zu, so daß man beim Visitieren nicht das mindeste merken konnte. Der Ring um den Leib hinderte mich an nichts. An der Kette aber, welche denselben an der Armstange befestigte, wurde ein Stück in der Mitte eines Gelenkes ausgeschnitten, das nächste anschließende an einem Orte dünner geschliffen, so daß ich es durchstreifen konnte. Auf diese Art war ich von Fesseln frei. Mittags, wenn man visitierte, rieb ich etwas nasses Kommißbrot auf dem rostigen Eisen, um ihm die Farbe desselben zu geben, dann schloß ich das offene Gelenk mit diesem Teige, ließ ihn an dem warmen Leibe über Nacht trocken werden und bestrich hernach den Ort mit Speichel, um ihm den Eisenglanz zu geben. Durch diese Erfindung war es unmöglich, den durchgeschnittenen Ort zu kennen, so daß ich mit jedermann wetten will, daß, ohne mit dem Hammer auf jedes Gelenk zu schlagen, niemand sehen kann, welches zerbrochen ist.

Nun konnte ich mich losmachen, wie ich wollte. Das Fenster wurde nie visitiert. Ich machte also die beiden Haken los, womit es in der Mauer befestigt war, die aber alle Morgen wieder eingesteckt und wohl mit Kalk verstrichen wurden; dann ließ ich mir Eisendraht von meinem Freunde zustecken und versuchte, ob ich ein neues Drahtgitter flechten konnte. Auch dieses brachte ich zustande; folglich schnitt ich in der Mitte der Fenstermauer, wohin man nie sah, das ganze Gitter aus und lehnte das meinige an die Stelle. Hiermit war meine Kommunikation mit den Schildwachen offen, und ich erhielt frische Luft im Kerker. Dann ließ ich mir alle erforderlichen Instrumente zustecken, erhielt auch Licht und Feuerzeug, hing meine Decke inwendig vor das Fenster, damit man kein Licht brennen sah, und konnte folglich inwendig arbeiten, wie ich wollte, weil von außen niemand hineinsehen konnte.

Endlich, nachdem alles veranstaltet war, griff ich zum Werke.

Der Fußboden meines Kerkers war nicht von Stein, sondern von drei Zoll dicken eichenen Brettern, wovon man die obere Lage nach der Länge, die andere über die Quere und die dritte wie die obere übereinander gelegt hatte. Folglich war der Boden, das Holzwerk, neun Zoll dick, und mit halben Zoll breiten und etwa einen Fuß langen Nägeln ineinander befestigt.

Wenn ich nun oben um den Kopf herum ein wenig Luft machte, so diente meine eiserne dicke Stange zwischen den Händen am besten, dieselben herauszuheben. Schliff ich sie sodann auf meinem Leichensteine, so war der beste Meißel fertig, um die Bretter zu durchschneiden.

Nun wagte ich den ersten Schnitt, der aber oben über einen Zoll breit werden mußte, um in der Tiefe zu arbeiten.

Sobald dieses geschehen, zog ich das Stück Brett, welches gegen zwei Zoll unter die Mauer reichte, heraus, beschnitt es sodann von unten so weit, daß es oben genau zusammenpaßte, schmierte die Risse mit Brot zu, streute Staub darüber und fand, daß es unmöglich war, sie beim Visitieren zu bemerken.

Hierauf arbeitete ich unten her mit weniger Vorsichtigkeit und wurde mit diesem dreifachen Boden fertig.

Hier fand ich nun einen feinen weißen Sandgrund, auf welchem die ganze Sternschanze gebaut ist.

Die Menge von Holzsplittern wurde sehr mühsam und sorgfältig unter den untern Brettern eingeteilt und versteckt.

Ohne auswärtige Hilfe konnte ich nun keine weitere Arbeit anfangen; denn wenn man einen lange Jahre festgelegenen Grund durchwühlt, bringt man das nie in die Öffnung zurück, was hinausgeworfen wurde.

Mein Grenadier mußte mir also etliche Ellen Leinwand zustecken. Hiervon machte ich mir sechs Fuß lange Würste, welche zwischen den eisernen Stangen durchgezogen werden konnten. Diese füllte ich mit Sand, und so oft Gelegenheit in der Nacht war, und mein Gefhardt auf der Schildwache stand, schob ich sie hinaus, welcher diese vorsichtig leermachte und hin und wieder unmerklich ausstreute.

Sobald ich Luft hatte, ließ ich mir alle erforderlichen Instrumente zustecken, ja sogar Pulver und Blei, auch ein paar Sackpistolen, Messer und ein Bajonett. Alles dieses fand sichern Raum unter dem Fußboden.

Dann fand ich aber, daß die Fundamente meines Kerkers nicht zwei, sondern vier Fuß tief lagen.

Um nun so tief hinunter zu steigen, die Fundamente unten zu durchwühlen und dann wegzubrechen, war Zeit, Arbeit und Vorsicht nötig, um nicht gehört zu werden. Alles wurde aber dennoch möglich gemacht.

Das Loch, wo ich so tief hinuntersteigen mußte, war also vier Fuß tief, und mußte so weit sein, daß ich in demselben knieen, arbeiten und mich bücken konnte. Was dieses für Mühe erforderte, um oben auf dem Boden zu liegen und dann vier Fuß tief den Kopf und Leib hinunterzubeugen, um den Sand mit den Händen hinauszuwerfen, dieses ist unbeschreiblich und erfordert Versuche, um sich einen Begriff davon zu machen. Inzwischen mußte es dennoch täglich, wenn ich arbeitete, geschehen, um an die Fundamente zu kommen. Bei der Visitation war aber alles wieder hineingeworfen, und, um alles von außen, auch meine Ketten, wieder in Ordnung zu bringen, brauchte ich gewiß etliche Stunden Zeit. Das Beste war, daß ich mir einen Vorrat von Licht und Wachsstöcken angeschafft hatte. Da aber mein Gefhardt öfters nur in vierzehn Tagen zu mir auf Posten kam, so verzögerte sich meine Arbeit gewaltig; und da das Sprechen allen Schildwachen bei Galgenstrafe verboten war, wollte ich nicht wagen, einen neuen Freund zur Hilfe zu suchen, um nicht verraten zu werden.

Indessen litt ich in diesem Winter ohne Ofen gewaltige Kälte. Mein Herz war aber fröhlich, weil ich Aussicht zur Rettung hatte, und jedermann erstaunte über meine Munterkeit.

Gefhardt steckte mir auch Mundprovision, meistens in geräucherten Würsten und Fleisch, zu. Dieses stärkte meine Kräfte. Und wenn ich nicht in der Mauer arbeitete, so hatte ich Papier und Licht, schrieb, dichtete und machte Satiren. Folglich verfloß die Zeit, und ich war auch im Kerker vergnügt.

In dieser schlummernden Zufriedenheit ereignete sich aber ein Zufall, welcher beinahe alle meine Hoffnung vereitelt hätte, und dessen Erzählung fast unglaublich scheinen wird.

Gefhardt hatte mit mir gearbeitet. Eben in der Morgenstunde, da er abgelöst wurde, und ich mein Fenster wieder einsetzen und befestigen wollte, fiel mir dasselbe aus den Händen, und drei Scheiben zerbrachen.

Vor der Ablösung kam er nicht mehr auf den Posten. Es war auch nicht mehr Zeit, mit ihm zu sprechen und Pläne zu machen. Ich saß also wohl eine Stunde in Verzweiflung und in tausend Entwürfen betäubt da; denn sicher hätte man sogleich das zerschlagene Fenster gesehen, wohin ich in Fesseln gar nicht reichen konnte, folglich weiter visitiert und das eingesetzte und nur angelehnte Drahtgitter gefunden.

Ich faßte also den Entschluß, und da eben die Schildwache an meinem Fenster sich mit Pfeifen beschäftigte, redete ich dieselbe mit folgenden Worten an: »Kamerad, habt Mitleid, nicht mit mir, sondern mit Eurem Kameraden, der unfehlbar gehenkt wird, wenn Ihr mir nicht beisteht. Für einen geringen Dienst will ich Euch gleich dreißig Pistolen aus dem Fenster hinauswerfen – –«

Er schwieg eltliche Augenblicke, dann sagte er ganz leise: »Hat Er denn Geld?«

Gleich zählte ich dreißig Pistolen und warf sie ihm hinaus.

Nun war die Frage, was zu tun sei?

Ich erzählte mein Unglück mit dem Fenster und steckte ihm in Papier das Maß zu, wie groß die Scheiben geschnitten sein müßten. Zum Glück war der Kerl entschlossen und witzig, und die Palissadentüre im Graben am Tage durch Gleichgültigkeit des Offiziers nicht verschlossen. Er ließ sich von einem Kameraden auf eine halbe Stunde ablösen, lief in die Stadt und steckte mir kurz vor seiner Ablösung die Scheiben glücklich zu, wofür ich ihm noch zehn Pistolen hinauswarf.

Bei der Visitation zu Mittag war nun alles wieder in Ordnung, mein Glaserhandwerk meisterlich vollbracht und mein redlicher Gefhardt gerettet.

So vermag Geld alles in der Welt, und gewiß ist dieser Vorfall einer der merkwürdigsten in meiner Geschichte. Den Mann, welcher mir diesen großen Dienst leistete, hab' ich nie wieder gesprochen.

Wie bange indes dem Gefhardt gewesen, ist leicht zu erachten. Er kam nach eltlichen Tagen wieder auf den Posten zu mir und erstaunte über den glücklichen Ausgang noch mehr, da er den Mann, der ihn damals abgelöst, kannte, welcher fünf Kinder hatte und der vertrauteste alte Mann in der Kompagnie war.

Nun ging die Arbeit vorwärts. Die Fundamente wurden von unten her leicht weggebrochen. Gefhardt war aber durch diesen Vorfall so schüchtern geworden, daß er tausend Schwierigkeiten und Einwendungen fand, je mehr sich mein Loch seinem Ausbruche näherte und ich die Anstalten zur Flucht mit ihm vorkehren und verabreden wollte. Er bestand absolut darauf, ich bedürfe äußerer Hilfe, um sicher fortzukommen und nebst ihm nicht unglücklich zu werden. Es wurde also folgendes beschlossen, welches aber eben meine Anschläge und saure achtmonatige Arbeit vernichtete.

Ich schrieb abermals nach Wien an meinen Freund Ruckhard, assignierte ihm Geld und bat ihn, er solle abermals in Gummern erscheinen und dann zu bestimmter Zeit sechs Tage nacheinander mit zwei leeren Reitpferden an dem Glacis bei Kloster Bergen in der Nacht bereitstehen, um mir weiter zu helfen. Alles sei zu meiner Flucht fertig.

Binnen dieser sechs Tage nun hätte Gefhardt schon Mittel gefunden, den Posten bei mir zu erhalten oder zu tauschen; folglich lebte ich nunmehr, aber leider nur drei Tage lang, in der süßesten und sichersten Hoffnung.

Aber ach! es war meine Rettung noch nicht von der Vorsehung beschlossen. Gefhardt schickte sein Weib nach Gummern mit dem Briefe. Dieses dumme Weib sagte dem Postmeister, ihr Mann habe einen Prozeß in Wien, und er möchte die Güte haben und diesen Brief sicher bestellen, wofür sie ihm zehn Reichstaler in die Hand drückte.

Der sächsische Postmeister argwohnte aus dieser Freigebigkeit natürlicherweise ein Geheimnis, öffnete den Brief, sah den Inhalt, und anstatt ihn zu befördern oder bei möglichem Argwohn nach Dresden an seinen Herrn zu schicken, ward er ein Verräter und brachte ihn dem Gouverneur in Magdeburg. Dieser war damals der Herzog Ferdinand von Braunschweig, und eben gegenwärtig.

Wie erschrak ich aber, als etwa um drei Uhr nachmittags der Herzog selbst mit einem großen Gefolge in mein Gefängnis trat, mir meinen Brief vorzeigte und mit einer gebietenden Stimme fragte, wer mir diesen Brief nach Gummern getragen habe?

Meine Antwort war: »Ich kenne ihn nicht.«

Gleich wurde die allerschärfste Visitation vorgenommen. Schmiede, Zimmerleute, Maurer traten herein, und nach einer halben Stunde Arbeit fand man weder mein Loch im Boden, noch das mindeste an den Ketten. Am Fenster allein entdeckte man das falsche vorgesteckte

Drahtgitter, welches auch sogleich mit Brettern verschlagen und nur ein Luftloch von etwa sechs Zoll breit in demselben gelassen wurde.

Nun fing der Herzog an zu drohen. Ich antwortete mit Standhaftigkeit: »Ich habe die Schildwache nie gesehen, welche mir diesen Dienst geleistet, auch nie um ihren Namen gefragt, damit ich sie nie unglücklich machen kann.«

Endlich, da alle Vorstellungen bei mir nichts wirkten, sagte der Gouverneur mit einem liebreichen Ernst: »Trenck! Sie haben immer geklagt, Sie waren nie verhört, noch gesetzmäßig gerichtet worden. Ich gebe Ihnen mein Ehrenwort, Sie sollen sogleich beides erhalten, und ich lasse Ihnen sogleich alle Eisen abnehmen, sobald Sie mir den Mann nennen, welcher Ihnen diesen Brief bestellt hat.«

Hierauf antwortete ich mit männlicher Standhaftigkeit: »Gnädiger Herr! Jedermann weiß, daß ich diese Mißhandlung in Fesseln an meinem Vaterlande nicht verdient habe. Mein Herz ist vorwurfsfrei. Ich suche Rettung, wo und wie ich kann; dann aber, wenn ich Ihnen den mitleidigen Mann nennen könnte, welcher mir aus Menschenliebe beigestanden hat — denn wenn ich, mein Glück durch fremdes Unglück zu befördern, niederträchtig genug dächte — nur dann verdiente ich, in gegenwärtigen Fesseln als ein Schurke zu verschmachten. Machen Sie übrigens mit mir, was Sie wollen und sollen, denken Sie aber dabei, daß ich noch nicht ganz verlassen und noch Rittmeister in der Armee bin, und Trenck heiße.«

Der Herzog stutzte, drohte und ging hinaus; und wie mir hernach erzählt wurde, hat er draußen gesagt: »Ich beklage ihn und bewundere seine Standhaftigkeit.«

Inzwischen war es für einen so klugen Herrn ein großes Versehen, daß er diese Unterredung, die ziemlich lange dauerte, und die ich hier nur kurz berühre, von der ganzen Wache anhören ließ. Dieses setzte mich in ein solches Vertrauen bei allen gemeinen Soldaten der ganzen Garnison, weil sie sahen, daß ich keinen verriet, daß nunmehr die Bahn gebrochen war, in der Zukunft bei einem jeden Hilfe und Achtung zu finden; besonders da der Herzog sagte, er wisse, daß ich Geld versteckt, und wirklich bereits unter den Schildwachen ausgeteilt habe.

Kaum war er eine Stunde fort, so hörte ich ein großes Geräusch bei meinem Gefängnis. Ich lauschte — und was war es ? Ein Grenadier hatte sich an den Palissaden meines Kerkers mit seinem Haarbande aufgehenkt.

Der Offizier der Wache kam noch einmal mit dem Platzmajor herein, um eine Laterne abzuholen, die man vergessen hatte. Im Hinausgehen sagte er mir heimlich: »Es hat sich schon soeben einer von Ihrem Komplotte aufgehenkt.«

Wie erschrak ich, weil ich nicht anders glaubte; als es müsse mein ehrlicher Gefhardt sein.

Nach einer düsteren, schwermütigen und kurzen Überlegung fiel mir ein, was mir der Herzog versprach, falls ich ihm den Mann nennen wollte, der meinen Brief bestellt hatte. Ich klopfte also an die Türe und verlangte den Offizier zu sprechen. Er kam an das Fenster und fragte, was ich wollte. Ich sagte, er möchte dem Gouverneur melden, man solle mir Licht, Tinte, Papier und Feder hereingeben, so würde ich ihm allein mein ganzes Geheimnis schriftlich entdecken.

Dies geschah — und gegen Abend wurden meine Türen geöffnet; man brachte mir Tinte, Feder, Papier und Licht, gab mir auch eine Stunde Zeit, schloß wieder zu und ging davon. Nun setzte ich mich nieder, schrieb auf meinem Leibstuhl und wollte den Namen Gefhardt nennen, weil ich ihn sicher tot glaubte. Die Hand zitterte aber und all mein Blut drang mir zum beklemmten Herzen.

Ich stand auf, trat an das Fensterloch und rief: »Mein Gott! ist denn kein Mensch so redlich, mir den Namen des Mannes zu sagen, welcher sich jetzt erhenkt hat, damit ich viele andere vom Unglücke erretten kann?«

Das Fenster war noch offen und wurde erst am folgenden Tage vernagelt. Zugleich warf ich fünf Pistolen in einem Papier hinaus und sagte: »Freund, nimm dies Geld und rette deine Kameraden, oder geh' hin, verrate mich und lade Blutschulden auf dich.«

Man hob das Papier auf — ein kurze Stille mit einigen Seufzern folgte — gleich aber hörte ich eine leise Stimme: »Er hieß Schütz, von Ripps Kompagnie.«

Sofort schrieb ich Schütz anstatt Gefhardt, ob ich gleich den ersten Namen nie nennen gehört hatte und mit ihm in gar keiner Verbindung stand. Sobald meine Schrift fertig war, rief ich nach dem Leutnant. Man kam herein, empfing den Brief, nahm mir Schreibzeug und Licht weg und schloß die Türen zu.

Der Herzog hatte aber den Braten gerochen, daß ich mit mehreren müßte einverstanden sein. Es blieb also alles mit mir beim alten, und ich erhielt weder Verhör noch Kriegsrecht.

In der Folge habe ich folgende Umstände erfahren, welche dieses fast unwahrscheinliche Rätsel entwickeln: Da ich noch in der Citadelle saß, kam einst eine Schildwache auf den Posten vor mein Fenster, lästerte, fluchte und sagte laut: »Der Teufel hole den vermaledeiten preußischen Dienst! — Wenn nur der Trenck meine Gedanken wüßte, er sollte gewiß nicht lange in seinem verfluchten Loche sitzen!«

Gleich ließ ich mich in eine Unterredung ein, und diese fiel dahin aus, daß, wenn ich ihm nur Geld geben könne, um einen Nachen zu kaufen, mit welchem wir über die Elbe fahren könnten, so wollte er meine Schlösser bald durchfeilen, meine Türen öffnen und mich erretten.

Ich hatte kein Geld, gab ihm aber einen brillantenen Hemdenknopf, der etwa fünfhundert Gulden wert war, und den man bei mir nicht gefunden, noch vermutet hatte.

Von diesem Augenblicke an hat er sich aber bei mir nicht mehr gemeldet und mich betrogen. Oft stand er nach diesem Schildwache bei mir, ich kannte ihn an der westfälischen Aussprache und redete ihn an, erhielt aber nie Antwort.

Nun muß dieser Mensch meinen Hemdenknopf verkauft und das Geld etwa haben sehen lassen – –

Wie nun der Herzog von mir wegging, hat der wachthabende Leutnant diesen Schütz angefahren und gesagt: »Du bist gewiß der Spitzbube, der des Trenck Briefe bestellt; denn du hast seit langer Zeit viel Geld verludert und Louisdors sehen lassen. Wo hast du diese hergenommen?«

Schütz erschrickt, hat kein gut Gewissen und argwohnt, daß ich ihn verraten würde, weil er mich betrogen hatte. Er kommt eben zur Ablösung auf den Posten zu mir, nimmt sein Haarband in der ersten Betäubung und erdrosselt sich vor meiner Türe an den Palissaden.

Welch wunderbare Fügung des Schicksals in dieser Begebenheit! Es strafte den Betrüger ein ganzes Jahr nachher, als er mich betrogen hatte, und hierdurch allein wurde der ehrliche Gefhardt gerettet.

Man hatte indessen meine Schildwachen verdoppelt, um mir das Hilfesuchen schwerer zu machen. Gefhardt kam zwar wieder zu mir auf den Posten, hatte aber kaum Gelegenheit, etliche Worte ohne Gefahr zu sprechen. Er dankte mir für die Verschwiegenheit, wünschte mir Glück und sagte, daß die Garnison in wenig Tagen ins Feld marschieren würde.

Wie erschrak ich bei dieser Nachricht! Mein ganzer Plan zur Rettung war abermals vereitelt. Ich faßte aber bald frischen Mut, weil meine Minierung nicht entdeckt war, und ich noch etwa fünfhundert Gulden Geld, auch Vorrat von Licht, und alle Instrumente bei mir wohl versteckt hatte.

Es dauerte auch nicht acht Tage nach dieser Begebenheit, als auch wirklich der Siebenjährige Krieg losbrach und die Regimenter ins Feld rückten.

Der Major von Weyner kam zum letztenmal herein und überlieferte mich dem neuen Major der Landmiliz, Namens Bruckhammer, welcher der gröbste Flegel und ärgste Dummkopf auf Erden war. Nun verlor ich alle meine alten Majors und wachthabenden Leutnants, die mir alle ohne Ausnahme mit möglichster Achtung und Menschenliebe begegnet waren, und war ein alter Gefangener in einer neuen Welt.

Indessen wuchs mein Mut deswegen, weil ich wußte, daß sowohl Offiziere als Gemeine einer zusammengerafften Landmiliz leichter zu bestechen sind, als die regulären Soldaten. Hiervon fand ich auch bald als Menschenkenner die Gründlichkeit meiner Begriffe.

Es waren nur vier Leutnants erwählt, welche in Bewachung der Sternschanze abwechseln sollten, und es dauerte nicht ein Jahr, so hatte ich drei davon mit mir im Einverständnisse.

Kaum aber waren die Regimenter ins Feld gerückt, so erschien der neue Kommandant, General von Borck, in meinem Gefängnis, in der Gestalt eines gebieterisch grausamen Tyrannen. Es war ihm vom Könige ernsthaft aufgetragen worden, mit seinem Kopfe für meine Person gutzustehen; dagegen erhielt er die Erlaubnis, mit mir zu verfahren, wie er wolle. Nun war der Mann ein wirklicher Dummkopf, ein Mensch mit einem gefühllosen Herzen und ein materieller Sklave seiner Order; dabei aber schüchtern, furchtsam und mißtrauisch. Folglich bebte sein Herz, so oft er die Sache möglich glaubte, daß ich aus seinen Fesseln entfliehen könne. Übrigens hielt er mich wirklich für den ärgsten Bösewicht und Vaterlandsverräter, weil sein Monarch mich so grausam verurteilte und so unbegrenzt mißhandeln ließ. Seine Barbarei gegen mich war demnach auf seinen Charakter und auf seine niedrige Seele gestützt.

Er trat also in mein Gefängnis, nicht als ein Offizier zu einem unglücklichen Offizier, sondern als ein Büttel zu einem Missetäter. Gleich erschienen Schmiede und legten mir ein handbreites ungeheures Eisen um den Hals, welches mit einer schweren Holzkette an der Fußschelle befestigt wurde. Noch wurden zwei leichte Nebenketten in dem Ringe desselben befestigt, wobei ich wie ein Bär an der Kette herumgerissen ward. Mein Fenster wurde zugemauert, bis auf ein kleines Luftloch, und endlich nahm er mir sogar mein Bett weg, gab mir kein Stroh und verließ mich unter tausend Schmähworten auf meine Souveränin, ihre ganze Armee und auf mich selbst, wobei ich ihm aber kein Wort schuldig blieb und ihn bis zur Raserei erbitterte.

Man stelle sich nun meine Lage in den Händen eines solchen Wüterichs vor! Mein Glück, meine einzige Hoffnung war noch diese, daß man das in der Fußschelle ausgefeilte Eisen nicht entdeckt hatte; folglich waren alle Ketten am Fußringe unbedeutend und zugleich abgelegt. An Instrumenten hatte ich auch, sowohl als an Licht, Feuerzeug und Papier, einen guten Vorrat. Und ob es gleich unmöglich war, bei doppelten Schildwachen in den Graben hinauszubrechen, so blieb mir dennoch die Aussicht übrig, daß ich noch leicht einen wachthabenden Offizier durch Geld zu fernerer Hilfe gewinnen, und einen Erretter finden könne.

Waren die Befehle des Monarchen buchstäblich vollzogen worden, so war mir alles unmöglich; denn laut denselben sollte mir alle Kommunikation mit Menschen abgeschnitten werden. Zu dem Ende sollten die vier Schlüssel von meinen Türen auch in vier verschiedenen Händen sein. Einer bei dem Kommandanten, der andere bei dem Platzmajor, der dritte bei dem Major du jour und der vierte bei dem Leutnant der Wache. Folglich hätte ich nie Gelegenheit gefunden, mit jemand allein zu sprechen. Im Anfange wurde alles getreu vollzogen, außer daß der Kommandant sich nur alle acht Tage sehen ließ.

Dann kamen so viele Kriegsgefangene in Magdeburg an, daß der Platzmajor seinen Schlüssel dem Major du jour übergeben mußte, und der Kommandant blieb gar aus, weil die Citadelle etwa eine halbe Stunde von der Sternschanze entfernt war. Nun saß in dieser Sternschanze auch nebst mir der preußische General von Wallrabe, gleichfalls seit dem Jahre 1746, im Arrest. Er hatte aber im innern Polygon sein eigenes Haus und dreitausend Reichstaler jährlich zu verzehren. Bei diesem mußte der Major du jour nebst dem wachthabenden Offizier zu Mittag essen, und blieb meistens bis gegen Abend bei ihm zur Gesellschaft. Mit der Zeit wurden diese Herren bequem oder hatten Mitleid mit mir und gaben dem wachthabenden Leutnant die Schlüssel, wenn bei mir visitiert werden sollte.

Hierdurch erhielt ich allgemach die Gelegenheit, allein mit ihnen zu sprechen, die sie endlich selbst suchten und auch fanden. Eben hieraus entsprangen die Folgen meiner Unternehmungen, die ich noch in möglichster Kürze vorzutragen habe, um den Leser nicht mit Arrestantenkunstgriffen zu ermüden.

Es waren nur drei Majors und drei Leutnants, welche abwechselten, und die Borck hierzu ausgesucht und befehligt hatte. Indessen war mein Zustand schrecklich. Mein Halseisen mit den ungeheuren Ketten hinderte mich an aller Bewegung, und losmachen durfte ich's noch nicht, bis ich nach etlichen Monaten die Stellen beobachtet hatte, wo man alles sicher glaubte und nie visitierte. Das Grausamste war, daß man mir das Bett genommen hatte. Ich saß also auf dem Boden mit an die feuchte Mauer gelehntem Kopfe, und mußte die Fesseln am Halseisen beständig mit einer Hand halten, weil sie mich entweder würgten, oder hinten am Genick die Nerven drückten, folglich Schmerzen verursachten. Weil nun die Stange zwischen beiden Händen allezeit die eine hinunterhielt, wenn die andere, auf das Knie gestützt, die Halsfesseln erleichterte, so erstarrte mein Blut und die Arme wurden so schwach, daß man sie wirklich schwinden sah. Man kann sich auch vorstellen, wie wenig ich in solcher Lage schlafen und ruhen konnte. Endlich überwog das Ungemach meine Leibes-und Seelenkräfte, und ich verfiel in eine schwere, hitzige Krankheit.

Der Tyrann Borck blieb unbeweglich und wünschte nur meinen Tod zu befördern, um der Sorge meiner Bewachung überhoben zu sein.

Meine Krankheit dauerte etwa zwei Monate. Ich wurde so schwach, daß mir kaum Kräfte übrig blieben, um meinen Wasserkrug an den Mund zu bringen. Wer kann sich denken, was ein Mensch leidet, der ohne Bett und Stroh, in schweren Fesseln an allen Gliedern, zwei Monate lang auf der Erde im feuchten Kerker sitzt, der nichts als trockenes Kommißbrot und keinen Tropfen Suppe zur Labung erhält, den kein Arzt besucht, kein Freund tröstet, und der ohne Arznei noch Menschenhilfe in solchem Zustande gesund werden muß? Die Krankheit selbst ist Plage genug, um den Starken kleinmütig zu machen. Und was litt zugleich bei mir die Seele in einem Zustande, den noch kein Bösewicht auf Erden so grausam erlitten hat! Hitze und Kopfschmerz, verschwollener Hals im breiten Halseisen brachten mich bis zur Raserei, und in solchen Anfällen waren Füße, Hände und Leib wund gerissen. Genug hiervon! Der lebendig Geräderte, welcher ohne Gnadenstoß auf dem Rade sterben muß, empfindet gewiß nicht, was ich zwei ganze Monate hindurch fühlen mußte. Endlich erschien ein Tag, an den ich nur mit Schauder und Schrecken denken kann. Ich saß in der größten Hitze und Blutwallung, wo die Natur mit ihrer Zerstörung rang, und da ich trinken wollte, fiel mein Krug aus der Hand und zerbrach. Nun mußte ich vierundzwanzig Stunden warten, ehe ich zu trinken erhielt. In dieser schrecklichen Lage hätte ich meinen Vater ermordet, um sein Blut zu lecken. Gern hätte ich zuletzt meine Pistolen hervorgesucht, die Kräfte fehlten aber, um mein fest verwahrtes Loch aufzubrechen. Hauptsächlich aber hielt mich mein Ehrgeiz zurück. Ich wollte nicht im Kerker sterben und wie ein jeder Schurke oder wirkliche Missetäter begraben werden.

Da man am folgenden Tag visitierte, hat man mich wirklich tot geglaubt, weil ich, die Zunge aus dem Halse lechzend herausgestreckt, ganz in Ohnmacht dalag. Man labte mich, fand Leben, und o Gott! mit was für Begierde verschlang ich das Wasser aus meinem Kruge!

Man füllte ihn von neuem, wünschte mir Glück, daß mich der Tod bald von meiner Qual retten würde, und ging wieder davon. Indessen hatte man in der Stadt so rührend von meinem Zustande gesprochen, daß sich alle Damen, auch die Stabsoffiziere der Garnison, vereinigten und den Tyrannen Borck bewogen, mir mein Bett wieder zu geben.

Wirklich wurde ich von dem Tage an, als ich so bittern Durst gelitten und so viel auf einmal trank, täglich stärker, und bald wieder, zu aller Menschen Erstaunen, gesund.

Das Herz meiner Inspektionsoffiziere hatte ich gewonnen, und nach sechsmonatlichen schweren Leiden ging die Hoffnungssonne auf einmal wieder für mich auf.

Einer von den Majors vertraute dem Leutnant Sonntag die Schlüssel. Er kam allein zu mir, sprach vertraut, schüttete mir sein Herz aus und klagte über Schulden, Mangel und Not. Ich gab ihm fünfundzwanzig Louisdors und hiermit war unsre Freundschaft, unser ewiges Bündnis geschlossen.

Allgemach wurden alle drei wachthabenden Offiziere meine Freunde. Sie saßen stundenlang bei mir, wenn ein bestimmter Major die Inspektion hatte, den ich gleichfalls ganz auf meine Seite zu ziehen wußte. Endlich kam es so weit, daß er selbst halbe Tage bei mir zubrachte.

Er war arm, ich gab ihm einen Wechsel auf zweitausend Gulden, und hiermit war die Bahn gebrochen, um neue Unternehmungen anzufangen. Geld war notwendig. Ich hatte den Offizieren bald alles ausgeteilt, und in meiner Kasse waren nicht mehr hundert Gulden.

Gleich fand sich Gelegenheit, ein neues Projekt auszuführen.

Des Hauptmann von K***, der Majorsdienste tat, ältester Sohn war kassiert, brotlos, und sein Vater klagte mir seine Not. Ich schickte ihn zu meiner Schwester unweit Berlin, diese gab ihm hundert Dukaten. Er kam zurück und brachte mir die Nachricht von ihrer Freude. Er hatte sie auf dem Totenbett angetroffen, und sie schrieb mir in wenig Zeilen, daß mein Unglück und die Berliner Verräterei im Jahre 1755 ihre Armut und nunmehrige zweijährige Krankheit zuwege gebracht hätten. Sie wünschte mir Glück zur Rettung und empfahl mir ihre Kinder, ist aber wieder besser geworden, hat den Obersten von Pape zum zweiten Manne gewählt und starb im Jahre 1758.

Nun kam K*** freudig mit Geld zurück. Alles wurde mit dem Vater verabredet. Ich schrieb an meine große Freundin, die Kanzlerin Gräfin Bestuschef, und an den Thronfolger Peter nach Petersburg, empfahl den jungen Menschen bestens, und bat um mögliche Hilfe für mich.

K*** reiste nach Hamburg, von da nach Petersburg, wurde sogleich Hauptmann, bald darauf Major durch meine Empfehlung und handelte auch so redlich, daß ich wirklich durch einen Hamburger Kaufmann, welchen der alte K*** kannte und zur Korrespondenz gewählt hatte, zweitausend Rubel erhielt, welche mir die Kanzlerin schickte. Er selbst aber war in Petersburg für diesen Dienst reichlich beschenkt worden und hat sein Glück gemacht.

Dem ehrlichen alten K*** gab ich gleich dreihundert Dukaten, welcher ein armer Teufel war und bis zum Grabe mein dankbarer Freund geblieben ist. Ebensoviel wurde allgemach unter die Offiziere ausgeteilt, und Leutnant Glotin trieb es gar so weit, daß er die Schlüssel dem Major zurückstellte, ohne meine Türen zuzuschließen, und halbe Nächte bei mir im Kerker zubrachte. Der Wache gab er von meinem Gelde zu trinken. So ging alles eine Zeitlang nach Wunsch, und der Tyrann Borck wurde betrogen.

Man steckte mir Licht zu und gab mir Bücher und Zeitungen zu lesen. Meine Tage verflossen wie Stunden, und ich schrieb, las und beschäftigte mich so gut, daß ich fast meinen Zustand vergaß.

Nur allein, wenn der dumme grobe Major Bruckhausen die Inspektion hatte, mußte alles behutsam zugehen. Der andere Major, Namens Z***, wurde auch allgemach mein Freund. Ich gewann ihn als einen Geizhals, weil ich ihm versprach, seine Tochter nach erlangter Freiheit zu heiraten, und ihm mit meiner Handschrift zehntausend Gulden versicherte, falls ich im Kerker sterben sollte.

Endlich kam es so weit, daß mir der Leutnant Sonntag heimlich andere Handschellen machen ließ, welche so groß waren, daß ich die Hände bequem herausziehen konnte. Dieses konnte leicht geschehen, weil die Leutnants allein und kein andrer meine Eisen visitierten. Alles war dem alten ähnlich, und Bruckhausen war zu dumm, um etwas zu bemerken.

Alle übrigen Fesseln konnte ich nach Belieben ablegen. Wenn ich also meiner Gewohnheit nach Bewegung machte, so hielt ich die Ketten in der Hand, machte damit eben das Gerassel und betrog die aufpassenden Schildwachen.

Das Halseisen allein durfte ich nicht losmachen, es war auch viel zu kennbar zugeschmiedet. Es wurde aber das obere Gelenk durchgeschnitten, so daß das nächste durchgezogen werden konnte, und auf bereits von mir gemeldete Art mit Brot vorsichtig zugeschmiert. Folglich konnte ich nach Belieben meine Fesseln alle ablegen und ruhig schlafen.

Kaltes Fleisch und Würste trug man mir gleichfalls heimlich zu, mithin war meine Lage ganz erträglich. Nun aber fing ich auch an, für meine Freiheit zu arbeiten. Unter den drei Offizieren war aber leider keiner, der das Herz hatte, für mich zu tun, was Schell in Glatz tat, um mit mir von der Wache fortzugehen. Das benachbarte Sachsen war in preußischer Gewalt, desto mehr Gefahr fand sich im Fliehen, und alle möglichen Vernunftschlüsse blieben bei solchen Leuten vergebens, die nichts wagen und ganz sicher gehen wollten.

Ich hatte doppelte Schildwachen, folglich war es unmöglich, durch mein Loch, welches unter den Fundamenten seit zwei Jahren fertig war, vor den Füßen derselben auszukriechen, noch weniger die zwölf Fuß hohen Palissaden im Graben vor den Augen der Wächter zu übersteigen.

Es wurde demnach folgender Plan gemacht, der zwar Herkulesarbeit erforderte, aber zur Ausführung sicher möglich war.

Der Leutnant S*** hatte ausgemessen, daß von dem Orte, wo ich das Loch in meinem Boden fertig hatte, bis in den Eingang zur Galerie im Hauptwalle siebenunddreißig Fuß zu durchbrechen waren. Da nun mein Gefängnis an denselben stieß, so konnte ich unter den Fundamenten des Walles neben dem Graben bis in denselben fortarbeiten, und da der Grund in feinem weißen Sande bestand, so war es um desto möglicher.

Sobald ich in diese Galerie gelangen konnte, war meine Freiheit sicher. Man unterrichtete mich, wie viel Schritte ich rechts und links zu gehen hatte, um in diesem Souterrain die Türe zu finden, welche in den zweiten Wall führt. Dann hätte mir der Offizier am festgesetzten Tage meiner Flucht diese Türen heimlich geöffnet. Allenfalls hätte ich Licht, Brecheisen und Bohrer bei mir gehabt, um alle Hindernisse zu heben, und dann mußte mir die Vorsicht und Geld weiter forthelfen.

Die Arbeit wurde also angefangen und dauerte über sechs Monate. Kaum hatte ich die Fundamente hinter mir weggebrochen und das alte Loch damit gefüllt, so fand ich, daß der Hauptwall wirklich kaum einen Fuß tiefe Fundamente hatte, welches ein Hauptfehler einer so wichtigen Festung ist. Mir wurde die Arbeit leichter, weil ich die Grundsteine meines Kerkers höher wegnehmen konnte, und nicht so tief zu arbeiten hatte.

Im Anfang ging das Werk vortrefflich, ich konnte in einer Nacht bis drei Fuß vorwärts arbeiten, so lange ich Raum hatte, den ausgegrabenen Sand wieder hineinzubringen.

Kaum war ich aber zehn Fuß vorwärts, so empfand ich erst die Beschwerden; denn ehe ich anfing, mußte zuerst das Loch, wo ich hinunterstieg, mit der Hand ausgeleert werden, welches schon etliche Stunden Arbeit erforderte. Dann mußte jede Hand voll Sand aus dem Kanal geholt werden, um auszuräumen und weiter vorwärts zu minieren. Alles lag auf einem Haufen im Gefängnis, und mußte auf eben die Art, wie ich's herausgebracht, alle Tage wieder hineingeschafft werden.

Auf diese Art habe ich berechnet, daß ich, da ich einmal über zwanzig Fuß hineingearbeitet hatte, binnen vierundzwanzig Stunden gegen eintausendfünfhundert bis zweitausend Klafter in der Erde auf dem Bauche kriechen mußte, um den Sand heraus-und wieder hineinzubringen. War ich dann hiermit fertig, dann mußte erst jede Ritze in meinem Fußboden genau ausgeputzt werden, daß man beim Visitieren den schneeweißen Sand nicht bemerken konnte. Dann wurde erst der aufgebrochene Boden, und zuletzt die Fesseln in Ordnung gebracht. Wenn ich nun auf diese Art einen Tag gearbeitet hatte, war ich so abgemattet, daß ich allezeit drei folgende ruhen mußte.

Um weniger Raum zu bedürfen, war mein Kanal so enge gemacht, daß ich ganz eingedrängt kriechen mußte, und nicht einmal die Hand auf den Kopf bringen konnte. Überdem mußte alles mit nacktem Leibe geschehen, weil man das schmutzige Hemd bemerkt hätte. Der Sand war auch ganz naß, weil man vier Fuß tief schon Wasser findet, wo der grobe rauschende Kiessand anfängt.

Endlich fiel ich auf den Gedanken, Sandsäcke zu machen, um dieselben geschwind heraus- und hereinzubringen. Die Offiziere steckten mir zwar Leinwand zu, welche aber nicht hinlänglich war und bei etwaiger Entdeckung zu viel Aufsehen gemacht hätte, woher so viel Leinwand in meinen Kerker gekommen sei. Ich griff also zuletzt mein Bett an, legte mich in dasselbe, wenn Bruckhausen visitierte, als ob ich krank sei, zerschnitt Strohsack und Bettlaken und machte Sandsäcke.

Zuletzt, als ich mich dem Ausbruche näherte, war es fast nicht mehr möglich, mit der ungeheuren Arbeit fertig zu werden. Und oft saß ich in meinem Gefängnisse so ermüdet auf meinem Sandhaufen, daß ich's unmöglich glaubte, alles wieder hineinzuschaffen, und wirklich beschloß, die Visitation abzuwarten, ohne mein Loch zuzumachen. Ja, ich kann versichern, daß mir in vierundzwanzig Stunden nicht so viel Zeit übrig blieb, um ein Stück Brot ruhig zu essen, wenn ich alles wieder in Ordnung haben wollte.

Kaum hatte ich aber eine Weile schwermütig gerastet, so munterte mich der bisher glückliche Fortgang auf, die letzten Kräfte zu wagen. Ich griff von neuem an und wurde dennoch fertig, aber öfters kaum fünf Minuten vor dem Visitieren.

Da ich nun nur noch sechs bis sieben Fuß vom Ausbruche entfernt war, ereignete sich eine wunderbare Begebenheit, welche alles vereitelte.

Ich arbeitete, wie gesagt, unter den Fundamenten des Walles neben dem Graben, wo die Schildwachen standen.

Alle meine Eisen konnte ich ablegen, nur das um den Hals blieb mit dem daran hängenden Haken fest, und war beim Arbeiten, wo ich's festband, losgeworden; folglich hatte eine Schildwache das Klimpern in der Erde, ungefähr fünfzehn Fuß weit von meinem Kerker, gehört. Sie hatte den Offizier herbeigerufen, man legte das Ohr auf die Erde und hatte mich in derselben die Säcke hin-und herschieben gehört. Am folgenden Tage wurde dieses gemeldet, und der Major, der eben mein bester Freund war, trat nebst dem Platzmajor, einem Schmiede und einem Maurer herein. Ich erschrak, der Leutnant winkte mir, daß ich verraten sei. Nun ging die Visitation an — kurz gesagt, die Offiziere wollten nicht sehen und der Schmied und der Maurer fanden alles ganz. Hätte man mein Bett visitiert, so wäre der halbe Strohsack von unten und das Bettlaken vermißt worden.

Der Platzmajor war dumm und glaubte die Sache unmöglich. Er hatte also draußen der Schildwache, die mich belauschte, gesagt: »Du Esel! hast einen Maulwurf, aber nicht den Trenck in der Erde gehört. Wie wäre es möglich, daß er so weit aus seinem Kerker arbeiten könne?« Und hiermit ging alles fort.

Jetzt war es nicht mehr Zeit, zu säumen. Wäre man nur einmal abends zur Visitation gekommen, so hätte man mich bei der Arbeit gefunden. So klug war aber niemand binnen zehn Jahren: denn Kommandant, Platzmajor und Bruckhausen waren kurzsichtige, elende Menschen; die andern hingegen wünschten mir alle Glück und wollten nicht sehen.

Ich hätte drei Tage nach diesem Vorfalle schon ausbrechen können, da ich aber eben bei des Bruckhausen, meines einzigen Feindes, Inspektionstag entfliehen wollte, um ihm einen Streich zu versetzen, so hatte dieser Schuft mehr Glück als Verstand. Er war etliche Tage krank, und K*** mußte seine Dienste verrichten. Endlich erschien er bei dem Visitieren. Kaum war aber die Türe geschlossen, so griff ich zur letzten Arbeit, weil ich bei den letzten drei Fuß nicht mehr den Sand herausbringen durfte, sondern immer vorwärts zum Ausbruche arbeiten und denselben hinter mir durchwerfen konnte.

Man stelle sich vor, wie emsig ich wühlte.

Mein Schicksal wollte aber, daß eben die Schildwache, die mich vor etlichen Tagen in der Erde gehört hatte, wieder bei mir auf dem Posten stand.

Dieser, vom Ehrgeiz gekitzelt, weil man ihn einen Esel geheißen, und er mich dennoch sicher gehört hatte, legt sich auf den Bauch und hört mich abermals hin-und herkriechen. Er ruft den Kameraden, sie melden es. Der Major wird gerufen, er erscheint, hört gleichfalls alles, geht jenseits der Palissaden und hört mich nahe an der Türe wühlen, wo ich eben in die Galerie herausarbeiten wollte. Gleich wird diese Türe geöffnet, man geht mit Laternen hinein und lauert auf den herauskommenden Fuchs.

Da ich nun von unten her den Sand wegarbeitete und die erste Öffnung gewann, sah ich Licht und die Köpfe derer, die meiner erwarteten.

Welcher Donnerschlag für mich! Ich war verraten, kroch also mit größter Mühe durch den hintergewühlten Sand zurück und erwartete mein Schicksal mit Schrecken und Schauder; hatte aber dennoch die Geistesgegenwart, daß ich meine Pistolen, mein Geld, meine Instrumente, Papier, Licht und auch etwas Geld unter dem Fußboden verbarg, welchen ich allezeit wieder durchschneiden konnte.

Mein meistes Geld war aber in verschiedenen in den Boden, auch im Türgerüste eingebohrten und wieder gut zugeschmierten Löchern versteckt, und nichts wurde gefunden. Hin und wieder aber waren in den Ritzen des Bodens kleine Feilen und Messer verborgen.

Kaum war ich fertig, so rasselten die Türen, man kam herein und fand den Kerker bis oben mit Sand und Sandsäcken angefüllt. Die Handschellen aber nebst den Stangen hatte ich in Eile angelegt, um ihnen glauben zu machen, daß ich mit denselben in der Erde gearbeitet hätte. Sie waren auch dumm genug, alles zu glauben, und hierdurch gewann ich schon einen Vorteil für die Zukunft.

Niemand war geschäftiger dabei als der grobe dumme Bruckhausen. Er machte viele Fragen; ich gab ihm aber keine Antwort, außer, daß ich ihm versicherte, daß vor etlichen Tagen schon der Ausbruch vollzogen wäre, wenn sein Glück ihn nicht hätte krank werden lassen. Und allein deswegen, weil ich ihm den Possen spielen wollte, sei ich gegenwärtig unglücklich. Dieses hat ihn auch wirklich so schüchtern gemacht, daß er in der Folge höflicher wurde, und mich wirklich zu fürchten anfing, weil ich alles möglich zu machen wußte.

Die Nacht war da; es war unmöglich, den Sandhaufen hinauszuschaffen. Der Leutnant und die Wache blieben also bei mir. Ich hatte große Gesellschaft, und am Morgen erschien ein Schwarm Arbeiter, welche das inwendige Loch zuerst ausfüllten; dann wurde dasselbe ausgemauert und die durchschnittene Bohle in des Fußbodens Oberfläche neu gemacht. Der Tyrann Borck kam gar nicht, weil er eben krank war, sonst wäre es mir viel ärger ergangen.

Am Abend desselben Tages waren die Schmiede auch schon mit ihrer Arbeit fertig. Alle Fesseln wurden schwerer gemacht als die ersten, und anstatt der Schelle über die Fußeisen wurden dieselben mit Schrauben zusammengezogen und verschmiedet.

Alles übrige blieb beim alten. Bis zum folgenden Tage wurde noch am Fußboden gearbeitet. Ich konnte abermals nicht schlafen, so daß ich vor Müdigkeit und Schwermut zu Boden sank.

Mein größtes Unglück war, daß man mir wieder das Bett wegnahm, weil ich es zu Sandsäcken zerschnitten hatte. Ehe man nun die Türen zuschloß, visitierte mich Bruckhausen und der Platzmajor bis auf den nackten Leib. Sie hatten mich öfters gefragt, wo ich denn alle Instrumente hergenommen hätte ? Meine Antwort war: »Meine Herren! der Teufel ist mein bester Freund, er bringt mir alles, was ich brauche. Wir spielen auch ganze Nächte Pikett miteinander, weil er mir Licht bringt. Und Sie mögen mich bewachen, wie Sie wollen, so wird er mich doch aus Ihrer Gewalt erretten.«

Sie erstaunten, die andern lachten. Endlich, als sie alles auf das genaueste durchsucht hatten und die letzte Türe zuschlossen, rief ich: »Meine Herren, kehren Sie zurück! Sie haben etwas Wichtiges vergessen!«

Indessen zog ich eine versteckte Feile aus dem Boden heraus und sagte bei dem Eintritte: »Ich habe Ihnen nur erweisen wollen, daß der Teufel mir alles bringt, was ich bedarf.« Man visitierte wieder und schloß zu. Indessen, da man an vier Schlössern arbeitete, hatte ich ein Messer und zehn Louisdor hervorgesucht, weil ich mein Geld an verschiedenen Orten versteckt hatte. Das meiste lag unter dem Boden.

Ich rief sie nochmals herein, sie kamen mit Murren und fluchen zurück, und nun gab ich ihnen Geld und Messer.

Ihre Verwirrung war unbegrenzt. Ich hingegen lachte und spottete nur bei all meinem Unglücke mit so kurzsichtigen Wächtern; und bald war ich durch sie in der ganzen Stadt, besonders bei dem Pöbel, als ein Zauberer und Schwarzkünstler ausgeschrien, dem der Teufel alles zutrage.

Nach dieser fehlgeschlagenen Unternehmung, die länger als ein Jahr Zeit erforderte und mich so geschwächt hatte, daß ich wirklich einem lebendigen Gerippe ähnlich sah, würde die Schwermut sich sicher aller meiner Seelenkräfte bemeistert haben, wenn mir nicht die weitere Hoffnung zur möglichen Flucht, die sich auf meine wachthabenden Offiziere und bereits .gewonnenen Freunde stützte, frischen Mut eingeflößt hätte.

Das ärgste für mich war der Verlust des Bettes. Ich empfand auch bald die Wirkungen davon und verfiel abermals in eine schwere hitzige Krankheit, in welcher ich sicher umgekommen wäre, wenn die Majore und Offiziere mir nicht alle mögliche Hilfe und Menschenliebe erzeigt und den Kommandanten betrogen hätten. Der einzige Bruckhausen blieb Menschenfeind und ein blinder Sklave seiner erhaltenen Order. Am Tage, wenn er die Inspektion hatte, wurden allein die strengsten Befehle beobachtet, und von meinen Eisen durfte ich mich nicht eher losmachen, bis ich einige Wochen die Orte beobachtet hatte, wo er allein in seiner Dummheit visitierte. Dann aber durchschnitt ich die Gelenke, wo ich sicher war, und verstrich die Öffnungen wieder mit meinem Brote ebenso, wie ich bereits erzählt habe. Die Hände konnte ich allezeit herausziehen, besonders, nachdem mir die schwere Krankheit alles Fleisch vom Leibe verzehrt hatte.

Ein halbes Jahr verfloß, ehe ich wieder meine Kräfte erhielt und zu einer neuen Herkulesarbeit greifen konnte.

Endlich fand ich auch ein Mittel, den Bruckhausen vom Kettenvisitieren abzuhalten, so daß er dieses Amt allein dem wachthabenden Offizier überließ. Er hatte eine feine Nase; wenn ich nun die ersten Schlösser rasseln hörte, so machte ich durch meinen neben mir stehenden Leibstuhl einen solchen Gestank, daß er zurücktrat und endlich gar vor der Tür stehen blieb.

Bei einer Gelegenheit, wo er, von Stolz aufgeblasen, an einem Tage zu mir eintrat, als eben ein Kurier mit der Nachricht einer gewonnenen Bataille eingeritten war, schimpfte und lästerte er so grob gegen alle Österreicher, auch sogar gegen meiner Souveränin Person, daß ich endlich, bis zur Wut aufgebracht, dem neben mir stehenden Leutnant den Degen von der Seite riß und ihn an die Wand gespießt hätte, wenn er dem Stoße nicht durch einen Sprung zur Tür hinaus entwichen wäre.

Von diesem Tage an war der Grobian so furchtsam, daß er sich nicht mehr zum Visitieren an mich heranwagte, sondern allezeit zwei Mann mit kreuzweis gefälltem Gewehr und Bajonetten vor sich treten ließ, hinter welchen er an der Türe stehen blieb.

Auch dieser Vorfall war mir nützlich, weil ich niemand als ihn bei der Visitation zu fürchten hatte.

Um diese Zeit wurde der wirklich gegen mich grausame und aufgebrachte Kommandant, General von Borck, krank, verrückt, folglich von seinem Amte abgesetzt, und Oberstleutnant von Reichmann, ein wahrer Menschenfreund, wurde an seiner Stelle Kommandant.

Um eben diese Zeit flüchtete auch der Hof selbst aus Berlin, und Ihre Majestät die Königin, der Prinz von Preußen, die Prinzessin Amalia, der Markgraf Heinrich, wählten Magdeburg zu ihrer Residenz. Nun wurde auch Major Bruckhausen höflicher als zuvor, vermutlich, weil er bei Hofe gehört hatte, daß ich noch nicht ganz hilflos verlassen sei und noch dereinst meine Freiheit abwarten könne.

Tyrannen und Dummköpfe sind gewöhnlich auch feige und verzagte Menschen. Vielleicht bewog also die Furcht eines möglichen Vorfalles auch diesen Bruckhausen, mir mit mehr Achtung zu begegnen, welche ich auch bald bemerkte.

Reichmann, der redliche neue Kommandant, konnte zwar an meinen Fesseln und an meiner wirklich schreckbaren Lage nichts abändern noch erleichtern. Er gab aber Befehl, oder sah vielmehr durch die Finger, daß die Inspektionsoffiziere mir anfänglich nur zuweilen, endlich aber täglich, die inneren zwei Türen öffneten, um mir frische Luft und Tageslicht auf einige Stunden zu vergönnen. Mit der Zeit ließen sie mir dieselben gar den ganzen Tag offen und schlossen sie nur, wenn sie des Abends von Wallrabe in die Stadt gingen.

Bei dieser Gelegenheit fing ich an, auf meinem zinnernen Trinkbecher mit einem ausgezogenen kleinen Brettnagel zu zeichnen, endlich Satiren zu schreiben, zuletzt gar Bilder zu gravieren, und brachte es in dieser Kunst so weit, daß meine gravierten Becher, als Meisterstücke der Zeichnung und Erfindung, teuer als Seltenheiten verkauft wurden, und der beste gelernte Graveur meine Arbeit schwerlich übertreffen wird.

Der erste Versuch war, wie leicht zu erachten, unbedeutend. Man trug aber meinen Becher in die Stadt, der Kommandant ließ ihn weiter sehen und mir einen neuen geben. Dieser neue geriet besser als der erste. Dann wollte jeder Major, der mich bewachte, einen haben. Ich wurde täglich geschickter, und ein Jahr verfloß mir bei dieser Beschäftigung wie ein Monat. Zuletzt erhielt ich sogar, wegen dieser Becherarbeit, die Erlaubnis, Licht zu brennen, welches auch bis zu meiner endlichen Befreiung unausgesetzt fortdauerte.

Laut Gouvernementsbefehl sollte zwar ein jeder Becher dieser Art demselben überbracht werden, weil ich in denselben alles schrieb oder in Bildern hieroglyphisch vorstellte, was ich von meinem Schicksale der Welt bekannt machen wollte. Es wurde aber dieser Befehl nicht vollzogen, und die Offiziere, welche mich bewachten, trieben einen Handel damit, verkauften sie auch zuletzt bis zu zwölf Dukaten, und nach meiner erlangten Freiheit ist ihr Wert so hoch gestiegen, daß man sie in verschiedenen Ländern Europas in den Kabinetten der Seltsamkeiten noch gegenwärtig findet.

Einen davon hat der verstorbene Landgraf von Hessen-Kassel vor zwölf Jahren meiner Frau zum Andenken geschenkt; der andre, welcher in Paris zu finden, ist auf eine wunderbare Art aus den Händen der verwitweten Königin Majestät dahin gekommen.

Wunderbar, ist doch die Geschichte mit diesen Bechern; denn bei Lebensstrafe war verboten, mit mir zu sprechen oder mir Tinte und Feder zu gestatten, und dennoch usurpierte oder erschlich ich allgemach die offene Erlaubnis, alles in Zinn zu schreiben, was ich der Welt von mir sagen wollte, und erschien hierdurch vor den Augen derer, die mich vorher nie kannten, in der Gestalt eines unterdrückten, brauchbaren Mannes. Meine Becher erwarben mir Achtung und Freunde, und dieser Erfindung habe ich größtenteils meine endlich erlangte Freiheit zu danken.

Nun muß ich aber auch noch etwas sagen, um ihren Wert zu erheben. Ich arbeitete bei Licht auf glänzendem Zinn und erfand die Kunst, den Bildern durch die Art der Strichel Licht und Schatten zu geben. Durch Übung wurden zuletzt die Abteilungen von zweiunddreißig Bildern so regulär, als ob sie mit dem Zirkel abgemessen wären.

Die Schrift war so fein, daß sie nur mit Vergrößerungsgläsern gelesen werden konnte.

Weil beide Hände an einer Stange angeschmiedet waren, und ich nur eine brauchen konnte, lernte ich den Becher mit den Knieen halten.

Mein einziges Instrument war ein geschliffener Brettnagel, und dennoch findet man sogar auf dem Rande doppelte Zeilen Schriften.

Übrigens hätte diese Arbeit mich zuletzt zum Narren oder blind gemacht. Jedermann forderte Becher, und ich saß, um gefällig zu sein, gewiß täglich achtzehn Stunden bei der Gravierung. Das Licht blendete auf dem glänzenden Zinn, und die Erfindung aller Zeichnungen und Stellungen griff zugleich mehr, als man glaubt, die denkenden und Einbildungskräfte an, weil ich kein Original vor mir, und in meinem Leben nichts von der Zeichnungskunst gelernt hatte, als das, was zur Militär-und Civilarchitektur erforderlich ist.

Genug hier von diesen zinnernen Bechern, die mir so viel Ehre und Vorteile verschafften, auch manche Trauerstunde verkürzen halfen. Das ärgste dabei war das ungeheure Halseisen, welches nebst seinen schweren Ketten mir die Nerven am Nacken drückte und täglich Kopfschmerzen verursachte. Ich wurde auch wirklich zum drittenmal krank, weil ich zu viel still saß, und eine Braunschweiger Wurst, die mir ein Freund heimlich zusteckte, mir eine Indigestion verursachte, wovon ich beinahe gestorben wäre. Es folgte ein Faulfieber, und binnen zwei Monaten sah ich einem Totengerippe ähnlich, ob mir gleich von den wachthabenden Offizieren Arznei und zuweilen warmes Essen gegeben wurde.

Nun war es aber auch wieder Zeit, an meine Freiheit zu denken und eine neue Unternehmung zu wagen. Mein Geld, welches ich hin und wieder versteckt hatte, war ausgeteilt, und unter dem Fußboden lagen nur noch vierzig Louisdors versteckt, den ich erst aufbrechen mußte.

Der alte Leutnant Sonntag war lungensüchtig und nahm als Invalide seinen Abschied. Diesem gab ich Reisegeld und schickte ihn nach Wien mit der besten Rekommandation, ihm so lange jährlich aus meiner Kasse vierhundert Gulden zu geben, bis ich meine Freiheit erhielte, oder er leben würde. Sein Auftrag war, bei der Monarchin eine Audienz zu suchen und Mitleid und Beistand für mich anhaltend zu sollicitieren. Dabei gab ich ihm eine Anweisung, viertausend Gulden für mich von meinem Gelde zu empfangen, und mir dieselben über Hamburg an den Kapitän Knoblauch zu übermachen, der sie mir heimlich zugesteckt hätte. Ich empfahl ihn an den Hofrat von Kempf, welcher während meines Gefängnisses, nebst dem Hofrat von Hüttner, die Administration meines Vermögens führten.

Doch ach! niemand wünschte in Wien meine Zurückkunft. Man hatte bereits angefangen, mein Gut zu teilen, worüber man nie Rechnung ablegen wollte. Der gute Leutnant Sonntag wurde also als ein Kundschafter oder Spion arretiert und etliche Wochen hindurch im Gefängnisse mißhandelt. Endlich gab man ihm, da er nackt und bloß war, hundert elende Gulden und ließ ihn über die Grenze führen.

Der redliche Mann, ein schmähliches Opfer seiner Treue und Redlichkeit, hat also die Monarchin nicht sprechen können und ist elend und kümmerlich zu Fuße nach Berlin gegangen, wo er sich noch ein Jahr lang heimlich bei seinem Bruder aufgehalten hat und gestorben ist.

Er schrieb sein Schicksal dem ehrlichen Knoblauch, und ich hab' ihm noch durch eben denselben aus meinem Kerker hundert Dukaten geschickt.

Man urteile, wie mir bei solchen Nachrichten aus Wien, von meinem Zufluchtsorte, zumute war.

Es ereignete sich aber ein Vorfall, daß ein Freund, den ich aber nie nennen werde, mich durch Hilfe eines andern wachthabenden Leutnants heimlich besuchte. Durch diesen erhielt ich sechshundert Dukaten, und dies ist auch eben der Freund, welcher durch eben diesen Kanal noch im Jahre 1763 viertausend Gulden dem kaiserlichen Gesandten in Berlin, Baron Riedt, zur Beförderung meiner Freiheit bar bezahlt hat, wovon ich besser unten Erwähnung tun werde. Nun hatte ich wieder Geld.

Ich verfiel nun auf ein neues fürchterliches Projekt, um mich zu retten.

Die ganze Magdeburger Garnison bestand damals aus neunhundert Köpfen Landmiliz, die alle mißvergnügt waren. Ich hatte zwei Majore und zwei Leutnants auf meiner Seite, und die Wache in der Sternschanze, wo ich saß, bestand nur aus fünfzehn Mann, welche auch meistens bereit waren, meinem Winke zu folgen.

Vor dem Tore der Sternschanze war das Stadttor nur mit zwölf Mann und einem Unteroffizier besetzt, und gleich an demselben lag die Kasematte, in welcher siebentausend Kroaten als Kriegsgefangene eingesperrt waren.

In unserm Einverständnisse war noch ein kriegsgefangener Hauptmann, Baron K —y, welcher unter seinen Kameraden ein Komplott gemacht hatte, um zur bestimmten Stunde in einem sichern Hause, unweit dem Tore, versammelt zu sein und meine Unternehmung zu unterstützen.

Ein anderer Freund wollte seiner Kompagnie Gewehre und Patronen unter einem falschen Vorwand in seinem Quartier bereit halten — und überhaupt waren alle Vorkehrungen so getroffen, daß ich auf vierhundert Gewehre sichere Rechnung machen konnte.

Dann wäre mein wachthabender Offizier zu mir hereingekommen, hätte die etwa uns verdächtigen zwei Mann zu mir auf die Schildwache gestellt und ihnen befohlen, mein Bett hinauszutragen. Indessen wäre ich hinausgesprungen und hätte diese Schildwachen eingesperrt.

Kleider und Waffen wären für mich bereit gewesen und zuvor in mein Gefängnis getragen worden.

Dann hätten wir uns des Stadttors bemeistert, ich aber wäre in die Kasematte gelaufen und hätte den Kroaten als Trenck zugerufen, das Gewehr zu ergreifen. Meine andern Freunde brachen indessen auch los, und kurz gesagt, der ganze Anschlag war so ausgearbeitet, daß er unmöglich fehlschlagen konnte. Magdeburg, das Magazin der Armee, die königliche Schatzkammer, das Zeughaus, alles geriet in meine Gewalt, und sechzehntausend Mann Kriegsgefangene, die damals in der Stadt lagen, waren hinlänglich, den Besitz zu behaupten.

Nun nahm ein gewisser Leutnant G*** Urlaub, als ob er seine Eltern in Braunschweig besuchen wollte. Ich gab ihm Reisegeld und er eilte nach Wien.

Dort hatte ich ihn an die Hofräte von Kempf und Hüttner adressiert, ihm nur einen Brief mitgegeben, worin ich zweitausend Dukaten von meinem Gelde forderte, und versicherte, daß ich hierdurch bald in Freiheit sein, auch mich der Festung Magdeburg bemeistern würde. Alles übrige umständlich sollte dem Überbringer mündlich geglaubt werden.

G*** kommt in Wien glücklich an, man macht ihm tausend Fragen, besonders verschiedenemal um seinen Namen.

Er gibt sich zum Glück einen andern, der wirklich verraten wurde. Endlich gibt man ihm den Rat, sich nicht in so gefährliche Unternehmungen zu mischen, sagt ihm, es sei nicht so viel Geld in meiner Kasse, und fertigt ihn mit tausend Gulden ab, anstatt ihm die von mir verlangten zweitausend Dukaten zu geben. Hiermit kehrt er zurück, erhielt aber Wind und war so vernünftig, daß er Magdeburg nicht wiedersah.

Denn kaum war er vier Wochen abwesend, so trat der damalige Gouverneur, Erbprinz von Hessen-Kassel, der eben letzt verstorbene regierende Landgraf, in mein Gefängnis, zeigte mir meinen Brief und mein Projekt, den ich nach Wien geschickt, vor die Augen und fragte, wer diesen Brief bestellt habe, und wer die Leute wären, die mich befreien und Magdeburg verraten wollten?

Ob nun derselbe direkt an den König geschickt worden, oder durch einen geraden Weg in die Hände des Gouverneurs geraten sei, dieses habe ich nie entdecken können; genug, ich war verraten, und abermals in Wien verraten und verkauft.

Nun kann man sich meine Bestürzung vorstellen, als der Gouverneur mir meinen Brief vorzeigte. Ich behielt aber Geistesgegenwart und leugnete geradewegs meine Handschrift, schien auch über einen so arglistigen Streich ganz erstaunt.

Der Landgraf suchte mich zu überzeugen und erzählte mir sogar den Inhalt des mündlichen Auftrags, welchen der Leutnant Kemnitz in Wien vorgetragen haben sollte, um Magdeburg in des Feindes Hände zu spielen. Hieraus erkannte ich die Verräterei klar. Weil aber kein Leutnant Kemnitz in der Garnison existierte und sich mein Freund zum Glück nicht ganz in Wien aufgedeckt und diesen falschen Namen gegeben hatte, so blieb alles ein nicht zu entwickelndes Rätsel; umso mehr, da das ganze unwahrscheinlich schien und niemand glauben konnte noch wollte, daß ein Arrestant meiner Art und in meiner Lage die ganze Garnison gewinnen oder übermannen könne.

Der gute Fürst verließ meinen Kerker und schien mit meiner Ausflucht zufrieden zu sein, besonders da sein Herz keine Freude am Unglück der Menschen empfand.

Indessen erschien am folgenden Tage eine ganze Kommission in meinem Gefängnisse. Es wurde ein Tisch hereingetragen, wobei der Kommandant, Herr von Reichmann, selbst präsidierte.

Man klagte mich als einen Landesverräter an. Ich beharrte darauf, meine Handschrift zu leugnen. Beweise und Zeugen zur Konfrontation waren nicht da.

Hiermit war das Verhör geschlossen, nichts wurde erwiesen noch aufgedeckt, und alles blieb beim alten.

Weil man aber doch Offiziere in Verdacht hatte, so wurden alle drei, die bisher mich bewachten, umgeändert, wodurch ich meine zwei besten Freunde verlor. Es währte aber nicht lange, so hatte ich schon wieder zwei andere durch Geld gewonnen, welches mir leicht fiel, weil ich den Nationalcharakter kannte und zur Landmiliz nur arme oder unzufriedene Offiziere gewählt werden konnten.

Sobald ich nun wieder einen wachthabenden Offizier auf meiner Seite hatte, machte ich den Entwurf, bei eben dem Loche wieder auszubrechen, wo der erste Anschlag mir mißlang.

Da es mir nicht an Instrumenten fehlte, so waren Fesseln und Fußboden bald wieder durchschnitten, auch alles so gut vorgekehrt, daß ich keine Visitation zu fürchten hatte. Hier fand ich nun gleich mein verstecktes Geld, Pistolen und alle Bedürfnisse. Es war aber unmöglich, vorwärts zu arbeiten, ehe ich einige Zentner Sand herausgeschafft hatte.

Dieses geschah auf folgende Art: Ich machte zwei verschiedene Öffnungen im Fußboden, die eine war der falsche, die andere der wirkliche Angriff. Dann warf ich einen großen Haufen Sand in mein Gefängnis, machte aber das Loch mit aller Vorsicht wieder zu. Hierauf arbeitete ich bei der andern so laut, so unvorsichtig, daß man mich draußen unfehlbar in der Erde wühlen hören mußte.

Um Mitternacht wurden plötzlich alle Türen geöffnet, und man fand mich bei der Arbeit, bei welcher ich selbst überfallen zu werden wünschte. Niemand begriff, warum ich unter der Türe ausbrechen wollte, wo dreifache Schildwachen standen. Die Wache blieb bei mir im Kerker. Am Morgen aber kamen etliche Arrestanten, welche den Schutt mit Karren hinausführen mußten. Das Loch wurde wieder zugemauert und mit neuen Brettern geschlossen. Meine Fesseln wurden wieder neu angeschmiedet. Man lachte über eine unmögliche Unternehmung, nahm mir zur Strafe mein Licht und mein Bett weg, welche beide mir aber nach vierzehn Tagen wiedergegeben wurden.

Das rechte Loch wurde aber niemand gewahr, wo ich die meiste Erde hinausgeworfen hatte, und da der Major und der Leutnant meine Freunde waren, so wollte auch niemand bemerken, daß man dreimal mehr Sand ausführte, als die gefundene Öffnung fassen konnte. Nunmehr glaubte man aber nach einer so lächerlich als möglich scheinenden Unternehmung, daß es die letzte sein werde, und sogar Bruckhausen wurde im Visitieren ganz nachlässig.

Nach etlichen Wochen kam der Gouverneur nebst dem Kommandanten zu mir, anstatt aber wie Borck zu drohen und zu schmähen, sprach der Landgraf ganz gütig mit mir, versicherte mir seine Fürbitte und Protektion bei erfolgendem Frieden, sagte mir auch, ich habe mehr Freunde, als ich selbst glauben könne, und daß der Wiener Hof mich nicht verlassen habe.

Mein Vortrag, meine Erklärung erschütterten seine Seele und rührten ihn bis zu Tränen, die er vergebens verbergen wollte. In diesem Augenblicke bemeisterte sich die Freude aller meiner Sinne, ich warf mich ihm zu Füßen, redete wie Cicero und fand einen Fürsten, der edel dachte.

Er versprach mir alle möglichen Erleichterungen, ich hingegen gab ihm mein Ehrenwort, daß ich nichts mehr zur Flucht unternehmen wolle, so lange er Gouverneur in Magdeburg bliebe. Die Art meines Vertrags war für ihn überzeugend, und sogleich befahl er, mir das ungeheure Halseisen abzunehmen, ließ mir das zugenagelte Fenster wieder öffnen, befahl die inwendigen Türen täglich zwei Stunden offen zu lassen, ließ mir einen kleinen eisernen Ofen in den Kerker setzen, den ich selbst von inwendig heizen konnte; gab mir auch bessere Hemden, die mir die Haut nicht wund rieben und befahl auch, mir ein Buch weißes Papier hereinzugeben. Auf dieses durfte ich meine Gedanken und Gedichte zum Zeitvertreibe niederschreiben. Dann sollte der Platzmajor die Blätter zählen, damit ich keine mißbrauchen könne, und mir wieder andere weiße, gleichfalls gezählte, zurückgeben.

Tinte wurde mir aber nicht gestattet, ich stach mich also in die Finger und ließ Blut in einen Scherben laufen; wenn es geronnen war, ließ ich's wieder in der Hand erwärmen, das fließende ablaufen und warf die fiebernden Teile weg. Auf diese Art hatte ich nicht nur gute flüssige Tinte zum Schreiben, sondern auch zugleich Farbe zum Malen.

Nun war ich also Tag und Nacht mit Bechergravieren oder Satirenschreiben beschäftigt, und ich hatte nunmehr offene Gelegenheit, alles vorzutragen, was ich wollte, meine Talente zu entdecken und Mitleid und Achtung zu erwecken, besonders da ich wußte, daß meine Gedichte, Sinnbilder und Gedanken zuweilen öffentlich bei Hofe vorgelesen wurden, und Ihre königliche Hoheit die Prinzessin Amalia und die großmütige Königin selbst einen Gefallen daran bezeigten. Bald erhielt ich Aufträge, für gewählte Gegenstände zu arbeiten. Und eben der Mann, welchen der Monarch lebendig begraben wissen wollte, dessen Namen aber gar niemand nennen sollte, hat wirklich nie mehr gelebt, noch von sich sprechen gemacht, als da er in diesem Grabe seufzte. Kurz gesagt, man fing an, mich näher kennen zu lernen. Meine Schriften rührten und haben mir auch wirklich die Freiheit zuwege gebracht.

Meinen erarbeiteten Wissenschaften, meiner Geistesgegenwart in großen Gefahren, habe ich demnach alles zu verdanken. Diese konnte mir Friedrichs Macht nicht nehmen, und durch diese allein erhielt ich das, was sein Zorn und Machtspruch mir auf ewig zu entreißen gesonnen war. Ich erhielt, sage ich, meine Freiheit, obgleich der aufgebrachte Monarch bei verschiedenen Fürbitten allezeit geantwortet hatte: »C'est un homme dangereux; durant que j'existe, il ne verra pas le jour«, oder: »Es ist ein gefährlicher Mensch, solange ich lebe, wird er das Tageslicht nicht sehen.«

So lebte ich fast achtzehn Monate in stiller Gelassenheit, ohne eine neue Unternehmung zu wagen.

Der regierende Landgraf zu Kassel starb aber, und Magdeburg verlor seinen großmütigen Gouverneur. Der Kommandant von Reichmann war jedoch, wie gesagt, auch ein Menschenfreund, und zeigte Mitleid und Achtung für mich.

Nun ereignete sich der Vorfall in Rußland: Elisabeth starb, Peter änderte das Verbindungssystem, Katharina stieg auf den Thron und erzwang den Frieden.

Sobald ich hiervon Nachricht hatte, wollte ich mich für alle Fälle in Sicherheit stellen. In Wien war durch den redlichen Hauptmann K*** meine Korrespondenz offen, man versicherte mir Hilfe, gab mir aber zugleich zu verstehen, daß meine Güterbesitzer und Rechnungsführer das Gegenteil bearbeiteten. Ich wagte nun noch einmal einen Offizier zu überreden, daß er mit mir entfliehen sollte. Umsonst! ich fand keinen Schell mehr! Der Wille war gut, aber Mut zur Ausführung fehlte.

Ich öffnete also mein altes Loch, wo ich bereits etwas Raum gemacht hatte, und meine Freunde halfen mir auf allerhand Art etwas Sand herausschaffen. Mein Geld war ziemlich geschmolzen, man versah mich mit allen erforderlichen Instrumenten, mit frischem Pulver und einem guten Degen.

Alles wurde unter dem Boden versteckt, den niemand mehr visitierte, weil ich so lange ruhig gewesen war.

Mein Anschlag war dieser: Ich wollte den Frieden abwarten, falls ich aber durch denselben nicht gerettet würde, dann sollte mein unterirdischer Gang bis zur Galerie im Walle fertig sein, um nur in derselben Öffnung zu machen und zu entfliehen.

Zur vollkommenen Sicherheit war folgendes verabredet: Ein alter Leutnant der Landmiliz hatte in der Vorstadt ein kleines Häuschen von meinem Gelde gekauft, wo ich mich allenfalls verbergen konnte.

Zu Gummern in Sachsen, eine Stunde von Magdeburg, standen zwei gute Pferde nebst einem Freunde bereit, die ein ganzes Jahr auf mich daselbst warten mußten. Die Abrede war diese, daß sogleich nach wirklich erfolgtem Frieden in jedem Monate, den 1. und auch den 15., mein Freund an das Glacis vom Kloster Bergen reiten und auf ein gewisses Signal mir zu Hilfe eilen sollte.

Nun kam es nur darauf an, mein Gefängnis zu durchbrechen, um auf alle Fälle bereit zu sein.

Ich durchschnitt also einige obere Bretter auf eben die Art, wie die ersteren, nahm allgemach die ganze doppelte untere Lage, die sechs Zoll dick war, weg, zerschnitt sie mit meinem Meißel in Stücke, verbrannte diese im Ofen und füllte den hierdurch gewonnenen leeren Raum mit dem Sande aus meinem unterirdischen Kanal. Hierdurch gewann ich fast den halben Weg.

Dann steckten mir meine Freunde einen Vorrat von Leinwand zu, wovon ich Sandsäcke machte, die ich geschwind ein-und ausschieben konnte; hierdurch kam ich glücklich bis an die Galerie zum Ausbruche. Dann wurde alles geschlossen, festgemacht und so gut verwahrt, daß ich bei der genauesten Visitation nichts zu befürchten hatte, weil ich vom untern Holze überall so viel stehen ließ, daß das obere befestigt blieb. Die oben durchschnittenen Bretter waren alle doppelt festgenagelt und verursachten keinen Verdacht, besonders da die neu ankommende Garnison nicht einmal wissen konnte, ob sie ganz oder stückweise gelegt waren.

Während dieser schweren Arbeit, die mich wieder ganz entkräftet hatte, wurde wirklich Frieden, und bei Einrückung der alten Feldregimenter verlor ich alle meine Freunde und Nothelfer auf einmal.

Ich erfuhr in der Zwischenzeit, daß General Riedt vom Wiener Hofe nach Berlin als Gesandter ernannt war.

Nun kannte ich die Welt aus geprüfter Erfahrung, wußte auch, daß dieser Herr allezeit Geld brauchte. Deshalb schrieb ich ihm einen beweglichen Brief, bat ihn, mich nicht zu verlassen und mehr für mich zu tun, als vielleicht sein Auftrag von Wien forderte. Zugleich schloß ich eine Anweisung auf sechstausend Gulden bei, welche ihm in Wien von meinem Gelde bezahlt werden sollten, und viertausend Gulden hat er sogleich von einem meiner Verwandten hierzu empfangen, den ich hier nicht nennen darf.

Diesen zehntausend Gulden habe ich eigentlich meine erst neun Monate nachher erfolgte Freiheit zu danken, denn meine in Händen befindliche Wiener Rechnung beweist, daß die sechstausend Gulden schon im April 1763 von meinen Administratoren auf Hofbefehl für Order des General Riedt an die Staatskanzlei des Fürsten Kaunitz bar bezahlt wurden. Die andern viertausend Gulden habe ich nach meiner erlangten Freiheit meinem Freunde, der sie vorgeschossen hatte, dankbar zurückgezahlt.

Ich hatte nun, noch ehe die Garnison abzog, bereits Nachricht, daß im Hubertusburger Frieden nichts für mich geschehen war. Unser damaliger Bevollmächtigter hatte erst nach bereits ratifizierten Artikeln ganz kaltblütig meinetwegen mit dem preußischen Minister, dem gegenwärtigen Grafen von Herzberg, gesprochen, aber nichts ernsthaft betrieben, noch sollicitiert.

Von Berlin gab man mir aber Versicherung, für mich ernsthaft bei dem König zu arbeiten, und auf dieses Versprechen konnte ich mehr bauen, als auf die Wiener Protektion, welche mich zehn Jahre hindurch so hilflos und so verächtlich im Unglück verlassen hatte. Deshalb entschloß ich mich, noch drei Monate zu warten, ob etwas erfolgte, dann aber erst eigenmächtig aus meinem Gefängnisse zu entfliehen.

Die Ablösung der Garnison geschah, und nun war alles neu für mich. Die Offiziere der Wache waren alle Edelleute und schwerer zu gewinnen, als die Landmiliz, und die Majore vollzogen ihre Befehle buchstäblich. Ich brauchte zwar keinen mehr zu meinen Plänen, mein Herz sehnte sich aber nach den gewöhnten Freunden; und nun hatte ich wieder nichts als mein Kommißbrot zur Nahrung, weil mir niemand mehr das mindeste zusteckte.

Die Zeit fing mir an lang zu werden, man hatte bei der Übergabe alles genau visitiert und nichts gefunden. Es war aber doch möglich, daß eine klügere Untersuchung alles entdecken und meine Anschläge vernichten konnte. Ein ungefährer Zufall hätte dieses leicht verursachen können, den ich hier als etwas besonderes erzählen muß.

Ich hatte seit zwei Jahren eine Maus so zahm gemacht, daß sie den ganzen Tag auf mir herumspielte und mir aus dem Munde fraß.

Diese wirklich kluge Maus hätte mich nun beinahe unglücklich gemacht. Sie hatte bei der Nacht an meiner Türe genagt und Kapriolen in meinem Zimmer auf einem hölzernen Teller gemacht. Die Schildwachen hörten es und riefen den Offizier. Dieser hört auch und meldet weiter, es gehe nicht richtig in meinem Gefängnisse zu. Auf einmal wurden mit Anbruch des Tages meine Türen eröffnet, und Platzmajor, Schlosser und Maurer traten herein. Man fing an, alles auf das genaueste zu durchsuchen. Boden, Mauern, Ketten, auch mein Leib wurde visitiert, man fand aber nichts. Endlich fragte man mich, was ich verwichene Nacht gearbeitet und gepoltert hätte. Ich hatte die Maus selbst gehört und klagte das arme Tier an. Gleich wurde befohlen, sie abzuschaffen. Ich pfiff, gleich war sie auf meiner Schulter; nur bat ich für ihr Leben, und der wachthabende Offizier nahm sie mit sich in sein Zimmer, mit dem heiligsten Versprechen, er wolle sie einer Dame schenken, wo es ihr ganz gut gehen sollte. Er nahm sie mit und ließ sie im Wachzimmer laufen. Sie war aber für keinen andern Menschen zahm und hatte sich gleich versteckt.

In der Nacht hatte sie aber, wie die Schildwachen am folgenden Morgen gemeldet, an meiner äußeren Türe beständig genagt, und die Merkmale waren sichtbar.

Zu Mittag, da man zum Visitieren hereinkam und damit beschäftigt war, lief auf einmal meine Maus mir die Beine herauf auf die Schulter und machte allerhand Sprünge, um ihre Freude zu bezeigen.

Jedermann war erstaunt und wollte diese Maus haben; der Major nahm sie mit für seine Gemahlin. Diese hatte ihr einen schönen Käfig machen lassen, in welchem sie aber nichts gefressen und nach einigen Tagen tot gefunden wurde.

Dieser Vorfall mit der Maus beschleunigte meinen Entschluß. Ich wollte nicht drei Monate warten.

Da ich nun bereits meine Anstalten erzählt habe, laut welchen ich in jedem Monat den 1. und 15. festgesetzt hatte, wo die Pferde außerhalb der Festung auf mich warteten, so verstrich der 1. August allein deshalb, weil ich den redlichen Major von Pfuhl, welcher mir mehr Menschenliebe als die andern zeigte, nicht unglücklich machen wollte, und an eben diesem Tage die Inspektion in der Sternschanze hatte.

Es wurde aber der 15. August hierzu festgesetzt, und länger wollte ich nicht warten.

Mit diesem festen Plane vollkommen entschieden, verflossen einige Tage in Sehnsucht, den Tag abzuwarten, an welchem ich mich eigenmächtig retten konnte.

Auf einmal ereignete sich ein Vorfall, welcher einer der merkwürdigsten in meiner Lebensgeschichte ist.

Der Major du jour, welcher sonst allezeit selbst mein Gefängnis aufzuschließen gewohnt war, mußte eiligst in die Stadt, wo Feueralarm geschlagen wurde, und gab dem Leutnant die Schlüssel, um bei mir zu visitieren.

Dieser kam herein, sah mich mit Mitleid an und fragte: »Aber lieber Trenck! haben Sie denn in sieben Jahren unter den Landmilizoffizieren keinen Erretter, wie in Glatz den Schell, finden können?« — Meine Antwort war: »Mein Freund! Freunde solcher Art sind selten zu finden. Am Willen hat es keinem gefehlt, jeder wußte, daß er durch mich glücklich werden konnte. Aber keiner hatte Herz genug im Leibe, um eine entschlossene Unternehmung auszuführen. Geld hab' ich ihnen genug gegeben, aber wenig Hilfe von ihnen erhalten.« — »Wo nehmen Sie denn das Geld her?« — »Von Wien, mein Freund, durch geheime Korrespondenz, die sie mir beförderten. Und noch gegenwärtig bin ich damit für einen Freund versehen. Kann ich Ihnen damit Dienste leisten?« Gleich zog ich fünfzig Dukaten aus einem Loche heraus, welches an der Schwelle des Türgerüstes hierzu gebohrt war, und gab sie ihm. Er weigerte sich, nahm sie aber endlich mit Zaghaftigkeit an, versprach sogleich wiederzukommen, ging hinaus, hing die Schlösser nur verblendet vor und hielt Wort. Nun erklärte er sich offenherzig, daß er ohnedies wegen Schulden desertieren müßte und längst den Vorsatz gefaßt hätte; könne er mir also mit forthelfen, so wäre er zu allem bereit, ich sollte ihm nur den Entwurf zur Möglichkeit machen. Wir blieben etwa zwei Stunden allein zusammen, das Projekt war bald gemacht, approbiert, möglich und sicher zur glücklichen Ausführung gefunden; besonders da ich ihm sagte, daß meine Pferde in Gummern bereit ständen.

Gleich war Brüderschaft und ewige Freundschaft geschlossen. Ich gab ihm noch fünfzig Dukaten, und niemals hatte er so viel Geld in seinem Besitz gehabt; denn alle seine Schulden, um welche er desertieren wollte, betrugen nicht zweihundert Reichstaler. Da er aber von Hause gar nichts hatte, so war es unmöglich, dieselben von seiner Gage zu bezahlen.

Unsere Abrede war in kurzem diese: Er sollte sich vier Schlüssel anschaffen, welche denen meiner Türe nur im äußern Anblicke ähnlich wären. Diese sollte er am Tage, da wir unser Vorhaben ausführen wollten, verwechseln, weil sie indessen, da der Major bei dem arretierten General Wallrabe zu Mittag speiste, in der Wachstube verwahrt waren.

Dann, sobald der Major in der Stadt wäre, seine Grenadiere teils auf einige Stunden beurlauben oder in allerhand Aufträgen in die Stadt schicken, am Schlagbaume den Posten einziehen, dann aber zu mir hereinkommen und meinen beiden Schildwachen befehlen, mein Bett herauszutragen.

Indem sie hiermit beschäftigt wären, wollte ich hinausspringen und diese Leute in meinem Kerker einsperren; dann setzten wir uns ungehindert auf die zur bestimmten Stunde bereit gehaltenen Pferde und galoppierten nach Gummern.

Binnen acht Tagen, bei seiner zweiten Wache, sollte alles bewerkstelligt werden.

Kaum hatten wir so viel verabredet, als die Schlagbaumschildwache für den ankommenden Major in das Gewehr rief. Eiligst sprang er hinaus, schloß die Türen und der Major ging zum General Wallrabe hinein. Nun war ja kein Mensch glücklicher, als ich in meinem Kerker. Dreifache Hoffnung lag jetzt vor mir, um meine Freiheit unfehlbar zu erhalten: Die mir zugesicherte Vermittlung des kaiserlichen Gesandten in Berlin, mein bereits unterirdisches fertiges Loch und der neue Leutnant von der Wache.

Berauscht in Freude und Aussicht glücklicher, siegreicher Zukunft, bin ich vielleicht in eben den Augenblicken, wo mein Verstand am wirksamsten wählen und entscheiden sollte, meiner Beurteilungskraft beraubt gewesen, oder die Eigenliebe hatte mich betäubt, um einen Entschluß zu fassen, welcher jedem vernünftigen Leser aber so unüberlegt als verwegen, dummdreist und bedauernswert scheinen wird.

Ich geriet auf die törichten Gedanken, daß ich den Großmut des großen Friedrich auf die Probe setzen wolle. Fände ich diese nicht und schlüge dieser Anschlag fehl, dann hätte ich in allen Fällen meinen Leutnant zum sicheren Erretter.

Diesem tausendfach beweinten Plane gemäß, in den ich mich selbst verliebt hatte und deshalb mit Sehnsucht den Tag erwartete, redete ich den zur Visitation hereintretenden Major zu Mittag auf folgende Art an:

»Ich weiß, Herr Major, daß der Gouverneur, der großmütige Herzog Ferdinand von Braunschweig, gegenwärtig in Magdeburg ist. (Dieses hatte mir mein Freund gesagt.) Gehen Sie sogleich zu ihm und sagen Sie ihm, er möchte zuvor mein Gefängnis visitieren, die Schildwachen verdoppeln lassen und dann befehlen, zu welcher Stunde am hellen Tage ich mich außer den Werken der Sternschanze auf dem Glacis bei Kloster Bergen in vollkommener Freiheit sehen lassen sollte. Wäre ich dieses zu bewerkstelligen imstande, dann hoffte ich auf die Protektion des Herzogs, welcher diesen Auftritt dem Könige melden sollte, um ihn von meinem reinen Gewissen und allezeit rechtschaffenen Handlungen zu überzeugen.«

Der Major erstaunte, sah den Leutnant an und glaubte wirklich, ich wäre verrückt, weil ihm der Vortrag lächerlich und die Ausführung meines Anerbietens platterdings unmöglich schien. Ich beharrte aber ernsthaft auf meiner Bitte. Er ritt in die Stadt und kam nebst dem Kommandanten, Herrn von Reichmann, mit dem Platzmajor Riding und dem andern Inspektionsmajor zu mir zurück mit der Antwort:

»Der Herzog ließ mir sagen, wenn ich dieses, was ich mich anheischig mache, zu bewerkstelligen imstande wäre, dann versichere er mich seiner ganzen Protektion und der Gnade des Königs, und sogleich wolle er mich von allen Fesseln befreien.«

Nun forderte ich die Bestimmung der Stunde im vollen Ernste. Noch scherzte man und hielt alles unmöglich. Endlich hieß es, ich sollte sagen, auf welche Art, ohne es auszuführen; es wäre genug, wenn ich die Möglichkeit erwies. Im Weigerungsfalle würde sogleich mein ganzer Fußboden aufgebrochen werden, und man würde Tag und Nacht Wache in mein Zimmer stellen. Der Gouverneur wolle sich nur von der Möglichkeit überzeugen, aber keinen wirklichen Ausbruch gestatten.

Nach langem Kapitulieren und den heiligsten Versicherungen warf ich ihnen auf einmal alle meine Fesseln vor die Füße, öffnete mein Loch, gab ihnen mein Gewehr und alle meine Instrumente, auch zwei Schlüssel zu Ausfalltüren in den unterirdischen Galerien. Ich hieß sie in die erste, siebenunddreißig Fuß weit von meinem Kerker, gehen und mit dem Degen den Ausbruch sondieren, welcher in wenig Minuten geschehen könnte; dann sagte ich ihnen jeden Schritt, den ich inwendig zur Türe in jedem Wall zu gehen hatte. Beide waren seit sechs Monaten unverschlossen, zu den andern gab ich ihnen die Schlüssel. Und endlich entdeckte ich ihnen auch, daß ich an dem Glacis bei Kloster Bergen auf jeden Wink Pferde bereit habe, deren Stall sie aber zu entdecken außer stände wären.

Sie gingen hinaus, sahen, kamen wieder herein und machten Fragen und Einwürfe, die ich so gut beantwortete, als ein Ingenieur, der die Sternschanze gebaut hatte. Dann traten sie wieder hinaus, wünschten mir Glück, blieben etwa eine Stunde weg, kamen sodann wieder, sagten mir, der Herzog sei erstaunt über den erhaltenen Bericht, wünschten mir Glück und führten mich hinaus ohne Fesseln in das Zimmer des wachthabenden Offiziers.

Am Abend kam der Major zu uns, gab ein herrliches Souper und versicherte mir, nunmehr werde alles gut gehen. Der Herzog habe bereits nach Berlin geschrieben.

Am folgenden Tage wurde aber die Wache verstärkt: zwei Grenadiere traten in das Offizierzimmer als Schildwachen. Die ganze Wache lud scharfe Patronen vor meinen Augen, und kurz gesagt, man machte Vorkehrungen, als ob ich eine Unternehmung; wie zu Glatz, machen wollte; sogar die Ziehbrücken wurden am hellen Tage aufgezogen.

Dann sah ich vor meinen Augen sogleich eine Menge Menschen an meinem Kerker arbeiten und viele Wagen mit Quadersteinen hinunterfahren. Indessen aber waren die wachthabenden Offiziere freundlich und liebreich mit mir; die Tafel war gut, wir aßen zusammen, aber ein Unteroffizier und zwei Mann blieben beständig bei uns im Zimmer, folglich waren alle Unterredungen sehr behutsam. Dieses dauert vier oder fünf Tage, bis endlich mein neuer Freund, auf den ich mich ganz verließ, zu mir auf die Wache kam. Er schien der alte zu sein, die Augenzeugen gestatteten uns wenig Unterredung. Indessen gewannen wir doch zuweilen Gelegenheit, er war erstaunt über meine unzeitig gemachte Entdeckung, sagte mir, der Herzog wüßte gar nichts davon, und in der ganzen Garnison hieß es, man habe mich abermals bei dem Ausbrechen erhascht.

Hier ging mir schon das Licht auf, aber leider zu spät. Ich versicherte meinem Freunde, ich habe allein alles getan, weil ich mich nunmehr auf sein Wort verließ. Er beteuerte mir dasselbe und versprach alles.

Nunmehr war mein Mut unbegrenzt, meine Rache aber gegen so niederträchtiges Verfahren des Kommandanten im Herzen beschlossen.

Binnen acht Tagen war der neue Bau meines Gefängnisses fertig. Der Platzmajor erschien nebst dem Major du jour und führten mich wieder in meinen Kerker zurück. Hier wurde ich nur mit einem Fuße an die Mauerkette befestigt, die aber doppelt schwerer als die vorige war. Alle übrigen Fesseln wurden mir nicht mehr angelegt.

Der Fußboden war nunmehr mit großen Quadersteinen ausgepflastert und folglich das Gefängnis wirklich undurchdringlich gemacht. Mein Geld allein blieb gerettet, welches in den Türgerüsten und der Ofenröhre gesteckt war; ungefähr dreißig Louisdors trug ich am Leibe, diese wurden gefunden und weggenommen.

Da man mich nun wieder anschmiedete, sagte ich dem Kommandanten in einem erbitterten Tone: »Ist das die Folge des herzoglichen Ehrenwortes? Habe ich solche Mißhandlung für meine Großmut verdient? Ich weiß aber schon, daß man falsch rapportiert hat. Die Wahrheit wird aber dennoch offenbar werden und Schurken beschämen! Nunmehr erkläre ich Ihnen aber, daß Sie den Trenck nicht mehr lange in Ihrer Gewalt haben werden. Und bauten Sie mir einen Kerker von Stahl, so werden Sie mich nicht festhalten.«

Man lachte über meine Drohungen. Reichmann aber sprach mir Mut zu, hieß mich hoffen und sagte, ich würde vielleicht bald auf eine gute Art meine Freiheit erhalten.

Ich pochte hauptsächlich auf die mir allein bekannte Hilfe von meinem wachthabenden neuen Freunde, und war vielmehr verwegen und drohend, als niedergeschlagen und kleinmütig, welches jedermann in Verwunderung setzte.

Ich muß aber auch hier dem Leser das Rätsel aufklären, warum man eigentlich so unerwartet mit mir verfuhr. Nach meiner erlangten Freiheit reiste ich nach Braunschweig und erfuhr vorn Herzoge selbst, daß die damals über mich gestellten Herren Majore demselben nicht die Wahrheit rapportiert, sondern, um einen Verweis wegen nachlässigen Visitieren zu vermeiden, demselben gemeldet, sie hätten mich bei der Arbeit ertappt und bei genauer Untersuchung gefunden, daß ich ohne ihre Wachsamkeit sicher entflohen wäre. Einige Zeit nachher habe der Herzog aber die Wahrheit erfahren, dem König den Vorfall gemeldet, und von dieser Zeit an habe der Monarch nur auf Gelegenheit gewartet, um mir die Freiheit wiederzugeben.

Ich hoffte nun Tag und Nacht auf den ersten Eintritt meines sicheren Erretters. Wie erschrak ich aber, als an dem Tage seiner bestimmten Wache ein anderer Leutnant eintrat.

Noch schmeichelte ich mir, daß ungefähre Zufälle ihn nur für diesmal zurückgehalten hätten. Aber ich wartete wohl drei Wochen vergebens, er kam gar nicht wieder. Fragen durfte ich nicht, endlich erfuhr ich, daß er von den Grenadieren abgegangen sei, folglich die Sternschanzwache nicht mehr zu versehen hätte. Ob ihn nun etwa sein Entschluß für mich gereut, ob er zu verzagt zur Ausführung war, ob die von mir ihm gegebenen hundert Dukaten ihn auf andere Gedanken gebracht und sein Glück befördert haben, dies alles ist mir unbekannt, und ich verlange es auch auf ewig nicht zu wissen.

Der Frieden war bereits seit neun Monaten geschlossen und noch erfolgte nichts für mich. Eben aber, als ich mich schon wirklich ohne Rettung verloren glaubte, brach den 24. Dezember mein Erlösungstag heran.

Es war eben zur Zeit der Wachparade, als der königliche Leutnant von der Garde, Graf Schlichen, als Kurier in Magdeburg eingeritten kam und den Befehl brachte, daß ich sogleich meines Arrestes entlassen sein sollte.

Die Freude auf dem Paradeplatz und in der ganzen Stadt war allgemein, weil mich jedermann schätzte, bewunderte oder bedauerte.

Nun rasselten auf einmal meine Türen, und ich sah zuerst den Kommandanten, dann aber einen Schwarm Menschen hereintreten, die mich aber alle mit heiterem und lachendem Gesichte anblickten. Ich war verwundert, bald aber sagte der erste: »Mein lieber Trenck! diesmal habe ich die Freude, Ihnen die erste gute Nachricht zu bringen. Der Herzog Ferdinand hat endlich bei dem Könige erwirkt, daß man Ihnen Ihre Fesseln abnehmen soll.« Gleich trat auch der Schmied herbei und fing seine Arbeit an. »Sie werden auch ein besseres Zimmer erhalten,« fuhr er fort.

Hierauf fiel ich ihm in die Rede: »Ich bin also gewiß wirklich in Freiheit, und Sie wollen mir die Freude nicht auf einmal beibringen. Sagen Sie mir trockenweg die Wahrheit! Ich weiß mich zu mäßigen.«

»Ja,« war die Antwort, »Sie sind frei!« — Gleich umarmte er mich zuerst, und alle andern folgten.

Nun fragte man gleich: »Was wollen Sie für ein Kleid?« — »Meine Uniform,« erwiderte ich. Der Schneider war schon da und nahm das Maß. »Morgen früh, Meister,« sagte Herr von Reichmann, »muß diese Uniform fertig sein.« Er entschuldigte sich mit der Unmöglichkeit wegen des Heiligenabends und Christfestes. »Gut,« hieß es, »der Herr sitzt morgen nebst seinen Gesellen in diesem Loche, wenn das Kleid nicht fertig ist!« Gleich war es möglich und heiligst versprochen.

Sobald der Schmied fertig war, führte man mich auf die Wache in das Offizierzimmer. Hier wünschte mir jedermann von Herzen Glück, und der Platzmajor ließ mich das gewöhnliche Jurament aller Staatsgefangenen schwören:

1. daß ich mich an niemand rächen wolle;
2. daß ich weder die sächsischen noch preußischen Grenzen betrete;
3. noch von allem, was mir geschehen, schreiben oder sprechen, und
4. daß ich, so lange der König lebt, keinem Herrn, weder im Militär noch Zivil, dienen wolle.

Hierauf gab mir der Graf Schlichen einen Brief von dem kaiserlichen Minister in Berlin, dem General Riedt, ungefähr folgenden Inhalts: »Daß es ihn herzlich freue, Gelegenheit gefunden zu haben, um bei dem Könige meine Freiheit zu erwirken. Nun sollte ich aber alles willig und freudig tun, was der Graf Schlichen von mir fordern würde, welcher befehligt sei, mich bis nach Prag zu begleiten.«

Schlichen sagte nun: »Lieber Trenck! Ich habe Befehl, Sie heute Nacht von hier im verdeckten Wagen über Dresden nach Prag zu führen, und nicht zu gestatten, daß Sie auf der Reise mit jemand sprechen sollen. General Riedt hat mir dreihundert Dukaten behändigt, um alles zu bestreiten. Ich will sogleich einen Wagen kaufen. Da aber heute nicht alles fertig sein kann, so ist mit dem Herrn Kommandanten die Abrede genommen, daß wir erst morgen Nacht von hier abreisen werden.«

Fürst Peter Krapotkin

Fürst Peter Krapotkin ist 1842 in Moskau geboren. Er wurde im kaiserlichen Pagenkorps in St. Petersburg erzogen und dann Offizier eines Kosakenregiments in Sibirien; dort quittierte er den Militärdienst 1867 und widmete sich den Wissenschaften, vorzüglich der Geographie und Geologie. Sein ideales, für das Unglück anderer tief empfängliches, zu allen persönlichen Opfern stets bereites Wesen führte ihn in die soziale Reformbewegung. Als Angehöriger des Tschaykowsky-Kreises, der die sozialistische Propaganda heimlich unterm Volke trieb, wurde der Fürst verhaftet. — Die Schilderung seiner Flucht entnehme ich seiner Selbstbiographie, die deutsch unter dem Titel »Memoiren eines Revolutionärs« in zwei Bänden erschienen ist.

C.

In den zwei nächsten Jahren, von denen ich nun zu reden habe, wurden in Petersburg wie in den Provinzen viele Verhaftungen vorgenommen. Es verging kein Monat, ohne daß wir nicht einen oder den andern unserer Freunde verloren oder von dem Verschwinden verschiedener Mitglieder aus den Provinzialgruppen gehört hätten. Gegen Ende des Jahres 1873 häuften sich die Verhaftungen immer mehr. Im November drang die Polizei plötzlich auch in eines unserer Hauptversammlungslokale in einer Petersburger Vorstadt. Wir verloren damals die Perowskaja und drei andere Freunde und mußten fürs erste alle unsere Beziehungen zu den Arbeitern dieser Stadtgegend abbrechen. Wir gründeten darauf etwas weiter von der Stadt entfernt einen neuen Agitationsherd, mußten ihn aber bald wieder aufgeben. Die Wachsamkeit der Polizei steigerte sich, es konnte sich kein Student mehr unbemerkt in einem Arbeiterviertel zeigen, und überall waren die Arbeiter von Spähern umgeben, die ihr Tun und Treiben scharf kontrollierten. Wir drei, Dmitri Kelnitz, Sergei und ich, kamen in unsern Schafspelzen und mit unsern unverdächtigen Mienen immer glücklich durch und dachten nicht daran, den gefährlichen Boden zu meiden. Doch wurden Dmitri und Sergei, deren Namen in den Arbeitervierteln weithin bekannt geworden waren, von der Polizei eifrig gesucht, und hätte man sie zufällig bei einer nächtlichen Haussuchung in der Wohnung eines Freundes gefunden, so wäre ihre Verhaftung sofort erfolgt. Zu manchen Zeiten mußte Dmitri jeden Tag nach einem Platze herumsuchen, wo er die Nacht verhältnismäßig sicher zubringen könnte.

In den ersten Tagen des Januars 1874 ging uns ein weiterer Versammlungsort verloren, der den Mittelpunkt unserer Agitation unter den Webern gebildet hatte. Einige von unseren tätigsten Mitgliedern verschwanden hinter den Toren der geheimnisvollen Dritten Abteilung. Unser Kreis wurde enger und allgemeine Versammlungen immer schwieriger. Wir machten daher die äußersten Anstrengungen, neue Vereinigungen von jungen Männern zu bilden, die unser Werk fortsetzen könnten, wenn wir alle verhaftet wären. Tschaykowsky befand sich bereits im Süden, und Dmitri und Sergei wurden von uns geradezu mit Gewalt gezwungen, Petersburg gleichfalls zu verlassen. Es blieben nur fünf oder sechs von uns zurück, die nun alle Arbeit unseres Kreises auf sich nehmen mußten. Auch ich hatte die Absicht, sobald ich meinen Bericht an die Geographische Gesellschaft zum Vortrag gebracht hätte, nach dem Südwesten Rußlands zu gehen und dort eine Art Landliga, ähnlich der, die in Irland am Ende der siebziger Jahre so mächtig geworden ist, zu gründen.

Nachdem es zwei Monate verhältnismäßig ruhig gewesen war, erfuhren wir Mitte März, daß so ziemlich der ganze Verein der Maschinisten verhaftet worden sei und mit ihnen auch ein junger Mann, Namens Nisowkin, ein früherer Student, der unglücklicherweise ihr Vertrauen besaß, von dem wir aber überzeugt waren, er würde sich bald durch Verrat alles dessen, was er über uns wußte, freizumachen suchen. Außer Dmitri und Sergei kannte er Serdukow, den Gründer des Kreises, und mich, und wir machten uns daher darauf gefaßt, er würde, sobald man ihn mit Fragen drängte, unsere Namen nennen. Ein paar Tage darauf verhaftete man ferner zwei Weber, höchst unzuverlässige Burschen, die sogar ihren Kameraden gehöriges Geld unterschlagen hatten, und die mich unter dem Namen Borodin kannten. Es war nicht zu zweifeln, daß diese sofort die Polizei auf die Spur Borodins, des Mannes in Bauerntracht, der bei den Weberversammlungen das Wort führte, bringen würden. Es dauerte nun keine Woche mehr, so waren alle Mitglieder unseres Kreises außer Serdukow und mir verhaftet.

Auch uns blieb hiernach nichts anderes übrig, als aus Petersburg zu flüchten, aber gerade das wollten wir nicht. Wir dachten an unsere umfassende Organisation zum Druck unserer Flugschriften im Auslande und zur Einschmuggelung derselben in Rußland, an das Netzwerk von geheimen Vereinen, eigenen Landgütern und sonstigen Agitationsherden auf dem Lande in fast vierzig (von den insgesamt fünfzig) Provinzen des europäischen Rußland, mit denen wir in Korrespondenz standen, nachdem wir sie erst mühsam in den letzten zwei Jahren gegründet hatten, wir dachten endlich auch an unsere Arbeitergruppen in der Hauptstadt und unsere hier, in Petersburg, noch bestehenden vier Agitationsherde. Wie konnten wir dies alles im Stiche lassen, ehe wir Männer gefunden hatten, die unsere Beziehungen und die Korrespondenz aufrecht erhielten? Wir, Serdukow und ich, beschlossen daher, in unseren Kreis zwei neue Mitglieder aufzunehmen und ihnen die Arbeit zu übertragen. Jeden Abend trafen wir uns in verschiedenen Stadtteilen, und da wir niemals schriftliche Verzeichnisse von Adressen oder Namen führten, — nur die Schmuggeladressen waren chiffriert an einem sicheren Platze hinterlegt — so mußten wir unsere neuen Mitglieder Hunderte von Namen und Adressen und ein Dutzend Chiffren lehren, die wir solange wiederholten, bis sie unsere beiden Freunde auswendig kannten. So gingen wir allabendlich die ganze Karte von Rußland durch. Hierbei verweilten wir besonders lange auf der Westgrenze, wo eine große Zahl von Männern und Frauen zu merken war, welche Bücher von den Schmugglern in Empfang nahmen, sowie in den Ostprovinzen, wo wir unsere Hauptniederlassungen besaßen. Darauf hatten wir, natürlich immer in Verkleidung, die neuen Mitglieder bei unsern Gönnern in der Stadt und bei den noch nicht verhafteten Mitgliedern einzuführen.

Unter diesen Umständen galt es, aus der eigenen Wohnung zu verschwinden und irgendwo sonst in Petersburg unter einem angenommenen Namen aufzutauchen. Serdukow hatte denn auch sein Zimmer geräumt; da er aber keinen Paß besaß, hielt er sich bei Freunden verborgen. Ich hätte dasselbe tun sollen, wurde aber durch einen besonderen Umstand daran gehindert. Ich hatte nämlich soeben meinen Bericht über die Eisformation in Finnland und Rußland beendet, und dieser Bericht sollte in einer Sitzung der Geographischen Gesellschaft zum Vortrag kommen. Die Einladungen waren schon erfolgt, doch zufällig hatten die beiden Petersburger geologischen Gesellschaften auf den bestimmten Tag eine gemeinsame Sitzung anberaumt und ersuchten deshalb die Geographische Gesellschaft, die Vorlesung meines Berichtes um eine Woche zu verschieben. Man wußte, ich wollte bestimmte Ideen über die Ausdehnung der Vereisung bis über das mittlere Rußland entwickeln, eine Annahme, die unsere Geologen mit Ausnahme meines Freundes und Lehrers, Friedrich Schmidt, für viel zu weitgehend hielten und darum einer gründlichen Diskussion zu unterwerfen gedachten. Ich mußte daher noch eine Woche länger in meiner Wohnung aushalten.

Fremde trieben sich um mein Haus herum und drangen unter allerhand unglaublichen Vorwänden in mein Zimmer; so wollte einer angeblich einen Wald auf meiner Tambower Besitzung kaufen, die doch in einer völlig baumlosen Gegend gelegen war. Auch bemerkte ich in meiner Straße — der vornehmen Morskaja — einen von den erwähnten verhafteten Webern und erkannte daraus ganz klar, daß es auf mein Haus abgesehen war. Trotzdem mußte ich tun, als wäre alles in Ordnung, da ich am folgenden Freitag abends in der Sitzung der Geographischen Gesellschaft erscheinen sollte.

Die Sitzung kam, die Diskussionen waren sehr belebt, und zum mindesten war eines hierbei gewonnen: man erkannte an, daß alle früheren Theorien über die Diluvialzeit in Rußland jeder Grundlage entbehrten, und daß die ganze Frage aufs neue in Angriff genommen werden müßte. Ich hatte die Genugtuung, unsern maßgebenden Geologen, Barbot de Marny, sagen zu hören: »Vereisung oder nicht; so viel müssen wir zugeben, meine Herren, daß alles, was bisher über die Wirkung schwimmender Eisberge behauptet worden ist, erst noch eines auf wissenschaftlicher Forschung beruhenden Beweises harrt.« Im Verlaufe der Sitzung schlug man mich zum

Vorsitzenden der Sektion für physische Geographie vor, während ich mich fragte, ob ich nicht noch dieselbe Nacht in einem Gefängnisse der Dritten Abteilung zubringen würde.

Es wäre das beste gewesen, gar nicht in meine Wohnung zurückzukehren, aber ich fühlte mich nach den Anstrengungen der letzten Tage zu angegriffen, und meine Müdigkeit trieb mich heim. Die Polizei erschien am Abend nicht. Ich sah noch alle meine Papiere durch, vernichtete, was irgend jemanden hätte kompromittieren können, packte meine Sachen und bereitete alles zum Verlassen der Wohnung vor. Ich wußte, daß man meine Zimmer beobachtete, hoffte aber, die Polizei würde sich, wenn überhaupt, erst sehr spät einstellen, und ich könnte mich im Dunkeln unbemerkt entfernen. Als ich mich im Finstern aufmachte, sagte eins von den Dienstmädchen zu mir : »Sie tun besser, wenn Sie die Dienertreppe hinuntergehn.« Ich verstand, was sie sagen wollte, ging schnell diese Treppe hinunter und trat aus dem Hause. Es stand nur eine Droschke vor dem Tore. Ich sprang hinein und befahl dem Kutscher, mich zum Newsky-Prospekt zu fahren. Zunächst war von einer Verfolgung nichts zu spüren, und ich hielt mich für gerettet, da bemerkte ich eine zweite Droschke, die in größter Schnelligkeit uns nachfuhr; unser Pferd kam nicht so schnell vorwärts, und das andere Fuhrwerk holte uns ein.

Zu meinem Erstaunen erblickte ich darin einen von den beiden verhafteten Webern neben einer mir unbekannten Person. Er machte eine Handbewegung, als wollte er mir etwas sagen. Ich dachte: vielleicht ist er frei gekommen und hat mir etwas Wichtiges mitzuteilen. Sobald wir aber anhielten, schrie der Begleiter des Webers — es war ein Geheimpolizist: »Herr Borodin, Fürst Krapotkin, ich verhafte Sie!« Er gab den Polizisten, an denen auf der Hauptstraße von Petersburg kein Mangel ist, ein Signal, sprang zugleich in meine Droschke und zeigte mir ein Papier, das den Stempel der Petersburger Polizei trug. »Ich habe Befehl,« sagte er, »Sie zum Zwecke einer Erklärung vor den Generalgouverneur zu führen.« Ein Widerstand wäre zwecklos gewesen, da sich bereits ein paar Polizisten eingefunden hatten, und ich sagte daher meinem Kutscher, er solle umkehren und zum Hause des Generalgouverneurs fahren.

Jetzt war es klar, daß die Polizei zehn Tage lang Bedenken getragen hatte, mich zu verhaften, weil sie der Identität meiner Person mit ›Borodin‹ nicht ganz sicher gewesen war; erst der Umstand, daß ich der Aufforderung des Webers entsprach, hatte ihre Zweifel gelöst.

Zufällig war auch gerade, bevor ich mein Haus verließ, ein junger Mann aus Moskau gekommen, der mir einen Brief von meinem Freunde Woinaralsky, und einen zweiten von Dmitri für unsern gemeinschaftlichen Freund Poljakow brachte. In dem ersten wurde mir die Gründung einer geheimen Druckerei in Moskau und sonst viel Erfreuliches über die dortige Wirksamkeit mitgeteilt. Diesen Brief hatte ich gelesen und dann vernichtet. Den zweiten, der nur harmlose, freundschaftliche Mitteilungen enthielt, behielt ich bei mir. Jetzt aber, nach meiner Verhaftung, schien es mir doch besser, ihn ebenfalls zu beseitigen. Ich forderte daher den Detektiv auf, mir sein Beglaubigungsschreiben noch einmal zu zeigen, und benutzte die Zeit, während er in seiner Tasche suchte, den Brief auf das Pflaster fallen zu lassen, ohne daß er es bemerkte. Als wir aber am Hause des Generalgouverneurs ankamen, händigte der Weber den Brief dem Polizisten ein und sagte: »Ich habe gesehen, wie der Herr das Papier fallen ließ, und habe es aufgehoben.«

Jetzt mußte ich lange Stunden warten, bis der Vertreter der Staatsanwaltschaft erschien. Dieser Beamte spielt eigentlich die Rolle eines Strohmanns, der bei den willkürlichen Maßnahmen der Staatspolizei vorgeschoben wird, um ihrem Vorgehen einen Anschein von Gesetzlichkeit zu geben. Es vergingen viele Stunden, ehe man den Herrn fand und er seine Aufgabe als Scheinvertreter der Gerechtigkeit übernehmen konnte. Man brachte mich wieder in meine Wohnung und durchstöberte alle meine Papiere. Diese peinliche Durchsuchung dauerte bis drei Uhr morgens, ohne daß auch nur ein Fetzen Papier gefunden worden wäre, der mich oder einen andern bloßstellte.

Dann führte man mich vor die Dritte Abteilung, jene allmächtige Institution, die in Rußland vom Anfang der Regierung Nikolaus' I. bis zu unserer Zeit als wahrer ›Staat im Staate‹ geherrscht hat. Sie erhielt ihre gegenwärtige Organisation von dem eisernen Despoten, Nikolaus I., der ihr das Gendarmeriekorps angliederte, so daß dessen Chef im russischen Reiche eine viel gefürchtetere Person wurde als der Kaiser selbst.

In jeder russischen Provinz, in jeder größeren Stadt, ja, an jeder Eisenbahnstation gibt es Gendarmen, die an ihre besonderen Generäle oder Obersten Bericht erstatten, und diese stehen ihrerseits mit dem Chef der Gendarmen in beständiger Verbindung. Der letztere hat dem Kaiser täglich über alles, was ihm nötig erscheint, Vortrag zu halten. Alle Beamten des Reiches werden von Gendarmen überwacht; die Generäle und Obersten haben die Pflicht, das öffentliche wie das Privatleben jedes Untertanen des Zaren zu beobachten, selbst der Gouverneure, Minister und Großfürsten. Der Kaiser selbst ist Gegenstand ihrer scharfen Überwachung.

In dieser Periode von Alexanders II. Regierung war die Dritte Abteilung völlig allmächtig. Die Gendarmerieobersten unternahmen Tausende von Haussuchungen, ohne irgendwie nach Gesetz und Recht zu fragen. Sie nahmen nach Belieben Verhaftungen vor, hielten die Leute, solange als sie wollten, im Gefängnis fest und verschickten sie nach ihrer oder ihrer Vorgesetzten Willkür zu Hunderten nach dem nordöstlichen Rußland oder nach Sibirien. Die Unterschrift des Ministers des Innern war eine bloße Formsache, denn er hatte über das Gendarmeriekorps keine Kontrolle und nicht einmal Kenntnis von den Vorgängen.

Vier Uhr morgens begann endlich mein Verhör. »Sie sind angeklagt,« redete man mich feierlich an, »zu einer geheimen Gesellschaft gehört zu haben, deren Ziel der Umsturz der bestehenden Regierungsform ist, und gegen die geheiligte Person Sr. Kaiserlichen Majestät zu konspirieren. Bekennen Sie sich dieses Verbrechens schuldig?«

»Bis man mich vor Gericht stellt, wo ich öffentlich reden kann, werde ich Ihnen keinerlei Antwort geben.«

»Protokollieren Sie,« diktierte der Staatsanwalt einem Schreiber: »Bekennt sich nicht schuldig. Dennoch,« fuhr er nach einer Pause fort, »muß ich Ihnen gewisse Fragen vorlegen. Kennen Sie eine Person namens Nikolai Tschaykowsky?«

»Wenn Sie mit Ihren Fragen fortfahren, so schreiben Sie zu jeder Frage, die Sie an mich zu richten belieben, ohne weiteres ›Nein‹.«

»Wenn wir Sie aber fragen, ob Sie — ich will sagen — Herrn Poljakow kennen, von dem Sie vor einem Weilchen gesprochen haben?«

»Sobald *Sie* mich nach dergleichen fragen, schreiben Sie nur gleich ›Nein‹ hin. Und wenn Sie mich fragen, ob ich meinen Bruder oder meine Schwester oder meine Stiefmutter kenne, schreiben Sie ebenfalls ›Nein‹. Sie werden keine andere Antwort von mir erhalten, denn wenn ich ›Ja‹ sagte, so würden Sie sofort gegen die betreffende Person irgend etwas Übles unternehmen, eine Haussuchung bei ihr veranstalten, oder noch zu etwas Schlimmerem schreiten, und dann sagen, ich hätte sie namhaft gemacht.«

Es wurde mir eine lange Liste von Fragen vorgelesen, auf die ich jedesmal geduldig erwiderte: »Schreiben Sie ›Nein‹!« Das dauerte eine Stunde lang, und ich ersah dabei, daß sich alle Verhafteten mit Ausnahme der beiden Weber sehr tapfer gehalten hatten. Den Webern war aber nur bekannt, daß ich zweimal mit einem Dutzend Arbeitern zusammengekommen war, und von unserem Kreise wußten die Gendarmen nichts.

»Was machen Sie nur, Fürst?« sagte ein Gendarmerieoffizier zu mir, während er mich zu meiner Zelle zurückführte. »Aus Ihrer Weigerung, auf Fragen zu antworten, wird man eine furchtbare Waffe gegen Sie schmieden.«

»Habe ich nicht das Recht dazu, wie?«

»Ja, aber — Sie wissen... Ich hoffe, Sie finden dieses Zimmer nach Wunsch; es ist seit Ihrer Verhaftung geheizt worden.«

Ich fand es so weit ganz behaglich und fiel in einen gesunden Schlaf. Am nächsten Morgen weckte mich ein Gendarm, der mir meinen Morgentee brachte. Bald darauf kam eine andere Person, die mir ganz unvermutet ins Ohr flüsterte: »Hier ist Papier und Bleistift; schreiben Sie Ihren Brief!« Es war ein Freund unserer Sache, der mir dem Namen nach bekannt war; durch seine Vermittlung wurde gewöhnlich die Korrespondenz mit den Gefangenen der Dritten Abteilung bewerkstelligt.

Von allen Seiten hörte ich in schneller Folge mehrmals an die Wände klopfen. Es war dies die Art und Weise, wie sich die Gefangenen untereinander verständigten. Ich als Neuling wußte allerdings die leisen Töne, die mir aus allen Richtungen zu kommen schienen, nicht zu deuten.

Ein Gedanke quälte mich. Ich hatte zufällig gehört, wie der Staatsanwalt leise zum Gendarmerieoffizier davon sprach, es sollte die Wohnung meines Freundes Poljakow, an den Dmitris Brief gerichtet war, ebenfalls polizeilich durchsucht werden. Poljakow war ein junger Student, ein sehr begabter Zoologe und Botaniker, der mich auf meiner Witimexpedition in Sibirien begleitet hatte. Er stammte aus einer armen Kosakenfamilie an der mongolischen Grenze und war nach Überwindung aller möglichen Schwierigkeiten nach Petersburg gekommen, wo er die Universität besuchte. Hier hatte er sich den Ruf eines vielversprechenden Zoologen erworben, und gerade damals stand er unmittelbar vor der letzten Prüfung. Seit unserer langen gemeinsamen Forschungsreise waren wir nahe Freunde gewesen, hatten sogar in Petersburg eine Zeitlang die Wohnung geteilt; aber für meine politische Tätigkeit interessierte er sich nicht.

Ich sprach seinethalben mit dem Staatsanwalt. »Ich gebe Ihnen mein Ehrenwort,« sagte ich, »daß Poljakow sich niemals an politischen Unternehmungen beteiligt hat. Morgen muß er ins Examen treten, und Sie werden die wissenschaftliche Laufbahn eines Mannes auf immer zerstören, der sich erst nach schweren Mühsalen und jahrelangem Kampfe gegen Widerwärtigkeiten jeder Art zu seiner jetzigen Stellung durchgerungen hat. Ich weiß, Sie fragen nicht viel danach, aber an der Universität gilt er als eine der künftigen Leuchten russischer Wissenschaft.«

Die Haussuchung fand trotzdem statt, doch wurde der Prüfung wegen ein Aufschub von drei Tagen gewährt. Ein paar Tage später führte man mich vor den Staatsanwalt, der mir triumphierend einen Briefumschlag mit einer von meiner Hand herrührenden Adresse ›J. S. Poljakow‹ zeigte und darin, ebenfalls in meiner Handschrift, die Zeilen: »Geben Sie dieses Paket, bitte, an V. E. mit dem Ersuchen, es zu behalten, bis es in der verabredeten Form abverlangt würde.« Die Person des Adressaten war in dem Schreiben nicht erwähnt. »Dieser Brief,« sagte der Staatsanwalt, »ist bei Herrn Poljakow gefunden worden, und sein Geschick, Fürst., liegt jetzt in Ihrer Hand. Wenn Sie mir sagen, wer V. E. ist, so wird Herr Poljakow entlassen, wenn Sie sich aber dessen weigern, so werden wir ihn so lange festhalten, bis er sich bequemt, uns den Namen jener Person bekannt zu geben.«

Nach einem Blick auf den mit schwarzer Kreide beschriebenen Umschlag und auf den Brief, zu dem ein gewöhnlicher Bleistift benutzt worden war, entsann ich mich sofort der Umstände, unter denen beides geschrieben wurde, und rief: »Ich bin sicher, daß Schreiben und Umschlag nicht zusammen gefunden worden sind. Sie haben den Brief in den Umschlag gesteckt.«

Der Staatsanwalt wurde rot.

»Ich soll Ihnen glauben,« fuhr ich fort, »daß Sie, ein praktischer Mann, nicht bemerkt haben sollten, daß beides mit ganz verschiedenen Stiften geschrieben ist ? Und jetzt wollen Sie mich glauben machen, beides gehöre zu einander. Nun, so erkläre ich Ihnen, der Brief war nicht für Poljakow.«

Nach kurzer Verlegenheitspause hatte er sich wieder gesammelt und sagte mit dreister Stirn: »Poljakow hat zugegeben, daß dieser Brief an ihn geschrieben wurde.«

Nun wußte ich bestimmt, daß er log. Poljakow würde für seine Person alles eingestanden haben, aber er hätte sich lieber nach Sibirien verschicken lassen, ehe er jemand anderes bloßstellte. So sagte ich zum Staatsanwalt und blickte ihm dabei gerade in die Augen: »Nein, mein Herr, das hat er niemals gesagt, und Sie wissen recht gut, daß Ihre Worte der Wahrheit nicht entsprechen.«

Er wurde wütend oder stellte sich wenigstens so. »Gut,« sagte er, »wenn Sie einen Augenblick hier warten, so will ich Ihnen Poljakows schriftliche dahin lautende Aussage bringen. Er wird soeben im nächsten Zimmer verhört.«

»Ich warte gern, solange Sie wollen.«

Ich saß auf dem Sofa und rauchte eine Zigarette nach der andern; aber die schriftliche Erklärung kam nicht und hat bis heute auf sich warten lassen.

Natürlich existierte eine solche Erklärung nicht. Später, 1878, traf ich Poljakow in Genf, von wo wir einen herrlichen Ausflug auf den Aletschgletscher machten. Ich brauche kaum zu sagen, daß seine Antworten der Art waren, wie ich es erwartet hatte; er hatte geleugnet, irgend etwas von dem Briefe oder von der Person, die mit dem Buchstaben V. E. gemeint war, zu wissen. Dutzende von Büchern fanden ihren Weg von mir zu ihm und zu mir zurück, und in einem der Bücher hatte man den Brief entdeckt, während der Umschlag in der Tasche eines alten Rockes bei ihm gefunden worden war. Poljakow blieb ein paar Wochen verhaftet und wurde dann infolge der Fürsprache seiner wissenschaftlichen Freunde freigegeben. V. E. ließ man unbehelligt; meine Papiere wurden zur rechten Zeit abgeliefert.

Wenn ich später den Staatsanwalt zu sehen bekam, ärgerte ich ihn regelmäßig mit der Frage: »Und wie steht's mit Poljakows Erklärung?«

Ich kam nicht wieder in meine Zelle, sondern nach einer Stunde trat der Staatsanwalt in Begleitung eines Gendarmerieoffiziers herein und sagte zu mir: »Unsere Untersuchung ist nun beendet; man wird Sie an einen andern Ort bringen.«

Am Tore stand eine Droschke. Man forderte mich auf, einzusteigen, und neben mir nahm ein stämmiger Gendarmerieoffizier, ein Tscherkesse, Platz. Ich redete ihn an, aber er brummte nur. Der Wagen fuhr über die Kettenbrücke, dann über das Paradefeld und an den Kanälen entlang, als wollte er die belebteren Straßen vermeiden. »Geht es zum Litowsky-Gefängnis ?« fragte ich den Offizier, da ich wußte, daß sich schon viele von meinen Kameraden dort befanden. Ich erhielt keine Antwort, so daß das System völliger Schweigsamkeit, das man in den nächsten zwei Jahren mir gegenüber beobachtete, in dieser Droschke anfing. Als wir aber über die Newa-Schloßbrücke rollten, wurde es mir klar, daß man mich nach der Peter-Paul-Festung brachte.

Mit Entzücken schaute ich den schönen Strom an mit dem Gedanken, daß ich ihn nicht so bald wiedersehen würde. Eben ging die Sonne unter. Im Westen hing über dem Finnischen Meerbusen eine dicke, graue Wolkendecke, während über mir helle leichte Wolken schwebten, zwischen denen hin und wieder der blaue Himmel durchschien. Dann wandte sich der Wagen zur Linken und fuhr durch einen dunklen überwölbten Gang — das Tor der Festung.

»Hier werde ich jetzt ein paar Jahre bleiben müssen,« bemerkte ich zu dem Offizier.

»Aber warum so lange?« versetzte der Tscherkesse, der jetzt, da wir uns innerhalb der Festung befanden, die Sprache wiedergewonnen zu haben schien. »Ihre Sache ist so gut wie erledigt und kommt vielleicht in vierzehn Tagen vor Gericht.«

»Meine Sache,« erwiderte ich, »liegt sehr einfach; aber ehe sie mich vor Gericht bringen, werden sie den Versuch machen, alle Sozialisten Rußlands in Haft zu nehmen, und die sind zahlreich, sehr zahlreich; in zwei Jahren sind sie noch nicht fertig damit.« Ich wußte damals selbst nicht, wie prophetisch meine Worte waren.

Der Wagen hielt vor der Tür des Festungskommandanten, und wir begaben uns in sein Empfangszimmer. .Mit mürrischem Gesicht trat General Korsakow, ein hagerer, alter Mann, herein. Der Offizier sprach mit untertäniger Stimme zu ihm, und der Alte antwortete: »Schon recht!« Dabei blickte er ihn etwas spöttisch an und wandte darauf seine Augen auf mich. Offenbar war es ihm nichts weniger als angenehm, einen neuen Insassen zu erhalten; auch schien er sich seiner Rolle ein wenig zu schämen und deshalb zu mir sagen zu wollen: »Ich bin Soldat und tue nur meine Pflicht.« Hierauf stiegen wir wieder in die Droschke. Bald machten wir aber vor einem zweiten Tore Halt, wo wir eine lange Weile warten mußten, bis eine Abteilung Soldaten von innen öffnete. Wir gingen nun zu Fuß durch enge Gänge weiter und erreichten ein drittes eisernes Tor, das einen dunklen überwölbten Gang öffnete, der in ein kleines, finsteres und feuchtes Zimmer führte.

Mehrere Unteroffiziere von den Festungstruppen gingen in ihren weichen Filzstiefeln geräuschlos und ohne ein Wort zu sprechen umher, während der Gouverneur in dem Buche des Tscherkessen den Empfang des neuen Gefangenen bescheinigte. Ich wurde ersucht, mich vollständig zu entkleiden und die Gefängnistracht anzulegen, das heißt einen langen grünen Schlafrock von Flanell, ungeheure und unglaublich dicke wollene Strümpfe und kahnförmige gelbe Pantoffeln, die so groß waren, daß ich sie beim Gehen kaum an den Füßen behalten konnte.

Sogar ein seidenes Unterhemd mußte ich ablegen, das ich, zumal in der feuchten Festung, gern behalten hätte. Da man es nicht zugeben wollte, so protestierte ich natürlich laut und mit allem Nachdruck, was zur Folge hatte, daß man mir nach einer Stunde auf Befehl des Generals Korsakow mein Eigentum wieder zustellte.

Dann führte man mich durch einen dunklen Gang, in dem ich bewaffnete Schildwachen hin und her gehen sah, in eine Zelle. Eine schwere, eichene Tür schloß sich hinter mir, ein Schlüssel drehte sich im Schloß, und ich war in einem halbdunklen Räume allein.

Das war also die schreckliche Festung, hinter deren Mauern in den letzten zwei Jahrhunderten so viel von Rußlands wahrer Kraft zugrunde gegangen ist, und deren bloßen Namen man in Petersburg nur mit bebender Stimme aussprach.

Hier folterte Peter I. seinen Sohn Alexis und tötete ihn mit eigener Hand; hier sperrte man die Fürstin Tarakanowa in eine Zelle, die sich bei Eintritt einer Überschwemmung mit Wasser füllte, so daß die Ratten, um sich vorm Tode des Ertrinkens zu retten, an ihr emporkrochen; hier folterte der fürchterliche Münnich seine Feinde und ließ Katharina II. diejenigen lebendig begraben, die sich der Ermordung ihres Gatten widersetzten. Von den Zeiten Peters I. ist so die Geschichte dieser Steinmasse, die im Angesichte des Winterpalastes vom Spiegel der Newa emporsteigt, einhundertsiebzig Jahre hindurch eine Geschichte des Mordes und der Folterung gewesen, oder sie erzählte von Lebendigbegrabenen, die zu langsamem Tode verurteilt waren oder in der Öde ihrer dunklen und feuchten Verliese zum Wahnsinn getrieben wurden.

Hier begann das Märtyrertum der Dezembristen, die zuerst in Rußland die Republik und die Aufhebung der Leibeigenschaft auf ihr Banner schrieben, und man kann vielleicht noch heute Spuren von ihnen in der russischen Bastille finden. Hier wurden die Dichter Rylejew und Schewtschenko, Dostojewsky, Bakunin, Tschernischewsky, Pisarew und so viele andere von den besten Schriftstellern unserer Zeit eingekerkert. Hier wurde Karakosow gefoltert und gehenkt. Hier war auch in irgendeinem Winkel des Alexis-Wallschilds das Gefängnis Netschajews, den die Schweiz an Rußland wegen eines gemeinen Verbrechens ausgeliefert hatte, der aber als gefährlicher Staatsgefangener behandelt wurde und nie wieder das Licht erblickte. Dasselbe Wallschild barg in sich auch zwei oder drei Männer, die Alexander II., wie das Gerücht ging, zu lebenslänglichem Kerker verdammte, weil sie von irgendeinem Palastgeheimnis wußten, das andere nicht wissen dürfen. Der eine von ihnen wurde im Schmucke seines langen grauen Bartes erst kürzlich von einem meiner Bekannten in der geheimnisreichen Festung gesehen.

Alle diese Schatten beschwor meine Einbildungskraft herauf. Vor allem hafteten meine Gedanken aber an Bakunin, der nach 18148 zwei Jahre lang in einem österreichischen Gefängnis, an die Mauer gekettet, zubrachte und dann, an Nikolaus I. ausgeliefert, noch sechs Jahre in der Peter-Pauls-Festung schmachten mußte. Als er hierauf durch den Tod des eisernen Zaren aus achtjähriger Kerkerhaft erlöst wurde, kam er frischer und lebenskräftiger heraus, als seine in der Freiheit verbliebenen Kameraden waren. »Er hat es ausgehalten,« sagte ich zu mir, »und das muß ich auch; ich will hier nicht erliegen!«

Meine erste Bewegung war nach dem Fenster gerichtet, das so hoch lag, daß ich es kaum mit meiner ausgestreckten Hand erreichen konnte. Es war eine lange, niedrige, in der fünf Fuß dicken Mauer gelassene Öffnung, die von einem eisernen Gitter und einem doppelten eisernen Fensterkreuz verwahrt wurde. In einer Entfernung von zwölf Metern von dem Fenster sah ich die ungeheuer dicke äußere Festungsmauer, auf der sich ein graues Schilderhaus unterscheiden ließ. Nur wenn ich aufwärts blickte, vermochte ich ein Stückchen Himmel ins Auge zu fassen.

Ich untersuchte den Raum, in dem ich nun, wer weiß wie viele Jahre verbringen sollte, auf das genaueste. Aus der Lage der hohen Esse der Ersten Münze konnte ich vermuten, daß ich mich in der südwestlichen Ecke der Festung, in einer nach der Newa schauenden Bastion befand. Doch war das Gelände, in dem mein Kerker lag, nicht die Bastion selbst, sondern, was man in der Befestigungslehre einen Rückzugsturm nennt, das heißt ein inneres zweistöckiges und fünfeckiges Mauerwerk, das die Bastionsmauern ein wenig überragt und zur Aufnahme von zwei Reihen von Kanonen bestimmt ist. Mein Zimmer war eigentlich die Kasematte für eine mächtige Kanone und das Fenster die dazu gehörige Stückpforte. Die Strahlen der Sonne konnten niemals hereindringen und verloren sich selbst im Sommer in den dicken Mauern. Ausgestattet war das Zimmer mit einem eisernen Bett, einem kleinen eichenen Tisch und einem eichenen Schemel. Der Boden war mit gelber Ölfarbe angestrichen und die Wände mit gelbem Papier bekleidet. Doch hatte man, um den Schall zu ersticken, das Papier nicht unmittelbar auf der Mauer angebracht; es war auf Leinwand geklebt, und hinter dieser entdeckte ich ein Drahtgitter, das wieder über einer Filzlage ruhte; erst dahinter konnte ich die Steinmauer erreichen. Auf der nach innen liegenden Seite des Gelasses befand sich ein Waschtisch und eine dicke Tür von Eichenholz, in der ich eine zum Hereinreichen der Nahrung bestimmte Öffnung bemerkte, sowie einen schmalen, mit einer Glasscheibe und außen mit einem Schieber versehenen Spalt: das war der ›Judas‹, durch den man den Gefangenen jeden Augenblick ausspähen konnte. Die Schildwache, die draußen im Gange stand, zog den Schieber häufig auf und schaute herein; man hörte es am Knarren der Stiefel, wenn sie zur Tür schlich. Ich wollte zu ihr sprechen; da nahm das Auge, das ich durch den Türschlitz sehen konnte, einen Ausdruck des Schreckens an, und der Schieber wurde sofort heruntergelassen, doch nur, um nach ein oder zwei Minuten wieder verstohlen geöffnet zu werden ; aber ein Wort der Erwiderung konnte ich von der Schildwache nicht erhalten.

Völliges Schweigen herrschte ringsum. Ich zog meinen Schemel zum Fenster und schaute auf das kleine Stück Himmel, das sichtbar war; ich lauschte auf irgend einen Ton von der Newa oder von der jenseits liegenden Stadt her, aber es war vergeblich. Von dieser Totenstille fühlte ich mich bald bedrückt und versuchte zu singen, erst leise und dann lauter und immer lauter.

»Herr, bitte, singen Sie nicht,« ließ sich eine tiefe Stimme durch die größere Türöffnung vernehmen.«

»Ich will singen und werde es auch.«

»Sie dürfen nicht.«

»Ich will trotzdem singen.«

Dann kam der ›Oberst‹, dem die politischen Gefangenen anvertraut waren, und suchte mir vorzustellen, daß ich nicht singen sollte; man müßte es dem Festungskommandanten melden, und was er noch alles vorbrachte.

»Aber meine Luftröhre wird sich verstopfen und meine Lunge veröden, wenn ich nicht sprechen und nicht singen darf,« warf ich ein.

»Sie sollten lieber leise singen, mehr nur für sich,« sagte der alte Oberst fast in bittendem Tone.

Doch es war alles umsonst. Nach ein paar Tagen hatte ich jede Lust zu singen verloren. Ich wollte es aus Grundsatz tun, es half aber nichts.

»Die Hauptsache ist,« sagte ich zu mir, »daß mein Körper kräftig bleibt. Ich will nicht krank werden. Stelle ich mir vor, ich müßte auf einer arktischen Expedition ein paar Jahre in einer Hütte im fernen Norden weilen! Ich will mich fleißig üben, praktische Gymnastik treiben und mich von meiner Umgebung-nicht überwältigen lassen. Von einer Zimmerecke zur andern sind schon zehn Schritte. Mache ich die einhundertfünfzigmal, so bin ich schon eine Werst (etwa tausend Meter) gegangen.« Ich beschloß, jeden Tag sieben Werst — etwa sieben Kilometer oder eine Meile — zurückzulegen: zwei am Morgen, zwei vor Tisch, zwei nach Tisch und eine vorm Schlafengehen. »Wenn ich zehn Zigaretten auf den Tisch lege und jedesmal, wenn ich vorbeikomme, eine umdrehe, so werde ich leicht die dreihundert Male, die ich auf und ab gehen muß, zählen. Ich muß schnell ausschreiten, aber, um nicht schwindlich zu werden, mich langsam umwenden und mich dabei immer nach einer anderen Seite drehen. Sodann will ich täglich zweimal mit meinem schweren Schemel Freiübungen ausführen.« Ich hob ihn an einem Bein empor und hielt ihn mit gestrecktem Anne. Ich drehte ihn wie ein Rad, und bald lernte ich ihn über meinem Kopf, hinter dem Rücken und zwischen meinen Beinen hindurch von einer Hand zur andern werfen..

Wenige Stunden nach meiner Verbringung ins Gefängnis kam der Oberst und bot mir ein paar Bücher an, unter denen ich auch einen alten Bekannten und Freund von mir, Lewes' Physiologie, in russischer Übersetzung, fand. Leider fehlte aber der zweite Band, den ich besonders gern noch einmal gelesen hätte. Natürlich bat ich um Papier, Feder und Tinte, doch schlug man mir meinen Wunsch rundweg ab. Feder und Tinte erhält man in der Festung nur auf besondere Erlaubnis des Kaisers selbst. Unter dieser erzwungenen Untätigkeit litt ich sehr und fing, um ihr zu entgehen, an, im Kopfe eine Reihe volkstümlicher Erzählungen über Stoffe aus der russischen Geschichte, etwa in der Art von Eugen Sues ›Mysteres du Peuple‹ auszuarbeiten. Ich entwarf die Verwicklung, die Schilderungen, die Zwiegespräche und versuchte, das Ganze von Anfang bis zu Ende im Gedächtnis festzuhalten. Man kann sich leicht denken, wie anstrengend eine solche Arbeit gewesen wäre, hätte ich sie länger als zwei oder drei Monate fortsetzen müssen.

Aber mein Bruder Alexander verschaffte mir Feder und Tinte. Eines Tages wurde ich aufgefordert, in Begleitung des obenerwähnten sprachlosen Gendarmerieoffiziers in eine Droschke zu steigen, die mich zur Dritten Abteilung führte, und hier durfte ich in Gegenwart zweier Gendarmerieoffiziere meinen Bruder wiedersehen.

An unserer Agitationsarbeit nahm mein Bruder keinen Teil. Er glaubte nicht an die Möglichkeit einer Volkserhebung und dachte sich eine Revolution nur als die Tat einer volksvertretenden Körperschaft, ähnlich der französischen Nationalversammlung im Jahre 1789. Die sozialistische Agitation fand seinen Beifall, sofern sie vermittels öffentlicher Versammlungen betrieben wird, nicht aber als die geheime Kleinarbeit persönlicher Propaganda, wie wir sie ausführten. In England würde er zur Partei John Brights oder der Chartisten gehört haben. Wäre er während des Juniaufstandes von 1848 in Paris gewesen, so hätte er sicher mit der letzten Handvoll von Arbeitern hinter der letzten Barrikade gekämpft, aber in der vorbereitenden Periode würde er sich Louis Blanc oder Ledru Rollin angeschlossen haben.

In der Schweiz ließ er sich in Zürich nieder und sympathisierte mit dem gemäßigten Flügel der Internationale. Seinen Grundsätzen nach Sozialist, betätigte er seine Prinzipien durch sein höchst einfaches und arbeitsames Leben, indem er sich dabei mit ganzer Seele seinem großen wissenschaftlichen Werke widmete, dem Hauptziele seines Lebens, das, auf den Forschungsergebnissen des neunzehnten Jahrhunderts fußend, ein Gegenstück zu dem berühmten ›Tableau de la Nature‹ der Encyklopädisten bilden sollte.

Als Alexander meine Verhaftung erfuhr, ließ er alles im Stich, sein Lebenswerk, die Freiheit, die für ihn so nötig war wie für den Vogel die Luft, und kehrte in das ihm verhaßte Petersburg zurück, einzig mit der Absicht, mir in meiner Gefangenschaft beizustehen.

Uns beiden ging dieses Wiedersehen sehr nahe, und mein Bruder befand sich in größter Aufregung. Schon der Anblick der blauen Uniformen, welche die Gendarmen, diese Henker alles selbständigen russischen Geisteslebens, trugen, erregten seinen Zorn, und er gab diesen seinen Gefühlen in ihrer Gegenwart offen Ausdruck. Mich dagegen erfüllte seine Gegenwart in Petersburg mit den bangsten Gefühlen. Wenn ich auch glücklich war, in sein ehrliches Gesicht und seine liebevollen Augen blicken zu dürfen und von ihm zu hören, daß ich ihn jeden Monat einmal sehen sollte, so wünschte ich ihn doch Hunderte von Meilen von dem Platze weg, zu dem er an jenem Tage als freier Mann kam, zu dem ich ihn aber in meiner Einbildung nächtlicher Weile und unter Kosakenbedeckung zurückkehren sah. »Warum bist du in die Löwenhöhle gekommen? Geh sofort zurück!« rief mein ganzes inneres Selbst, und doch wußte ich, daß er bleiben würde, solange ich im Gefängnisse war.

Er wußte, besser wie irgend ein anderer, daß die Untätigkeit mich töten würde, und hatte bereits ein Gesuch eingereicht, um mir die Erlaubnis zu erwirken, wieder arbeiten zu dürfen. Die Geographische Gesellschaft wünschte, daß ich mein Buch über die Eiszeit vollendete, und mein Bruder brachte die ganze Petersburger wissenschaftliche Welt in Aufruhr, um sie zur Unterstützung seines Gesuches zu bewegen. Die Akademie der Wissenschaften interessierte sich für die Angelegenheit, und so geschah es endlich, zwei oder drei Monate nach meiner Gefangennahme, daß der Oberst in meine Zelle kam und mir ankündigte, es werde mir auf kaiserlichen Befehl gestattet, meinen Bericht an die Geographische Gesellschaft zu vervollständigen, und ich dürfte zu diesem Zwecke Feder und Tinte erhalten. »Nur bis Sonnenuntergang,« fügte er hinzu. In Petersburg geht die Sonne zur Winterszeit um drei Uhr unter, aber damit mußte man sich abfinden. »Bis Sonnenuntergang« hatte Alexander bei Erteilung der Erlaubnis gesagt.

So konnte ich arbeiten!

Jetzt wäre ich kaum imstande, dem überquellenden Gefühle der Erlösung Ausdruck zu geben, das ich bei der Möglichkeit, wieder schreiben zu dürfen, empfand. Gern hätte ich mich bei Wasser und Brot im feuchtesten Kellerloch einschließen lassen, wenn ich nur arbeiten durfte.

Übrigens war ich der einzige Gefangene, dem man Schreibmaterialien überließ. Verschiedene von meinen Kameraden blieben drei Jahre und noch länger in Haft, ehe der berüchtigte Prozeß der ›einhundertdreiundneunzig‹ stattfand, und sie mußten sich sämtlich mit Schiefertafeln begnügen. Natürlich war in der traurigen Einsamkeit auch die Schiefertafel willkommen, die sie zu schriftlichen Übungen bei ihrem Studium fremder Sprachen oder zur Lösung mathematischer Aufgaben benutzten, aber wie bald war das Geschriebene wieder ausgelöscht!

Jetzt gestaltete sich mein Gefängnisleben regelmäßiger; es lag doch nun ein unmittelbares Ziel vor mir. Um neun Uhr morgens hatte ich bereits die ersten dreihundert Durchkreuzungen meiner Zelle vollendet und wartete auf meine Stifte und Federn. Das von mir für die Geographische Gesellschaft in seinen Vorarbeiten erledigte Werk enthielt außer einem Bericht über meine Forschungen in Finnland eine Abhandlung über die Grundlagen der Eiszeithypothese. Da ich wußte, daß ich jetzt Zeit genug vor mir hatte, faßte ich den Entschluß, jenen Teil meines Werkes in erweiterter Fassung noch einmal zu schreiben. Die Akademie der Wissenschaften stellte mir ihre wunderschöne Bibliothek zur Verfügung, und so füllte sich bald eine Ecke meiner Zelle mit Büchern und Karten an. Mein Buch wuchs sich in der Festung zu dem Umfange zweier stattlicher Bände aus. Die Herausgabe des ersten besorgten mein Bruder und Poljakow (in den Memoiren der Geographischen Gesellschaft), während der zweite, unvollendete, bei meiner Flucht in den Händen der Dritten Abteilung zurückblieb. Erst 1895 fand man das Manuskript und übergab es der Russischen Geographischen Gesellschaft, die es mir nach London sandte.

Sobald man mir nachmittags fünf Uhr — im Winter um drei — die winzige Lampe hereinbrachte, wurden mir Tinte und Federn abgenommen, und ich mußte mit der Arbeit aufhören. Dann fing ich gewöhnlich an zu lesen, und zwar meist Bücher geschichtlichen Inhalts. Es hatte sich in der Festung durch die Generationen politischer Gefangenen eine ganze Bibliothek gebildet. Auch ich durfte diese Büchersammlung um eine Anzahl bedeutenderer Werke über russische Geschichte vermehren. Daneben las ich damals eine große Anzahl von schönwissenschaftlichen Werken und ermöglichte mir sogar am Weihnachtsabende eine besondere Feier. Meine Verwandten ließen mir nämlich gerade um diese Zeit Dickens Weihnachtsmärchen zukommen, und ich verbrachte das Fest, indem mich jene schönen Schöpfungen des großen Romandichters bald zum Lachen brachten, bald Tränen vergießen ließen.

Das Schlimmste war die Grabesstille, die um mich herrschte. Vergebens klopfte ich an die Wände oder schlug mit dem Fuß auf den Boden und lauschte auf den leisesten Ton der Erwiderung: nichts war zu hören. Es verging ein Monat, es vergingen zwei, drei, fünfzehn Monate, aber all mein Klopfen lockte keine Antwort hervor. Wir waren unser nur sechs, die man in sechsunddreißig Kasematten zerstreut hatte, da alle meine verhafteten Kameraden im Litowsky-Gefängnis untergebracht waren. Wenn der Unteroffizier in meine Zelle trat, um mich zu einem Spaziergang abzuholen, und ich ihn fragte: »Was für Wetter ist heute? Regnet es?« so warf er von der Seite einen scheuen Blick auf mich und zog sich, ohne ein Wort zu sprechen, eiligst hinter die Tür zurück, wo eine Schildwache und ein zweiter Unteroffizier, ihn beobachtend, standen. Das einzige lebende Wesen, von dem ich ein paar Wörter zu hören bekam, war der Oberst, der jeden Morgen in meiner Zelle erschien und mich fragte, ob ich Tabak oder Papier kaufen wollte. Ich versuchte, mit ihm eine Unterhaltung anzuknüpfen, aber er warf ebenfalls scheue Blicke auf die in der halboffenen Tür stehenden Unteroffiziere, als wollte er sagen: »Sie sehen, auch ich werde überwacht !« Die Tauben allein trugen keine Scheu, mit mir zu verkehren. Jeden Morgen und jeden Nachmittag kamen sie an mein Fenster, um sich durch das Gitter füttern zu lassen.

Nicht der geringste Ton war vernehmbar außer dem Knarren der Stiefel meiner Schildwachen, dem kaum hörbaren Geräusche beim Aufziehen des Judasschiebers und dem Läuten der Glocken auf der Festungskathedrale. Sie läuteten nach jeder Viertelstunde, je nachdem ein-, zwei-, drei-oder viermal, ein ›Herr, erbarme dich unser‹ (Gospodi pomiliui). Dann schlug am Ende jeder Stunde die große Glocke, langsam ausholend, die Stundenzahl an. Hierauf folgte ein Glockenspiel mit einer trauervollen Melodie, das meist, da sich die Töne bei jedem Temperaturwechsel änderten, ausgesucht disharmonisch klang und überdies an eine Begräbnisfeier erinnerte. Zur düsteren Mitternachtsstunde schlossen sich aber an die Trauerhymne noch die verstimmten Töne eines ›Gott erhalte den Zaren‹, so daß das Läuten eine volle Viertelstunde dauerte. Kaum war es zu Ende, so kündigte ein neues ›Herr, erbarme dich unser‹ dem schlaflosen Gefangenen an, daß inzwischen eine Viertelstunde seines unnützen Lebens vergangen sei, und mahnte ihn daran, daß viele Viertelstunden und Stunden und Tage und Monate desselben vegetativen Lebens dahingehen würden, ehe seine Wächter oder vielleicht auch der Tod ihn befreiten.

Jeden Morgen wurde ich zu einem halbstündigen Spaziergang in den Gefängnishof geführt, einen kleinen fünfeckigen Raum, um den ein schmaler gepflasterter Gang lief und in dessen Mitte ein kleines Gebäude, das Badehaus, stand. Diese Spaziergänge waren mir sehr willkommen.

Im Gefängnis ist das Verlangen nach neuen Eindrücken so groß, daß ich bei dem Spaziergang in dem engen Hofe meine Augen stets auf die vergoldete Spitze der Festungskathedrale geheftet hielt. Dies war der einzige Gegenstand in meiner Umgebung, dessen Aussehen sich änderte, und ich freute mich, ihn, wenn die Sonne vom blauen Himmel schien, wie lauteres Gold glitzern oder, wenn ein leichter bläulicher Dunst über der Stadt ruhte, gespenstisch emporragen, oder endlich, wenn schwarze Wolken sich zu sammeln begannen, als stahlgraue Spitze herniederblicken zu sehen.

Während dieses Aufenthaltes im Hofe sah ich gelegentlich die achtzehnjährige Tochter unseres Obersten, wenn sie aus der väterlichen Wohnung kam und ein paar Schritte über den Hof machen mußte, um das Eingangstor, durch das man allein das Gebäude verlassen konnte, zu gewinnen. Immer beschleunigte sie ihre Schritte und hielt die Augen niedergeschlagen, als schämte sie sich, die Tochter eines Gefängnisbeamten zu sein. Dagegen schaute mir ihr jüngerer Bruder, ein Kadett, den ich gelegentlich im Hofe sah, immer mit so unverhülltem Ausdruck der Sympathie gerade ins Gesicht, daß es mir auffiel und ich dieses Umstandes auch nach meiner Befreiung irgend jemand gegenüber Erwähnung tat. Vier oder fünf Jahre später, als er schon Offizier war, wurde er nach Sibirien verbannt, weil er sich der revolutionären Partei angeschlossen und wohl auch, denke ich, bei der Vermittlung der Korrespondenz mit den Festungsgefangenen mitgeholfen hatte.

In Petersburg ist der Winter für diejenigen, die sich nicht draußen in den hellbeleuchteten Straßen aufhalten können, eine düstere Zeit; in einer Kasematte war es natürlich noch düsterer. Aber schlimmer als die Dunkelheit war noch die Feuchtigkeit, die man in meinem Raume durch starke Überheizung fernzuhalten suchte, so daß ich nicht atmen konnte. Als man aber schließlich auf mein Gesuch die Temperatur niedriger hielt als vorher, rannen an der äußeren Wand die Tropfen herunter, und die Tapete war durchweg so naß, als hätte man jeden Tag von neuem einen Eimer Wasser darüber gegossen; daß ich infolgedessen stark an Rheumatismus litt, kann nicht wundernehmen.

Trotzdem bewahrte ich meine Heiterkeit; ich hörte nicht auf, in der Dunkelheit zu schreiben oder Karten zu zeichnen, und schärfte nach wie vor meinen Bleistift mit einem Stück Glas, dessen ich im Hofe hatte habhaft werden können. Gewissenhaft legte ich täglich in der Zelle meine Meile zurück und machte mit dem eichenen Schemel meine gymnastischen Kunststücke. So verrann die Zeit. Dann aber schlich sich die Sorge in meine Zelle und warf mich fast darnieder. Mein Bruder Alexander wurde verhaftet.

Gegen Ende Dezember 1874 durfte ich ihn und unsere Schwester Helene in Gegenwart eines Gendarmerieoffiziers sehen. Solche nach langen Zwischenräumen gewährten Zusammenkünfte sind stets geeignet, beide Teile, den Gefangenen wie seine Verwandten, in einen Zustand der Aufregung zu versetzen. Man sieht geliebte Gesichter, hört geliebte Stimmen und weiß, daß alles wie ein Traumbild nach wenigen Augenblicken wieder verschwinden wird: man fühlt sich so nah und doch so fern, da vor einem Fremden, der noch dazu ein Feind und Spion ist, keine vertraute

Unterhaltung stattfinden kann. Außerdem waren Bruder wie Schwester um meine Gesundheit besorgt, die unter den öden, düstern Wintertagen und der Feuchtigkeit schon merklich gelitten hatte. Mit schwerem Herzen schieden wir voneinander.

Eine Woche nach dieser Zusammenkunft erhielt ich anstatt des von meinem Bruder erwarteten Briefes eine kurze Mitteilung von Poljakow über den Druck meines Buches. Er schrieb mir, er würde hinfort die Korrekturen lesen, und ich sollte alles, was auf den Druck Bezug hätte, an ihn richten. Schon aus der Fassung des Briefes ersah ich sofort, daß mit meinem Bruder etwas nicht in Ordnung war. Wäre es nur Krankheit gewesen, so würde dies Poljakow einfach mitgeteilt haben. Es kamen nun Tage furchtbarer Bangigkeit für mich. Alexander mußte verhaftet worden und ich mußte die Ursache davon sein! Das Leben hatte auf einmal alle Bedeutung für mich verloren. Meine körperlichen Übungen, meine Arbeiten, alles wurde mir gleichgültig. Den ganzen Tag ging ich rastlos in meiner Zelle auf und nieder und dachte an nichts als an Alexanders Verhaftung. Für mich als einzelnen Mann bedeutete die Einkerkerung nur persönliche Beeinträchtigung; aber er war verheiratet, er liebte seine Frau leidenschaftlich, und sie hatten jetzt einen Knaben, auf den sie alle Liebe, die sie für ihre ersten beiden Kinder empfunden hatten,diese waren früh gestorben vereinigten.

Am allerschlimmsten war die Ungewißheit. Was konnte er getan haben? Aus welchem Grunde war er verhaftet worden? Was hatte man mit ihm vor? Monate vergingen; meine Besorgnis wurde immer größer, aber es kam keine Nachricht, bis ich schließlich auf Umwegen erfuhr, er sei wegen eines an P. L. Lawrow gerichteten Briefes verhaftet worden.

Erst viel später wurde mir das Nähere bekannt. Nach seiner letzten Zusammenkunft mit mir schrieb er an seinen alten Freund, der damals in London eine sozialistische Wochenschrift ›Vorwärts‹ herausgab. In diesem Briefe gab er seinen Befürchtungen wegen meiner Gesundheit Ausdruck, erwähnte die zahlreichen Verhaftungen, die damals in Rußland vorgenommen wurden, und machte aus seinem Haß gegen den Despotismus kein Hehl. Der Brief wurde auf der Post von der Dritten Abteilung abgefangen, worauf sie am Weihnachtsabend bei ihm Haussuchung hielten. Hierbei verfuhren sie noch roher als gewöhnlich. Nach Mitternacht drang ein halbes Dutzend Gendarmen in seine Wohnung und durchstöberte alles. Sogar die Wände wurden untersucht; das arme Kind riß man von seinem Krankenlager weg, um Betten und Matratzen zu durchschnüffeln. Aber sie fanden nichts und konnten auch gar nichts finden.

Mein Bruder war über diese Haussuchung höchst entrüstet. Mit seinem gewöhnlichen Freimut sagte er zu dem Gendarmerieoffizier, unter dessen Leitung sie erfolgte: »Gegen Sie, Hauptmann, empfinde ich keinen Groll. Sie besitzen nur eine geringe Bildung und wissen kaum, was Sie tun. Aber Sie, mein Herr,« fuhr er, gegen den Staatsanwalt gewendet, fort: »Sie wissen, welche Rolle Sie hierbei spielen. Sie haben akademische Bildung genossen. Sie kennen auch das Gesetz und wissen, daß Sie alles Recht mit Füßen treten und das ungesetzliche Vorgehen dieser Leute durch Ihre Gegenwart decken; Sie sind einfach ein Schuft.«

Man schwor ihm Rache und hielt ihn in der Dritten Abteilung bis zum Mai eingekerkert. Sein Kind, ein reizender Knabe, den seine Krankheit noch liebevoller und aufgeweckter erscheinen ließ, lag totkrank an der Schwindsucht und hatte nach dem Ausspruch der Ärzte nur noch ein paar Tage zu leben. Alexander, der seine Feinde noch niemals um irgendeine Gunst ersucht hatte, kam diesmal um die Erlaubnis ein, sein Kind zum letztenmal zu sehen. Er bat, gegen sein Ehrenwort oder unter Bedeckung auf eine Stunde nach Hause gehen zu dürfen. Sie schlugen es ab; sie konnten sich diese Rache nicht versagen.

Das Kind starb, und seine Mutter wurde noch einmal fast zum Wahnsinn gebracht, als man meinem Bruder ankündigte, er würde nach Ostsibirien in die kleine Stadt Minusinsk transportiert. Er sollte auf einem Karren zwischen zwei Gendarmen dorthin gebracht werden, seine Frau dürfte nicht mit ihm reisen, könnte ihm aber später folgen.

»So sagt mir wenigstens, welches Verbrechen ich begangen habe!« fragte er; es lag aber, von dem Briefe abgesehen, keinerlei Anklage gegen ihn vor. Sein Transport erschien so willkürlich, so sehr eine Tat bloßer Rache seitens der Dritten Abteilung, daß keiner von unsern Verwandten es für möglich hielt, die Verbannung würde länger als ein paar Monate dauern. Mein Bruder reichte beim Ministerium des Innern eine Beschwerde ein. Es wurde ihm der Bescheid, der Minister könnte gegen den Willen des Gendarmeriechefs nichts tun. Ebenso vergeblich war eine zweite Beschwerde beim Senat.

Ein paar Jahre später richtete unsere Schwester Helene aus eigenem Antriebe eine Bittschrift an den Zaren. Unser Vetter Dmitri, Generalgouverneur von Charkow, Adjutant des Kaisers und Liebling des Hofes, der ebenfalls über das Verfahren gegen meinen Bruder erbittert war, händigte dem Zaren persönlich die Bittschrift ein und fügte ein paar Worte zu ihrer Unterstützung hinzu. Aber die Rachsucht, dieser Familienzug der Romanows, war bei Alexander II. zu stark entwickelt. Er schrieb auf die Bittschrift ›Pust posidit‹ (Mag noch eine Weile bleiben). Mein Bruder blieb zwölf Jahre in Sibirien und kehrte niemals nach Rußland zurück.

Eines Tages im Sommer 1875 hörte ich in der Zelle unmittelbar neben mir deutlich leichte Schritte von gewöhnlichen Stiefeln, und nach ein paar Minuten fing ich auch Brocken einer Unterhaltung auf. Eine Frauenstimme ließ sich aus der Zelle vernehmen, und eine tiefe Baßstimme — offenbar die der Schildwache — knurrte etwas als Erwiderung darauf. Dann unterschied ich den Klang der Sporen des Obersten, hörte, wie er rasch näher kam und die Schildwache anfuhr und wie sich der Schlüssel im Schloß drehte. Er sprach etwas, und die Frauenstimme antwortete laut: »Wir haben nicht gesprochen; ich habe ihn nur gebeten, den Unteroffizier zu rufen.« Dann wurde die Tür verschlossen, und der Oberst fluchte, wie ich vernehmen konnte, leise auf die Schildwache los.

So war ich nicht mehr allein; ich hatte eine Nachbarin, die sofort die strenge Disziplin, die bisher unter den Soldaten geherrscht hatte, erfolgreich durchbrach. Von diesem Tage fingen die Mauern nach fünfzehn Monate langem Stummsein sich zu beleben an. Von allen Seiten hörte ich Schläge mit dem Fuße gegen den Boden: ein, zwei, drei, vier... elf Schläge, danach fünfundzwanzig und dann fünfzehn Schläge. Hierauf kam eine Pause, auf die drei und endlich in langer Folge dreiunddreißig Schläge folgten. Diese Schläge wiederholten sich immer und immer wieder in der gleichen Reihenfolge, bis der Nachbar merkte, daß sie bedeuten sollten: »Kto vy?« (Wer bist du ?); der Buchstabe K nimmt nämlich die elfte Stelle im russischen Alphabet ein, V die dritte u. s. f. Damit war bald die Unterhaltung eingeleitet und wurde gewöhnlich nach dem gekürzten Alphabet geführt, das heißt, das ABC wird in sechs Reihen von je fünf Buchstaben geteilt und jeder Buchstabe nach seiner Reihe und seiner Stellung in derselben gekennzeichnet.

Zu meiner großen Freude fand ich, daß ich zur Linken meinen Freund Serdukow hatte, mit dem ich mich bald über alles unterhalten konnte, zumal bei Anwendung des abgekürzten Klopfverfahrens. Aber die erneuten Beziehungen zu Menschen brachten zu ihren Freuden auch ihre Leiden. Unterhalb meiner Zelle war ein Bauer untergebracht, den Serdukow kannte. Er verständigte sich mit ihm durch Schläge, und auch gegen meinen Willen folgte ich während meiner Arbeit oft unbewußt ihrem Gespräche. Auch ich unterhielt mich mit ihm. Wenn nun die Einzelhaft ohne irgendwelche Beschäftigung für gebildete Menschen schwer zu ertragen ist, so ist sie für einen an physische Arbeit gewöhnten Bauer noch unendlich viel schwerer. Unser bäuerlicher Freund fühlte sich recht elend, und da er vor seiner Verbringung in die Festung fast zwei Jahre in einem anderen Gefängnisse gewesen war — sein Verbrechen bestand darin, daß er den Reden der Sozialisten zugehört hatte — so war er schon, als er in die Peter-Pauls-Festung kam, ein gebrochener Mann. Bald merkte ich zu meinem Schrecken, daß er manchmal nicht bei Sinnen war. Allmählich wurden seine Gedanken immer verwirrter, und wir beide mußten wahrnehmen, wie sein Verstand Schritt für Schritt und Tag für Tag immer mehr von ihm wich bis seine Reden schließlich die eines Wahnsinnigen wurden. Schreckliche Geräusche und wildes Geschrei tönte dann von unten herauf; unser Nachbar war toll geworden, wurde aber noch ein paar Monate in der Kasematte behalten, ehe man ihn in einem Irrenhaus unterbrachte, das er nie wieder verließ. Unter solchen Umständen Zeuge zu sein, wie der Geist eines Menschen zugrunde geht, war schrecklich. Sicher hat dieses furchtbare Erlebnis dazu beigetragen, die nervöse Erregbarkeit meines guten und treuen Freundes Serdukow zu erhöhen. Als er nach vierjähriger Kerkerhaft durch richterliches Erkenntnis freigesprochen und entlassen wurde, erschoß er sich.

Eines Tages erhielt ich einen unerwarteten Besuch. Der Großfürst Nikolaus, Alexander II. Bruder, betrat bei Gelegenheit einer Inspektion der Festung, nur von seinem Adjutanten begleitet, meine Zelle. Nachdem sich die Tür hinter ihm geschlossen hatte, näherte er sich mir mit schnellen Schritten und sagte: »Guten Tag, Krapotkin.« Er kannte mich persönlich und sprach in vertrautem, gemütlichem Tone wie zu einem alten Bekannten. »Wie ist es möglich, Krapotkin, daß Sie, ein Kammerpage und Sergeant des Pagenkorps, in dergleichen verwickelt sind und sich nun hier in dieser schauderhaften Kasematte befinden?«

»Jeder hat seine eigenen Ansichten,« lautete meine Antwort.

»Ansichten! So gingen Ihre Ansichten also dahin, daß Sie eine Revolution erregen müßten?«

Was sollte ich antworten? Ja? Dann würde man, überlegte ich mir, sofort den Schluß ziehen, ich hätte zwar den Gendarmen jede Antwort verweigert, aber vor dem Bruder des Zaren ›alles gestanden‹. Er sprach zu mir etwa, wie der Kommandant einer militärischen Anstalt, der von einem Kadetten ›Geständnisse‹ zu erlangen sucht. Dennoch konnte ich nicht ›Nein‹ sagen, es wäre eine Lüge gewesen. Ich wußte nicht, was ich sagen sollte und stand wortlos da.

»Sie sehen! Sie schämen sich jetzt —«

Diese Bemerkung brachte mein Blut in Wallung, und ich versetzte sofort ziemlich scharf: »Ich habe dem Beamten beim Verhör meine Antworten gegeben und habe nichts weiter hinzuzufügen.«

»Aber, bitte, verstehen Sie doch, Krapotkin,« sagte er hierauf in seinem vertrautesten Tone, »ich spreche zu Ihnen nicht als Beamter, der ein Verhör anstellen will, sondern ganz als Privatperson — ganz als Privatmann,« wiederholte er mit leiserer Stimme.

Gedanken wirbelten mir durch den Kopf. Sollte ich die Rolle eines Marquis Posa spielen? Sollte ich durch den Mund des Großfürsten zu dem Kaiser von Rußlands Verödung, vom Ruin der Bauernschaft, der Willkürherrschaft der Beamten, dem drohenden Gespenst der Hungersnot reden? Sollte ich ihm sagen, wir wollten den Bauern aus ihrer trostlosen Lage helfen und sie wieder aufrichten — und sollte ich damit den Versuch machen, auf Alexander II. einen Einfluß auszuüben? Reißend schnell jagten diese Gedanken einander, bis ich mir schließlich sagte: »Niemals ! Unsinn! Das ist ihnen alles bekannt. Sie sind Feinde des Volkes, und solche Worte würden sie nicht ändern.«

Ich erwiderte, er bleibe immer eine offizielle Persönlichkeit, und ich könnte ihn nicht als Privatmann betrachten.

Nachdem er mich hierauf nach gleichgültigen Dingen gefragt hatte, sagte er: »Sind Sie nicht in Sibirien im Umgang mit den Dezembristen auf solche Gedanken gekommen?«

»Nein, ich habe nur einen Dezembristen gekannt und mit ihm überhaupt kein erwähnenswertes Gespräch geführt.«

»So haben Sie sie in Petersburg gefaßt?«

»Ich bin immer derselbe gewesen.«

»Wie, so waren Sie schon im Pagenkorps so?« fragte er entsetzt.

»Im Korps war ich ein Knabe, und was einem in der Jugend unklar vorschwebt, gewinnt im Mannesalter bestimmte Formen.«

Er stellte noch einige ähnliche Fragen, und nun erkannte ich deutlich, worauf es abgesehen war. Er machte den Versuch, Geständnisse zu erlangen, und meine Einbildungskraft malte sich lebhaft aus, wie er zu seinem Bruder sagte: »Diese Untersuchungsbeamten sind sämtlich Dummköpfe. Ihnen hat er keine Antwort gegeben, aber ich habe nur zehn Minuten mit ihm gesprochen, und er hat mir alles gesagt.« Das verdroß mich, und als er sich in dem Sinne äußerte: »Wie konnten Sie sich mit allem diesem Volk, Bauern und Leuten ohne Namen, einlassen?« wandte ich mich scharf gegen ihn und sagte: »Ich habe Ihnen schon erklärt, daß ich dem Untersuchungsbeamten meine Antworten gegeben habe.« Da verließ er plötzlich die Zelle.

Später machten die wachthabenden Soldaten aus diesem Besuche eine ganze Legende. Die Person, die bei meiner Flucht mit dem Wagen vorfuhr, in dem ich entweichen sollte, trug eine Militärmütze und besaß mit ihrem blonden Backenbart eine entfernte Ähnlichkeit mit dem

Großfürsten Nikolaus. So entstand unter den Soldaten der Petersburger Garnison die Überlieferung, der Großfürst selbst sei zu meiner Rettung gekommen und habe mich entführt.

Zwei Jahre waren vergangen. Einige meiner Kameraden waren gestorben, einige wahnsinnig geworden, aber davon, daß unser Fall vor Gericht kommen sollte, verlautete noch nichts.

Gegen Ende des zweiten Jahres war auch meine Gesundheit erschüttert. Der eichene Schemel kam mir nun schwer vor in meiner Hand, und die Meile wurde eine endlose Entfernung. Da wir unser etwa sechzig in der Festung waren, wurden wir bei der Kürze der Wintertage jeden dritten Tag zu einem Aufenthalt von zehn Minuten in den Hof geführt. Ich tat mein Bestes, meine Spannkraft zu .bewahren, aber die ›arktische Überwinterung‹ ohne sommerliche Unterbrechung überwältigte mich. Von meinen sibirischen Reisen hatte ich leichte Symptome von Skorbut heimgebracht, die sich jetzt, bei der Dunkelheit und Feuchtigkeit des Gelasses, stärker entwickelten; so hatte mich diese Geißel des Gefängnislebens getroffen.

Im März oder April 1876 sagte man uns endlich, die Dritte Abteilung hätte die ›Voruntersuchung‹ beendet. Der ›Fall‹ war an die ordentlichen Gerichte überwiesen worden, und folglich wurden wir auch in das Untersuchungsgefängnis gebracht.

Es war dies ein vor kurzem nach dem Muster französischer und belgischer Gefängnisse errichtetes Gebäude, das aus vier Stockwerken voll kleiner Zellen bestand. Jede Zelle hatte ein Fenster, das nach einem inneren Hofe ging, und eine auf einen Balkon führende Tür; die Balkone der einzelnen Stockwerke waren durch eiserne Treppen miteinander verbunden.

Für meine Kameraden bedeutete die Verbringung in dieses Gefängnis zumeist einen großen Fortschritt zum Besseren. Es war hier mehr Leben als in der Festung und bessere Gelegenheit zum Korrespondieren, Verwandte zu sprechen und zu gegenseitigem Verkehr. Den ganzen Tag konnte man ungestört das Wandklopfen fortsetzen, und ich vermochte auf diese Weise einem jungen Nachbar die Geschichte der Pariser Kommune von Anfang bis Ende zu erzählen, wozu ich freilich eine Woche lang die Klopfsprache anwenden mußte.

Mit meinem körperlichen Zustande wurde es hier noch schlimmer, als es in letzter Zeit in der Festung gewesen war. Die schwüle Atmosphäre der kleinen Zelle, die nur vier Schritte von einer Ecke zur andern maß, und in der die Temperatur, sobald die Dampfröhren zu wirken begannen, von eisiger Kälte zu unausstehlicher Hitze umschlug, konnte ich nicht ertragen. Beim Gehen mußte ich mich so oft umwenden, daß mir nach wenigen Minuten schwindlig wurde, und die zehn Minuten täglicher Bewegung in einem Winkel des von hohen Backsteinmauern eingeschlossenen Hofes, gewährten mir ganz und gar keine Erholung. Was den Gefängnisarzt betrifft, der ›in seinem Gefängnis‹ das Wort ›Skorbut‹ nicht hören wollte, so ist das beste, was man tun kann, daß man gar nicht von ihm spricht.

Da zufällig eine meiner Verwandten, die Frau eines Rechtsanwalts, nur ein paar Häuser vom Gefängnis entfernt wohnte, wurde mir gestattet, von ihr meine Beköstigung zu erhalten. Meine Verdauung war aber so schlecht geworden, daß ich bald den ganzen Tag nichts als ein kleines Stück Brot und ein oder zwei Eier essen konnte. Meine Kräfte nahmen infolgedessen reißend schnell ab, und die allgemeine Meinung ging dahin, ich würde höchstens noch zwei Monate zu leben haben. Wenn ich die Treppe zu meiner im zweiten Stock gelegenen Zelle hinaufstieg, mußte ich zwei-oder dreimal anhalten und ausruhen, und ich erinnere mich, wie ein älterer Wachsoldat einmal mitleidig sagte: »Armer Mann, Sie werden das Ende des Sommers nicht erleben.«

Meine Verwandten gerieten unter diesen Umständen in die größte Bestürzung. Meine Schwester Helene suchte meine Haftentlassung gegen Bürgschaft zu erwirken, aber der Staatsanwalt, Schubin, erwiderte ihr mit sardonischem Lächeln: »Wenn Sie mir ein ärztliches Gutachten bringen, wonach sein Tod in zehn Tagen zu erwarten ist, so will ich ihn freigeben.« Er hatte die Genugtuung, mit anzusehen, wie meine Schwester in einen Stuhl sank und laut aufschluchzte. Es gelang ihr aber doch durchzusetzen, daß ich von einem tüchtigen Arzte, dem Oberarzte des Petersburger Garnisonhospitals, untersucht wurde. Der alte scharfsinnige Herr kam nach einer äußerst gewissenhaften Untersuchung zu dem Schlüsse, ich hätte keine organische Krankheit, sondern litte nur an ungenügender Oxydation des Blutes. »Alles, was Sie brauchen, ist Luft,«

sagte er. Dann stand er einige Minuten zaudernd da und fügte endlich mit entschiedenem Ausdruck hinzu: ...Reden nutzt nichts; hier können Sie nicht bleiben, Sie müssen fort.«

Nach zehn Tagen verbrachte man mich in das Militärhospital, das in einem äußeren Stadtteile Petersburgs gelegen ist, und das ein besonderes kleines Gefängnis für die während einer gegen sie schwebenden Untersuchung erkrankenden Offiziere und Soldaten enthält. Zwei meiner Kameraden hatte man, als ihr baldiger Tod infolge von Schwindsucht zweifellos schien, bereits dorthin gebracht.

Im Hospital erholte ich mich sofort. Man gab mir ein geräumiges Zimmer zu ebener Erde, dicht neben der Wachstube. Ein mächtiges vergittertes nach Süden schauendes Fenster öffnete sich auf eine kleine mit zwei Baumreihen besetzte Promenade, jenseits deren zweihundert Zimmerleute auf einem weiten Platze damit beschäftigt waren, hölzerne Baracken für Typhuskranke zu errichten. Eine Schildwache, deren Häuschen meinem Zimmer gegenüber stand, schritt in der Promenade auf und ab.

Mein Fenster blieb den ganzen Tag geöffnet, und ich konnte mir's in den Strahlen der Sonne, die ich so lange entbehrt hatte, wohl sein lassen. Mit voller Brust atmete ich die balsamische Mailuft ein, und mein Gesundheitszustand besserte sich sehr schnell — zu schnell, wie ich bald meinte. In kurzer Zeit vermochte ich wieder leichte Nahrung zu verdauen, meine Kraft wuchs, und ich ging von neuem mit frischer Energie an meine Arbeit. Da ich keine Möglichkeit sah, den zweiten Band meines Werkes zu vollenden, so verfaßte ich eine gedrängte Übersicht davon, die im ersten Bande zum Abdruck kam.

In der Festung hatte ich von einem Kameraden, der im Hospitalgefängnis gewesen war, gehört, es würde mir nicht schwer fallen, von dort zu entfliehen, weshalb ich meine Freunde von meinem neuen Aufenthaltsorte in Kenntnis setzte. Es zeigte sich aber, daß die Flucht weit schwieriger war, als ich auf Grund jener Mitteilung geglaubt hatte. Ich wurde viel schärfer als je vorher überwacht, die Schildwache im Gange hatte ihren Platz vor meiner Tür, ich durfte mein Zimmer überhaupt nicht verlassen, und die Hospitalsoldaten, wie die Offiziere der Wache, die in mein Zimmer traten, scheuten sich offenbar, länger als eine oder zwei Minuten zu verweilen.

Von meinen Freunden wurden verschiedene Pläne zu meiner Befreiung entworfen, darunter manche höchst ergötzlicher Art. So sollte ich die eisernen Stangen vor meinem Fenster durchfeilen. Dann sollten sich zwei Freunde in einer regnerischen Nacht, wenn die Schildwache vorm Fenster in ihrem Schilderhaus schlummerte, von hinten heranschleichen und das Häuschen umstürzen, so daß es auf den Soldaten fiele und ihn, ohne ihn zu verletzen; wie in einer Mausefalle finge, während ich inzwischen aus dem Fenster spränge. Doch es bot sich in unerwarteter Weise eine bessere Lösung.

»Suchen Sie um Erlaubnis zu einem Spaziergange nach,« flüsterte mir eines Tages einer der Soldaten zu. Ich folgte dem Rate; der Arzt unterstützte mein Gesuch, und so wurde mir gestattet, jeden Nachmittag um vier Uhr eine Stunde lang mich im Gefängnishof aufzuhalten. Ich mußte den langen grünen Flanellrock, den die Patienten des Hospitals tragen, anbehalten, doch wurden mir meine Stiefel, meine Weste und meine Hosen jeden Tag eingehändigt.

Niemals werde ich meinen ersten Ausgang vergessen. Als man mich hinausführte, sah ich einen volle dreihundert Schritte langen und mehr als zweihundert Schritte breiten ganz mit Gras bedeckten Hof vor mir. Das Tor war offen, so daß ich ungehindert die Straße, das mächtige Hospitalgebäude gegenüber und die vorübergehenden Leute sehen konnte. Ich blieb an den Türstufen des Gefängnisses stehen, da ich beim Anblick des Hofes und des Tores einen Augenblick unfähig war, mich zu bewegen.

An einem Ende des Hofes stand das Gefängnis, ein schmales, etwa hundertfünfzig Schritte langes Gebäude, an dessen beiden Enden sich Schilderhäuser befanden. Die beiden Schildwachen schritten vor dem Gebäude auf und nieder und hatten auf dem Rasen einen Fußpfad ausgetreten. Auf diesem Fußpfad hieß man mich gehen, während die Schildwachen fortfuhren, auf und ab zu schreiten, so daß ich niemals mehr als zehn oder fünfzehn Schritte von einer von beiden entfernt war. Die Hospitalsoldaten ließen sich auf den Türstufen nieder.

Am gegenüberliegenden Ende dieses geräumigen Hofes wurde von einem Dutzend Karren Holz abgeladen und von etwa zwölf Bauern an der Mauer aufgeschichtet. Der ganze Hof war von einem hohen Zaun aus dicken Brettern umgeben. Das Tor war offen, damit die Karren ein-und ausfahren konnten.

Dieses offene Tor hatte es mir angetan. »Ich darf nicht darauf hinstarren,« sagte ich mir, und doch blickte ich die ganze Zeit darauf hin. Sobald ich in meine Zelle zurückgeführt war, schrieb ich an meine Freunde, um ihnen die willkommene Neuigkeit mitzuteilen. »Ich fühle mich nahezu außerstande, die Chiffren anzuwenden,« schrieb ich mit bebender Hand und kritzelte dabei fast unlesbare Zeichen hin. »Diese Nähe der Freiheit läßt mich zittern, als wäre ich im Fieber. Heute nahmen sie mich in den Hof hinaus ; das Tor war offen, und keine Schildwache stand daneben! Durch dieses unbewachte Tor will ich hinauslaufen; meine Schildwachen werden mich nicht einholen« — und ich entwarf den Plan zur Flucht. »Eine Dame kommt in offenem Wagen zum Hospital. Sie steigt aus, und der Wagen wartet auf sie in der Straße einige fünfzig Schritte vom Tor. Wenn ich um vier hinausgeführt werde, gehe ich eine Weile hin und her mit dem Hut in der Hand, und für einen Freund, der am Tore vorübergeht, bedeutet dies das Zeichen, daß im Gefängnis alles in Ordnung ist. Dann müßt ihr mir eurerseits durch ein Zeichen mitteilen, daß auf der Straße alles sicher ist. Ohne dieses Signal unternehme ich nichts, denn bin ich einmal aus dem Tore, so dürfen sie mich nicht wieder fangen. Nur durch eine Licht-oder eine Schallwirkung dürft ihr mir das Zeichen geben. So kann etwa der Kutscher seinen Lackhut heben, so daß die Sonnenstrahlen auf das Hauptgebäude des Spitals zurückgeworfen werden; oder er mag lieber einen Gesang anstimmen und ihn so lange fortsetzen, als die Straße sicher ist. Das beste wäre freilich, ihr könntet das kleine graue Häuschen, das ich vom Hofe aus sehe, dazu benutzen und mir von seinem Fenster das Zeichen geben. Die Schildwache wird hinter mir herrennen wie der Hund nach dem Hasen; sie wird aber eine Krümmung beschreiben, während ich in gerader Linie laufe, und ich will fünf oder zehn Schritte vor ihr bleiben. Auf der Straße springe ich dann in den Wagen, und im Galopp geht's davon. Schießt die Wache — nun das läßt sich nicht ändern, das entzieht sich unserer Berechnung ; und dann: schaut man einem sicheren Tode im Gefängnisse ins Auge, so lohnt sich das Wagnis wohl.«

Es wurden Gegenvorschläge gemacht, aber am Ende kam jener Plan zur Annahme. Unser Kreis nahm die Sache in die Hand; Leute, die ich niemals gekannt hatte, befaßten sich damit, als handelte es sich um die Befreiung ihres liebsten Bruders. Doch stellten sich dem Unternehmen viele Schwierigkeiten entgegen, und dabei verrann die Zeit mit furchtbarer Schnelligkeit. Obwohl ich angestrengt arbeitete und bis spät in die Nacht hinein schrieb, besserte sich doch meine Gesundheit mit einer mich geradezu verblüffenden Schnelligkeit. Als man mich zum erstenmal in den Hof ließ, konnte ich nur wie eine Schildkröte den Fußpfad dahinkriechen, und jetzt fühlte ich mich zum Laufen stark genug. Freilich bewegte ich mich immer noch im Schildkrötenschritt, damit meine Spaziergänge nicht aufhörten, aber ich konnte mich jeden Augenblick durch meine natürliche Lebhaftigkeit verraten. Inzwischen mußten meine Kameraden mehr als zwanzig Helfer werben, ein zuverlässiges Pferd und einen erfahrenen Kutscher ausfindig machen und hunderterlei unvorhergesehene Zwischenfälle in die Gleiche bringen, die bei derartigen Unternehmungen stets vorkommen. Die Vorbereitungen dauerten etwa einen Monat, und jeden Tag konnte ich ins Untersuchungsgefängnis zurückgebracht werden.

Schließlich wurde der Tag der Flucht bestimmt. Am 29. Juni alten Stils ist der Peter-Pauls-Tag. An diesem Tage wollten mich meine Freunde, die damit ihrem Unternehmen einen etwas sentimentalen Anstrich gaben, gern befreien. Sie hatten mich wissen lassen, sie würden auf mein Zeichen, daß Drinnen alles in Ordnung sei, mir ihrerseits durch Steigenlassen eines kleinen roten Kinderballons mitteilen, daß ›draußen alles in Ordnung‹ sei. Dann würde der Wagen kommen und ein Lied gesungen werden zum Zeichen, daß die Straße frei sei.

Am 29. ging ich hinaus, nahm meinen Hut ab und wartete auf den Ballon. Doch es war nichts davon zu sehen. Eine halbe Stunde verrann, da vernahm ich auf der Straße das Rollen eines Wagens, ich hörte einen Mann ein mir unbekanntes Lied singen, aber kein Ballon ließ sich sehen.

Die Stunde war um und mit gebrochenem Herzen kehrte ich in mein Zimmer zurück. »Es muß etwas verkehrt gegangen sein,« sagte ich mir.

Was unmöglich schien, war an dem Tage eingetreten. Immer sind in Petersburg in der Nähe des Gostinoi Dwor Hunderte von Kinderballons zu kaufen. An jenem Morgen war keiner da, nicht ein einziger war aufzutreiben. Endlich entdeckte man einen, der einem Kinde gehörte, aber er war alt und wollte nicht fliegen. Da eilten meine Freunde zu einem Mechaniker, kauften einen Apparat zur Erzeugung von Wasserstoff und füllten den Ballon damit, aber er flog um nichts besser, weil der Wasserstoff nicht trocken genug war. Die Zeit drängte. Da befestigte eine Dame den Ballon an ihrem Schirm und ging, diesen hoch über ihrem Kopfe haltend, in der Straße an der hohen Mauer entlang hin und her; aber ich bemerkte nichts davon, da die Mauer zu hoch und die Dame zu klein war.

Wie sich am Ende herausstellte, hätte gar nichts Besseres geschehen können als dieses Mißgeschick mit dem Ballon. Als nämlich die Stunde vorüber war und der Wagen die Straßen entlang fuhr, durch die er sich nach meiner Entweichung bewegen sollte, wurde er in einer engen Straße von einem reichlichen Dutzend Karren, die Holz nach dem Hospital fuhren, zum Halten gebracht. Die Karrenpferde gerieten auf der rechten wie auf der linken Seite der Straße ineinander, und unser Wagen mußte langsamen Schrittes dazwischen durchzukommen suchen und konnte bei einer Straßenbiegung überhaupt nicht mehr weiter. Wäre ich darin gewesen, so hätte man mich gefaßt.

Nun wurde ein ganzes System von Signalen alle Straßen entlang, durch die uns die Flucht führen sollte, eingerichtet, um so die Sicherheit zu gewinnen, daß der ganze Weg frei sei. Fast eine halbe Meile weit standen meine Genossen vom Hospital an Schildwache. Einer sollte mit dem Taschentuch in der Hand die Straße auf und ab gehen, und das Tuch, wenn Karren kämen, in die Tasche stecken, ein anderer auf einem Steine sitzen und Kirschen essen und damit aufhören, wenn Karren nahe wären, und so fort. Alle diese in den verschiedenen Straßen gegebenen Zeichen sollten bis zum Wagen fortgesetzt werden. Auch hatten meine Freunde das erwähnte graue Häuschen gemietet, das ich vom Hofe aus sehen konnte, und an dem offenen Fenster desselben einen Geiger Stellung nehmen lassen, der sich bereit hielt, sobald ihn das Signal ›die Straße ist frei‹ erreicht hätte, auf seiner Geige zu spielen.

Das Unternehmen war auf den nächsten Tag festgesetzt worden, da weiterer Aufschub gefährlich schien. Schon das Erscheinen des Wagens war den Leuten im Hospital aufgefallen; auch mußte den Behörden etwas Verdächtiges zu Ohren gekommen sein, denn ich hörte, wie der Rondeoffizier die vor meinem Fenster stehende Wache fragte: »Wo sind die Kugelpatronen?« Unbeholfen wollte sie der Soldat aus seiner Patronentasche holen; es dauerte aber ein paar Minuten, ehe er sie herausbrachte. Der Offizier wetterte auf ihn los: »Hat man euch nicht gesagt, ihr sollt heute nacht vier Kugelpatronen in eurer Rocktasche haben?« Und er blieb solange bei dem Mann stehen, bis er vier Patronen in seine Tasche gesteckt hatte. »Gib scharf acht!« sagte er, als er wegging.

Die neuen Verabredungen über die Signale mußten mir unverzüglich mitgeteilt werden. Zu diesem Zwecke kam am nächsten Tage um zwei Uhr eine Dame, eine liebe Verwandte von mir, ins Gefängnis und bat, mir eine Uhr zu übergeben. Alles für mich Bestimmte mußte durch die Hände des Staatsanwalts gehen, aber da es sich diesmal nur um eine Uhr ohne Gehäuse handelte, so sah man davon ab. Die Uhr enthielt aber einen winzigen Brief in Chiffernschrift, der mich von dem ganzen Plan in Kenntnis setzte. Diese Verwegenheit erfüllte mich im ersten Moment mit Schrecken. Die Dame, die selbst aus politischen Gründen von der Polizei verfolgt wurde, wäre auf der Stelle verhaftet worden, hätte zufällig jemand den Uhrdeckel aufgemacht. Sie aber verließ, wie ich sehen konnte, das Gefängnis ganz ruhig und bewegte sich langsam die Promenade entlang.

Wie gewöhnlich kam ich um vier hinaus und gab mein Zeichen. Zunächst vernahm ich das Rollen des Wagens, und ein paar Minuten darauf drangen die Töne der Geige vom grauen Häuschen in unsern Hof. Aber jetzt war ich gerade am andern Ende des Gebäudes. Als ich dann wieder an das dem Tore nächstliegende Ende — etwa hundert Schritte davon — meines

Pfades kam, war mir die Schildwache dicht auf den Fersen. Noch einmal hin und zurück, dachte ich — aber noch ehe ich das andere Ende erreichte, hörte die Violine auf einmal zu spielen auf.

Es verging mehr als eine bange Viertelstunde, ehe mir die Ursache der Unterbrechung klar wurde. Dann fuhr nämlich ein Dutzend schwerbeladener Holzkarren durch das Tor und bewegte sich nach dem andern Ende des Hofes. Sofort begann der Geigenspieler — ein guter, muß ich gestehen — eine aufregende Mazurka von Kontsky, als wollte er sagen : »Vorwärts jetzt — das ist deine Zeit!« Langsam ging ich zu dem, dem Tore näheren Ende meines Pfades, bei dem Gedanken bebend, die Mazurka könnte aufhören, bevor ich mein Ziel erreichte.

Als ich am Ende war, drehte ich mich um. Die Schildwache hatte fünf oder sechs Schritte hinter mir Halt gemacht und blickte nach einer andern Richtung. »Jetzt oder nie!« Dieser Gedanke blitzte, wie ich mich noch erinnere, durch meinen Kopf. Ich schleuderte meinen grünen Flanellrock von mir und fing an zu laufen.

Viele Tage hintereinander hatte ich mich im Abwerfen dieses über die Maßen langen und bauschigen Kleidungsstückes geübt. Es war so lang, daß ich den unteren Teil auf meinem linken Arme trug wie die Damen die Schleppe ihres Reitkleides. Wie ich es aber auch anstellte, ich konnte es nicht mit eine m Ruck los werden. Ich trennte es unter den Achselhöhlen auf, doch es half nichts. So beschloß ich denn, mich darin zu üben, es in zwei Bewegungen abzuwerfen, indem ich mit der einen das Ende vom Arm schleuderte und mit der andern den Rock zur Erde beförderte. Ich übte geduldig in meinem Zimmer, bis es so gut klappte wie beim Exerzieren der Soldaten mit dem Gewehr: ›Eins, zwei‹ und es lag am Boden.

Ich traute meiner Kraft nicht viel zu und lief zuerst, um sie zu sparen, ziemlich langsam. Kaum hatte ich aber ein paar Schritte getan, als die das Holz am andern Ende des Hofs aufschichtenden Bauern schrien : »Er läuft fort! Haltet ihn! Fangt ihn!« und mir am Tore den Weg verlegen wollten. Da flog ich, als gälte es mein Leben. An nichts anderes dachte ich mehr als schnell zu laufen — nicht einmal an das Loch, das die Karren am Tore ausgefahren hatten: »Renne! Renne, was du kannst!« tönte es in mir.

Wie mir meine Freunde, die der Szene vom grauen Häuschen aus zuschauten, später erzählten, lief die Schildwache samt den drei Soldaten, die auf den Türstufen saßen, hinter mir her. Die Wache war mir so nahe, daß sie sicher glaubte, sie könnte mich fangen. Mehrmals stieß sie mit dem Gewehr nach vorn, um mich mit dem Bajonett in den Rücken zu stechen, und einen Augenblick dachten meine Freunde, sie hätten mich. Offenbar war mein Verfolger so überzeugt, auf diese Weise meiner habhaft werden zu können, daß er nicht schoß. Aber ich behielt meinen Vorsprung, und am Tore mußte er die Hoffnung, mich einzuholen, aufgeben.

Sobald ich das Tor glücklich hinter mir hatte, bemerkte ich zu meinem Schrecken, daß in dem Wagen ein Zivilist mit einer Militärkappe saß, der sein Gesicht mir nicht zuwendete. Verkauft! war mein erster Gedanke. Meine Kameraden hatten geschrieben : »Bist du erst in der Straße, so gib dich nicht verloren, es werden Freunde da sein, die dich im Falle der Not verteidigen«; ich wollte daher nicht in den Wagen springen, wenn sich ein Feind darin befand. Als ich aber dem Wagen näher war, sah ich, daß der Mann einen blonden Backenbart trug, der wie der eines guten Freundes von mir aussah. Er gehörte zwar unserm Kreise nicht an, aber wir waren persönlich befreundet, und ich hatte mehr als einmal Gelegenheit gehabt, seinen kühnen Mut kennen zu lernen und zu sehen, wie seine Kraft, wenn es not tat, auf einmal wahrhaft herkulisch wurde. Warum sollte er hier sein? Ist es möglich? dachte ich, und wollte schon seinen Namen rufen, als ich noch zur rechten Zeit an mich hielt und statt dessen, während ich noch lief, in die Hände klatschte, um seine Aufmerksamkeit zu erregen. Er wandte mir sein Gesicht zu, und nun wußte ich, wer es war.

»Spring herein, rasch, rasch!« schrie er mit schrecklicher Stimme und einen Revolver schußbereit in der Hand haltend, trieb er mich und den Kutscher mit heftigen Worten zur Eile an. »Fahre! Fahre schnell, oder ich schieß' dich nieder, Kerl,« rief er dem Kutscher zu. Das Pferd, ein schöner, erprobter Traber, den man zu diesem Zwecke erstanden hatte, setzte in vollem Galopp ein. »Haltet sie! greift sie!« klang es gellend von zahlreichen Stimmen hinter uns, während mein Freund mir inzwischen behilflich war, mich mit einem Zylinder und einem eleganten Überrock zu bekleiden.

Doch drohte die wahre Gefahr weniger von den Verfolgern als von dem Soldaten, der am Tore des Hospitals, etwa dem Platze, wo der Wagen hielt, gegenüber, auf Posten stand. Wenn er nur schnell ein paar Schritte vorwärts machte, so konnte er mich am Besteigen des Wagens verhindern oder auch das Pferd zum Halten bringen. Es war daher einem Freunde der Auftrag gegeben worden, die Aufmerksamkeit dieses Soldaten durch ein Gespräch abzulenken. Er entledigte sich seiner Aufgabe mit bestem Erfolge. Da der Soldat einmal im Laboratorium des Hospitals beschäftigt gewesen war, so gab mein Freund der Unterhaltung eine wissenschaftliche Wendung, indem er vom Mikroskop und den Wundern, die es uns erschließt, sprach. Er fragte in Bezug auf einen bestimmten Parasiten des menschlichen Körpers : »Haben Sie schon gesehen, was für einen furchtbaren Schwanz er hat?« — »Was sagen Sie, einen Schwanz?« — »Ja, freilich; er ist unter dem Mikroskop so dick.« — »Reden Sie mir doch nichts vor!« versetzte der Soldat. »Das weiß ich besser. Es war ja das erste, das ich unter dem Vergrößerungsglas gesehen habe.« Dieses lebhafte Zwiegespräch fand statt, gerade als ich bei ihnen vorbeilief und in den Wagen sprang. Es klingt wie eine Fabel, ist aber Tatsache.

Der Wagen bog plötzlich in eine schmale Gasse ein, um an derselben Hofmauer entlang zu fahren, an der die Bauern Holz aufgeschichtet hatten, während sie jetzt sämtlich hinter mir herliefen. Die Wendung war so scharf, daß der Wagen beinahe umgeflogen wäre, hätte ich mich nicht, meinen Freund mit mitziehend, nach innen geworfen und durch diese plötzliche Bewegung das Gleichgewicht wieder hergestellt.

Wir trabten durch die enge Gasse und wandten uns dann links. Dort standen vor der Tür eines Wirtshauses zwei Gendarmen, welche die Dienstmütze meines Begleiters in militärischer Weise grüßten. »Psch! Psch!« machte ich zu meinem Nachbar, der sich noch in furchtbarer Aufregung befand; »alles geht gut; die Gendarmen grüßen uns.« Auf diese Bemerkung wendete mir der Kutscher sein Gesicht zu, und ich erkannte in ihm einen andern Freund, der ganz glücklich lächelte.

Allenthalben sahen wir Freunde, die uns zuwinkten oder uns, wenn wir im vollen Galopp unseres wackeren Pferdes vorbeijagten, ein ›Gut Heil‹ zuriefen. Dann bogen wir in den breiten Newsky-Prospekt ein, lenkten in eine Nebenstraße, stiegen vor einer Türe aus und schickten den Kutscher fort. Ich lief eine Treppe hinauf und fiel auf der obersten Stufe in die Arme meiner Schwägerin, die in schmerzlicher Bangigkeit gewartet hatte. Sie lachte und weinte in einem Atem und hieß mich eiligst eine andere Kleidung anziehen und meinen auffallenden Bart stutzen. Zehn Minuten später verließen mein Freund und ich das Haus und nahmen eine Droschke.

Inzwischen waren der Offizier der Gefängniswache und die Hospitalsoldaten auf die Straße hinausgestürzt und wußten nicht, was sie tun sollten. Ringsherum war keine Droschke, da alle im Umkreis von zwanzig Minuten von unsern Freunden gemietet waren. Eine alte Bauernfrau aus der Volksmenge» die sich angesammelt hatte, war klüger als alle zusammen. »Arme Kerls,« sagte sie, wie im Selbstgespräch, »die kommen sicher am Perspekt 'raus, und da wird man sie fassen, wenn einer die Straße entlang läuft, die gerade zum Perspekt führt.« Sie hatte ganz recht, und der Offizier eilte zu dem Pferdebahnwagen, der in kurzer Entfernung hielt, und bat, man möchte ihm die Pferde überlassen, damit jemand nach dem Prospekt reiten könnte. Man weigerte sich aber hartnäckig, die Pferde herzugeben, und der Offizier wollte sie nicht mit Gewalt nehmen.

Auch der Geigenspieler und die Dame, die sich in dem grauen Häuschen befunden hatten, stürzten heraus und mischten sich unter die Menge. Sie hörten mit an, wie die alte Frau den erwähnten guten Rat gab, und als sich die Leute nach und nach wieder verliefen, gingen sie ebenfalls ruhig ihres Weges.

Es war ein schöner Nachmittag. Wir fuhren nach den Inseln, wo die Petersburger Aristokratie an heiteren Frühlingstagen sich den Sonnenuntergang anzusehen pflegt. Unterwegs ließ ich mir in einer abgelegenen Straße von einem Barbier meinen Bart abnehmen, was mein Aussehen natürlich einigermaßen, doch nicht eben sehr veränderte. Ziellos fuhren wir auf den Inseln hin und her und wußten nicht, da wir uns in unserem Nachtquartier erst spät einfinden durften, wohin wir uns wenden sollten. »Was fangen wir in der Zwischenzeit an?« fragte ich meinen Freund, den dieselbe Frage beschäftigte. »Zu Donon!« rief er auf einmal dem Kutscher zu und nannte damit eines der ersten Petersburger Restaurants. »Es wird keinem je einfallen, dich bei Donon zu suchen,« bemerkte er ruhig. »Überall wird man nach dir forschen, nur da nicht; und wir werden bei einem guten Diner und einem guten Tropfen dein glückliches Entkommen feiern können.«

Was konnte ich auf einen so vernünftigen Vorschlag erwidern? So gingen wir zu Donon, schritten durch die hellerleuchteten, zur Dinerstunde mit Gästen gefüllten Säle, belegten ein kleines Zimmer für uns und brachten dort den ganzen Abend zu, bis die Stunde, in der man uns erwartete, herangekommen war. Das Haus, in dem wir zuerst abgestiegen waren, wurde noch nicht zwei Stunden, nachdem wir es verlassen hatten, durchsucht, ebenso die Wohnungen fast aller meiner Freunde. Bei Donon Nachforschung zu halten, kam keinem in den Sinn.

Ein paar Tage später sollte ich ein Zimmer beziehen, das man für mich gemietet hatte und das ich unter falschem Namen und entsprechendem Passe innehaben konnte. Aber die Dame, die mich in einem Wagen hinbringen sollte, und so vorsichtig war, das Haus vorher selbst noch einmal aufzusuchen, fand, daß die Gegend von Spitzeln wimmelte. Es waren so viele von meinen Freunden gekommen, um sich zu erkundigen, ob ich dort in Sicherheit sei, daß die Polizei argwöhnisch geworden war. Überdies hatte die Dritte Abteilung mein Porträt vervielfältigen und in Hunderten von Exemplaren an die Polizei und Wachmannschaft verteilen lassen. Alle Geheimpolizisten, die mich von Ansehen kannten, ließ man nach mir suchen; anderen, denen ich von Person nicht bekannt war, gab man Soldaten und Gefängniswärter bei, die mich während meiner Haft gesehen hatten. Der Zar war wütend darüber, daß eine solche Flucht fast vor seinen Augen und bei hellem Tageslicht geglückt sein sollte, und er hatte den Befehl gegeben: »Er muß gefunden werden!«

In Petersburg zu bleiben war unmöglich; ich hielt mich daher in Landhäusern in der Umgebung der Stadt auf. Mit einem halben Dutzend treuer Freunde befand ich mich in einem Dorfe, das in dieser Jahreszeit für die Petersburger vielfach das Ziel ihrer Ausflüge bildet. Dann wurde beschlossen, ich sollte ins Ausland gehen. Da wir aber aus einer fremden Zeitung ersehen hatten, daß alle Grenz-und Endstationen in den Baltischen Provinzen und Finnland von Geheimpolizisten, die meine Person kannten, überwacht würden, so entschied ich mich zur Wahl einer Richtung, in der man mich voraussichtlich am wenigsten erwartete. Mit dem Passe eines Freundes versehen und von einem andern Freunde begleitet, kreuzte ich Finnland und ging nordwärts in einen abgelegenen Hafen des Bottnischen Meerbusens, von wo ich nach Schweden überfuhr.

Als ich an Bord des Dampfers war und dieser eben abfahren wollte, teilte mir der Freund, der mich bis zur Grenze begleitet hatte, die Petersburger Neuigkeiten mit, die er unseren Freunden versprochen hatte mir bis dahin vorzuenthalten. Meine Schwester Helene wie auch die Schwester meiner Schwägerin, die mich, seit mein Bruder und seine Frau sich in Sibirien befanden, einmal im Monat im Gefängnis besucht hatte, waren wegen Beihilfe zur Flucht verhaftet worden.

Meine Schwester wußte nicht das geringste von den Vorbereitungen zu meiner Flucht. Erst nach meiner Entweichung war ein Freund mit der willkommenen Nachricht zu ihr geeilt. Vergebens beteuerte sie, es sei ihr nichts von dem Fluchtplan bekannt gewesen: man nahm sie von ihren Kindern fort und behielt sie zwei Wochen in Haft. Die Schwester meiner Schwägerin wußte zwar, daß irgend etwas im Werke sei, aber an den Vorbereitungen hatte sie keinen Teil. Bei einfacher Überlegung hätten sich die Behörden selbst sagen sollen, daß jemand, der mich offen im Gefängnis besuchte, in ein solches Unternehmen nicht verwickelt sei. Trotzdem mußte sie länger als zwei Monate in Haft bleiben, und vergebens versuchte ihr Gatte, ein bekannter Rechtsanwalt, ihre Freilassung zu erwirken. »Wir wissen nun,« sagten ihm die Gendarmerieoffiziere, »daß sie mit der Flucht nichts zu tun hatte; aber sehen Sie, wir haben dem Kaiser an dem Tage, als wir sie verhafteten, berichtet, die Person, die alles für die Flucht eingeleitet hätte, sei entdeckt und festgenommen. Jetzt wird es einige Zeit dauern, bis wir ihn darauf vorbereitet haben, daß sie nicht die wahre Schuldige ist.«

Ohne Aufenthalt fuhr ich durch Schweden und erreichte Christiania. Hier wartete ich ein paar Tage auf einen Dampfer, der nach Hull gehen sollte, und benutzte diese Zeit, um mich über die Bauernpartei des norwegischen Storthing zu informieren. Als ich mich zu dem Dampfer begab, legte ich mir eifrig besorgt die Frage vor: »Unter welcher Flagge segelt er — der norwegischen, deutschen, englischen?« Als ich dann über dem Stern den Union Jack flattern sah, die Flagge, unter der so viele Flüchtlinge, Russen, Italiener, Franzosen, Ungarn und so weiter, eine Zufluchtsstätte gefunden haben, grüßte ich die Flagge aus der Tiefe meines Herzens.

Graf von Lavalette und seine Frau

Marie Chamans Graf von Lavalette wurde nach der Schlacht von Arcole Adjutant des Generals Bonaparte; dieser vermählte ihn mit Emilie Beauharnais, der Nichte Josephines, Von 1800 bis zur Restauration von 1814 stand er an der Spitze des französischen Postwesens. Als Ludwig XVIII. am 30. März 1815 aus Paris floh, übernahm Lavalette ohne Auftrag wieder die Postverwaltung, die der Generaldirektor Ludwigs XVIII., Graf Ferrand, bereits aufgegeben hatte. Nach der abermaligen Rückkehr der Bourbonen wurde er deswegen verhaftet. — Die folgende Schilderung von Lavalettes Haft und Flucht ist seinen Memoiren entnommen, die Gustav Kuntze unter dem Titel »Im Dienste Napoleons« deutsch herausgegeben hat.

C.

Wenige Tage nach der Abreise des Kaisers wurde ich benachrichtigt, daß eine Proskriptionsliste angefertigt worden sei, die durch die Bemühungen der Herren Talleyrand und Fouché bereits über 2000 Namen enthalte. Über die Liste führten die Prinzen die Aufsicht, und auch die Herzogin von Angoulême arbeitete tätig mit. Schon hatten viele Personen die Flucht ergriffen. Der unerschrockene Thibaudeau, der noch wenige Tage vor der Rückkehr des KönigsLudwig XVIII., Bruder Ludwigs XVI. gegen dessen Regierung öffentlich in der Pairskammer protestiert hatte, gab sich alle Mühe, mir die ganze Gefahr meiner Lage auseinanderzusetzen. Der Herzog von Bassano (Maret) forderte mich noch im Augenblick seiner Abreise auf, seinem Beispiel zu folgen. Aber in der festen Überzeugung, daß mein Benehmen vorwurfsfrei gewesen sei, stieß ich alle Ermahnungen der Freundschaft zurück. Die Fürstin Vaudemont drang mit tausend Bitten in mich, mich wenigstens für einige Zeit in Sicherheit zu bringen. Dies wäre die Meinung Fouchés, sagte sie mir; aber ich bedurfte eines Passes, und der Minister hütete sich wohl, mir einen solchen anzubieten. Der Anblick meiner leidenden Frau machte mir den Gedanken an Flucht unerträglich. Aus dem Gefängnis, sagte ich mir, würde ich für sie sorgen können; die Vorurteile würden mit der Zeit schwächer werden, und der König würde seinen ganzen Zorn endlich nur gegen die Abwesenden wenden. Indem ich mein Verhalten von allen Seiten betrachtete, fand ich darin nichts, als eine Angelegenheit des Strafgerichts, das mich höchstens zu fünfjähriger Gefängnisstrafe verurteilen könnte, weil ich mich einige Stunden vor der Ankunft des Kaisers der Postverwaltung bemächtigt hatte.

Am 18. Juli 1815 saß ich mit meiner Frau und Herrn von Meneval bei Tisch, als ein Polizeibeamter eintrat, um mich zum Polizeipräfekten Decazes zu bringen.

Als ich den Fiaker bestieg, sah ich, daß drei oder vier Polizisten gleich Lakaien hinten aufsprangen, und in weniger als einer halben Stunde war ich in der Kanzlei des Präfekturgefängnisses. Ich wurde dem Schließer übergeben, der mich kaum beachtete, da er beschäftigt war, einigen Neuangekommenen Wohnung anzuweisen. Unter ihnen erkannte ich auch einen Herrn von P., der längere Zeit Sekretär Savarys, des Herzogs von Rovigo, gewesen war, und zwar gerade der, in den der Herzog das meiste Vertrauen setzte. Er schien mir so verwirrt und betrübt darüber, mich hier zu sehen, daß ich auf ihn zuging und ihm schon meine Teilnahme an seinem Unglücke ausdrücken wollte, als er sich plötzlich von mir abwandte und, mit der Hand auf mich zeigend, zu einem der Wärter sagte: »Führen Sie den Herrn auf Nummer siebzehn,« und verschwand. Der Mann hat sein Kleid mit Leichtigkeit gewechselt, dachte ich. Beschämt über meinen Irrtum, folgte ich meinem Führer. Dieser ließ mich in einen schmutzigen Kerker treten, dessen Fenster zwölf Fuß über dem Boden lag. Es stand mir frei, dasselbe mit Hilfe einer eisernen Stange zu öffnen, die so schwer war, daß ich sie nicht zu heben vermochte.

Wenn man das Gefängnis betritt, so folgt stets Zorn dem Gefühl der ersten Überraschung. Ich begann damit, einige derbe Schmähungen gegen den Herrn des Hauses auszustoßen, der mich nicht einmal zu sich eintreten ließ, obgleich er mich um eine Unterredung ersucht hatte. Da es keine Glocke im Gefängnisse gab, mußte ich drei Stunden warten, ehe der Schließer erschien, der mir ein schlechtes Gefängnisessen brachte.

Gegen zehn Uhr abends kam der Schließer, um mich zu dem Abteilungsvorsteher zu holen, der beauftragt sei, mich zu verhören. Ein Verhör war für mich eine Zerstreuung, und ich hütete mich daher wohl, mir ein solches Vergnügen zu versagen. Man führte mich durch ein wahres Labyrinth von Gängen in einen niedrigen Saal, wo ich einen Herrn V. fand, der kurze Zeit darauf entlassen worden ist. Dieser Inquisitor war ein kleiner dicker Mann, der seine Stellung bereits seit neunundzwanzig Jahren inne hatte und zu allen Zeiten des Tages und der Nacht, unter allen Verwaltungen, Verhöre vornahm. Nachdem er vier oder fünf Seiten Fragen und Antworten geschrieben hatte, hielt er inne. Da indes keiner von uns beiden Lust verspürte zu schlafen, benutzte er eifrig einige Fragen, die ich an ihn richtete, um mir seine Gewandtheit in Polizeiangelegenheiten, seine Geschicklichkeit, die Gefangenen zu verwirren, ihr Gewissen zu rühren, ein Geständnis von ihnen zu erlangen, zu rühmen. Zum Schlusse sagte er: »Ich liebe mein Geschäft. Ich könnte nicht einen Tag von diesem Saale fern bleiben. Es stände mir frei, das Theater zu besuchen, mich mit meinen Freunden, meinen Kindern zu unterhalten, aber nein, ich muß verhören.« — Während er schrieb, bemerkte ich, daß er fortwährend zur Linken schielte, wo gewöhnlich die Gefangenen zu sitzen pflegen, und ich war überzeugt, daß er die Hälfte seines berühmten Talentes verlieren würde, wiese man den Gefangenen plötzlich zu seiner Rechten ihren Platz an.

Ich blieb noch vierzehn Tage in diesem provisorischen Gefängnis, ohne Decazes zu sehen, den meine Nähe in Verlegenheit hätte setzen müssen, wären nicht die Erinnerungen an unsere früheren Verhältnisse gänzlich in ihm erloschen gewesen. Die ungesunde Luft und der Ekel zogen mir endlich eine Krankheit zu. Mein Arzt, der auch der des Herrn Decazes war, behandelte mich mit vieler Sorgfalt, indes trug doch diese Krankheit dazu bei, daß man mir ein anderes Gefängnis anwies und meinen Prozeß begann, da man wahrscheinlich fürchtete, daß ein natürlicher Tod mich dem schmachvollen entziehen möchte, den man für mich bestimmt.

Am Sonntag, den 24. Juli, wurde ich plötzlich in einen Mietwagen gesetzt, um vier Schritte weiter nach der Conciergerie gebracht zu werden. Man ließ mich in die Kanzlei treten, wo ich den Schließer fand, der, wie ich glaube, Landrajein hieß. Er war ein langer Mensch, vertraulich bis zur Beleidigung, aber sonst in seinen Formen ziemlich höflich. Er begann damit, mein Signalement mit lauter Stimme zu entwerfen und forderte mich dann auf, ihm an das Ende eines langen dunklen Ganges zu folgen, wo sich meine neue Wohnung befand. Es war ein langes, schmales, großes Gemach, an dessen Ende sich eine Art von Fenster befand, durch das man ungefähr einen Quadratfuß vom Himmel erblicken konnte. Die kahlen, mit Worten der Verzweiflung beschriebenen Wände waren der einzige Schmuck dieses traurigen Aufenthaltes. Ein schlechtes Bettgestell, ein alter Tisch, ein Stuhl und zwei schadhafte Kübel bildeten die ganze Einrichtung. Ich gebe diese genaue Beschreibung, weil später der Marschall Ney hier die ersten drei Wochen seiner Gefangenschaft zubrachte. Ich jedoch war schwächer als er, denn er beklagte sich nicht. Als ich aber sah, daß es unmöglich sei, hier auch nur eine Stunde lang zu lesen, brach ich in Vorwürfe aus und schrieb an den Polizeipräfekten, daß meine Krankheit mich töten würde, wenn ich nicht ein besseres Gefängnis erhielte. Am Abend holte mich der Schließer, um mich nach dem großen Hofe zu bringen, auf dem die Gefangenen spazieren gingen, und als er mich um neun Uhr wieder zurückführte, wies er mir anstatt meines alten Kerkers ein niedriges Zimmer an, in welchem sich ein Kamin und ein Fenster befanden. Es ging auf einen kleinen Hof, der von dem der Frauen durch eine hohe Mauer getrennt wurde. »Ich habe Sie heute morgen nicht hierher bringen können,« sagte mir der Schließer, »weil der General Labédoyère im Nebenzimmer saß; er ist jetzt nach der Abtei transportiert worden.« Am folgenden Tag ließ ich mir den Kerker Labédoyères zeigen. Er war noch unbequemer und trauriger als der, den ich soeben verlassen hatte. Der Unglückliche war hier acht Tage unter der strengsten Aufsicht geblieben, gewissermaßen verlassen von den Wärtern, denn sie kamen nur zweimal alle vierundzwanzig Stunden, um nach ihm zu sehen. Der Raum war so eng, daß er nicht einmal in der Länge auf und nieder gehen konnte, obgleich dies die einzige Zerstreuung war, die man ihm gestattete, denn man erlaubte ihm weder Bücher, noch Journale, noch Briefwechsel.

Bei mir fing man wie gewöhnlich damit an, mich sechs Wochen lang in geheimem Gewahrsam zu halten. Empfing ich Briefe, so wurden sie zuvor geöffnet; besuchte mich ein Freund, so mußte ein Aufseher zugegen sein. Von meiner Frau empfing ich betrübende Nachrichten. Ihre zitternde Handschrift, ihr Leiden, das sie mir trotz wiederholter Versicherungen guter Gesundheit nicht verbergen konnte, ihre Schwangerschaft, von der sie kaum sprach, alles trug dazu bei, mich zu beunruhigen. Aber alle diese Qualen waren weit entfernt, meinen Mut zu brechen, jedoch suchte ich die moralische Kraft, deren ich bedurfte, nicht in Einbildungen, welche durch die traurige Wirklichkeit jeden Tag mehr zerstört wurden, sondern in meinen Gedanken an den Kaiser. Ich litt, aber es war für ihn; mein Unglück gewann an Glanz durch die Ursache, aus der es entsprang. Mein Name und mein Geschick waren mit seinem unsterblichen Namen verknüpft! Und waren seine Leiden nicht noch größer als die meinigen? Die Falschheit der englischen Regierung führte ihn nach St. Helena. Welche Qualen mußte ihm das Exil am Ende der Welt bereiten? Neben einem solchen Unglück würde ich mich geschämt haben, über das meinige zu klagen. Die Rache des Königs lastete auf uns beiden, und ich fand Trost und Ruhm darin, sie mit ihm zu teilen. Dieser Gedanke hielt mich fortwährend aufrecht und bewahrte mich vor jeder Schwäche. Der Glaube, daß Napoleon meinen Prozeß lesen, daß mein Tod ihm Schmerz bereiten würde, daß ich mich seiner Zuneigung und seines Vertrauens würdig zeigen müsse, ermunterte mich unablässig.

Einige Wochen nach meiner Verhaftung sah ich eines Tages, als ich auf dem Hofe spazieren ging, den Marschall Ney am Fuße der Treppe, welche zu meinem früheren Gefängnisse führte. Er grüßte mich, indem er schnell die Treppe hinaufeilte, begleitet von dem Schließer und einem Gendarmerieoffizier. So erfuhr ich, daß er verhaftet sei. Er hatte gleich mir verschmäht, das Land zu verlassen und sich damit begnügt, auf dem Schlosse eines Verwandten seiner Frau eine Zuflucht zu suchen. Sein Säbel, den er in einem Zimmer liegen ließ, verriet ihn. Er ließ sich verhaften, fest überzeugt, daß man nicht wagen würde, ihn zu verurteilen.

Während des Tages gingen wir auf dem kleinen Hofe spazieren, ohne einander sprechen zu können, denn er war fortwährend von einem Gendarmen begleitet. Ich hatte die Gewohnheit, mich morgens um sechs Uhr auf dem großen Hofe zu ergehen; da jedoch der Marschall diese Stunde des Tages zu seinem Spaziergang zu erhalten wünschte, trat ich sie ihm mit Vergnügen ab. Dieses Übereinkommen dauerte so lange, bis das Geheimnis seiner Gefangenschaft aufgehoben wurde. Von da an aßen seine Frau und seine Kinder täglich mit ihm. Die Marschallin begleitete ihn alle Tage auf seinen Spaziergängen. Eines Tages näherte sie sich meinem Fenster und flüsterte mir zu: »Die Schildwache, die uns bewacht, ist ein alter Soldat, der unter meinem Mann gedient hat; der Marschall möchte gern mit Ihnen sprechen.«

In der Tat näherte sich Ney mir, doch unsere Unterredung konnte nicht von langer Dauer sein.

»Ich bin ganz ruhig über meine Lage«, sagte er; »zahlreiche Freunde sorgen für mich; die Regierung geht abermals ihrem Untergange entgegen. Schon ergreifen die Fremden unsere Partei; der allgemeine Unwille hat sich auch ihnen mitgeteilt. Wollen Sie Beweise davon, so lesen Sie diese Papiere und verbrennen Sie sie dann.«

Darauf steckte er mir durch das Gitter ein Paket Broschüren und Manuskriptblätter zu. Ich fand darin wirklich heftige Drohungen, ja selbst Herausforderungen, die mir sehr ungeschickt schienen, und endlich viele absurde Neuigkeiten. Diesen zufolge bereuten es die Engländer, die Bourbonen wieder auf den Thron gesetzt zu haben. Die Kaiserin Marie Louise protestierte in einer langen Schrift gegen die Entscheidung der Monarchen, durch die sie von Frankreich entfernt worden war. u. s. w.

Was mir der Marschall von seinen Freunden gesagt hatte, war schon begründeter, aber einige Zeit darauf erfuhr ich, daß ein Versuch, aus der Conciergerie zu entfliehen, mißglückt wäre, und daß darauf 6000 Offiziere auf Halbsold vom Kriegsminister den Befehl erhalten hätten, die Hauptstadt zu verlassen. Einige Zeit darauf wechselten wir die Stunden unserer Spaziergänge abermals. Jetzt ging er des Abends, begleitet von seiner Frau, seinem Schwager und seiner Schwägerin, der Madame Gamot, spazieren. Die Gefangenen waren um diese Zeit in ihren Zellen.

Ich wünschte sehnlichst, Ney noch einmal zu sehen, und wagte es eines Abends, die Bitte auszusprechen, auf den Hof hinab gehen zu dürfen. Der Schließer war nicht zu Haus, und der Kerkermeister öffnete mir die Tür und führte mich hinunter. Ich fand den Marschall und Gamot und trat zu ihnen. Es war ungefähr drei Monate nach unserer ersten Unterredung. Des Marschalls Hoffnungen schienen gänzlich erloschen. »LabédoyèreGeneralleutnant Graf von L. wurde am 19. August 1815 erschossen hat es überstanden, dann kommen Sie an die Reihe, mein lieber Lavalette, und zuletzt auch ich!« sagte er.

»Gleichviel, wer von uns beiden zuerst fällt«, erwiderte ich, »denn ich sehe, daß keine Hilfe mehr möglich ist.«

»Nun, nun, wir werden ja sehen«, antwortete er, »aber alle diese Advokaten langweilen mich und erkennen meine Lage nicht; ich werde daher selbst sprechen.«

*

Die Zeit verfließt sehr langsam im Gefängnisse. Die Langweile begann mich bald zu quälen, und ich war voll Besorgnis um meine arme Emilie. Jeden Tag empfing ich die traurigsten Nachrichten über ihre Gesundheit. Ich hatte von ihr das Versprechen erhalten, mich vor ihrer Niederkunft nicht zu besuchen, denn es hätte ihr Tod sein können. Meine Grübeleien über die Zukunft und die neue Revolution stürzten mich vollends in die größte Niedergeschlagenheit. Ich fühlte das Bedürfnis, mich derselben durch die einzige mir gestattete Zerstreuung, die Lektüre, zu entziehen und ließ mir Humes Geschichte von England bringen.

Als ich all das Mißgeschick der Könige las, von dem jene Geschichte so viele Beispiele aufzuweisen hat, fand ich mein eigenes Unglück erträglicher, und so schöpfte ich aus jenem Werke Trost und Mut. Nachdem ich nun wieder auf meine eigene Lage zurückkam, hatte ich die feste Überzeugung, daß man mich unmöglich zum Tode verurteilen könne und daß ich mit einigen Jahren Gefängnis davonkommen würde. Diese Aussicht war zwar nicht erfreulich, aber da ich die Hoffnung hegte, in einem der Gefängnisse von Paris zu bleiben, konnte ich wenigstens meine Familie sehen, sie trösten und Ordnung in meine Angelegenheiten bringen. Oft dachte ich auch ans Blutgerüst, jedoch nur wie an eine eitle Drohung, die nicht erfüllt werden könnte. Ich befand mich an der Stätte des Verbrechens und stellte mir oft die Schrecken eines Räubers, besonders eines Mörders vor, der während der Nacht durch das Traumbild seines Opfers erweckt wird und sich vergebens unter der Hand seines Henkers sträubt. Wie mußte er leiden! Ich konnte wenigstens ohne Reue auf die Tage vor dem 20. März zurückblicken. Der Unwille des Königs und der Zorn seiner Anhänger ließen mein Herz nicht lauter klopfen; ich fühlte mich stark gegen seine Rache und entschlüpfte ihnen, indem ich in einer einsamen Barke dem Kaiser auf dem Wege nach St. Helena folgte.

Zu meiner Verteidigung hatte ich Herrn Tripier gewählt, den ich nicht persönlich kannte; er nahm zu seinem Beistande Lacroix-Frainville. Meine Freunde wünschten sehr, mich in Vergessenheit zu bringen und sprachen mehrmals das Verlangen aus, daß ich krank werden möchte. Graf Alexander Larochefoucault, der mich sehr häufig besuchte, machte mir fortwährend Vorwürfe über meine Gesundheit. »Wären Sie leidend,« sagte er, »krank, bettlägerig, so müßte man wohl die Zeit Ihrer Verurteilung verschieben; die Gemüter beruhigten sich dann allmählich, die Leidenschaften kühlten sich ab, und Ihre Unschuld und Ihre Freunde würden dann schon das Übrige tun.«

Auch ich war seiner Ansicht. Aber wie sollte ich zu einer Krankheit kommen? Ich konnte mich doch nicht entschließen, einen Arm oder ein Bein zu brechen, und nicht jeder, der es wünscht, kann Gicht oder andere heftige Beschwerden erlangen. Ich bewahrte daher meine gute Gesundheit und mit ihr die ganze Gefahr meiner Lage. Endlich wurde beschlossen, ein Verhör vor einem königlichen Rate einzuleiten, und man gab mir Herrn Dupuis als Referenten. Ich hatte einige Jahre zuvor bei gemeinschaftlichen Freunden häufig mit ihm zu Mittag gegessen. Als ich vor ihm erschien, erkannten wir uns wieder. Aber die Gegenwart des Gerichtsschreibers hielt mich zurück. Dupuis schien ein großmütiges Mitgefühl für mich zu empfinden, doch überzeugte ihn der Gang des Verhöres bald, daß er keine Schonung gegen mich nötig habe. Ich kam seinen Fragen zuvor, förderte sie auf alle mögliche Weise, und unser erstes Verhör währte ganz gegen seinen Willen fünf Stunden, so daß er glaubte, ich sei erschöpft, und innehalten wollte. Aber ich hielt mich für so vollkommen unschuldig, daß ich es für notwendig erachtete, alle Vorurteile gegen mich und das ganze lügenhafte Gebäude der Anklagen zu zerstören, und ich hätte noch zehn Stunden fortfahren können.

Am folgenden Morgen hatten wir eine neue Sitzung; sie währte abermals vier Stunden. Ich habe späterhin von meinen Freunden erfahren, daß Dupuis sein Staunen über die Wichtigkeit, dir man meinem Vergehen beilegte, nicht verhehlt habe. Er sei sehr empört gewesen, als er von meiner Verurteilung gehört habe. Zwei Monate, glaube ich, vergingen zwischen diesen Verhören und meinem Urteilsspruche, aber die Zeit milderte den Haß nicht. Meine Freunde erschraken über die Erbitterung, mit der das Gericht gegen mich vorging. Die Royalisten waren wütend, wenn sie sich ihres unwürdigen Benehmens im Monat März erinnerten,sie waren nach Napoleons Rückkehr von Elba alsbald geflohen und suchten ihre Schmach durch das vorgebliche Komplott zu verdecken, das den Kaiser zurückgeführt haben sollte. Sie ließen es sich nicht nehmen, daß ich das Oberhaupt der Verschwörung gewesen sei. Wollte man ihren Behauptungen glauben, so war während der elf Monate ein lebhafter Briefwechsel mit der Insel Elba im Gange gewesen, an dem alle ehemaligen Beamten der Post teilgenommen hatten. Die Portefeuilles des südlichen Frankreichs waren nur mit meinen Briefen angefüllt gewesen; die Oberbeamten, die Gehilfen, die Kuriere, die Postdirektoren in den Provinzen, alle waren ins Geheimnis gezogen worden und unterstützten meine Absichten! Wahrlich, wenn ich das Oberhaupt und der Gründer einer solchen Verschwörung gewesen wäre, so könnte ich mich jetzt dessen rühmen. Der Entwurf und die Ausführung würden mir einen herrlichen Ruhm verleihen, und ich könnte Anspruch auf jene Bewunderung machen, welche die Völker solchen Männern zollen, die sich durch großartige Unternehmungen auszeichnen, selbst wenn diese der Moral oder der Menschlichkeit widersprechen. Aber die Wahrheit über alles!

Im Jahre 1814 hatte ich mich mit größter Sorgfalt von allen Beamten der Post fern gehalten. Mein glühendes Verlangen, den Kaiser wieder zu sehen, war ohne jede Beimischung von Ehrgeiz. —

Ich fürchtete sehr, daß während meines Aufenthaltes im Gefängnis irgend eine Hinrichtung stattfinden möchte. Das Gefängnis der zum Tode Verurteilten lag nämlich neben dem meinigen in dem Hofe, auf dem ich meine gewöhnlichen Spaziergänge machte. Zwei Mörder wurden verurteilt, aber begnadigt. Der eine war ein junger Mann, der bei der Garde gestanden hatte. Er ermordete seine Geliebte mit kaltem Blute, nachdem er die Nacht bei ihr zugebracht. Die näheren Umstände dieser Tat waren abscheulich. Nachdem er sie durch einen Pistolenschuß getötet, richtete er einen zweiten Schuß gegen sich selbst, doch seine Wunde war nicht lebensgefährlich. Er wurde freigesprochen, und man führte ihn in den Vorsaal, der an meine Stube grenzte, um die Formalitäten abzuwarten, die nötig waren, ihn in Freiheit zu setzen. Ich kannte sein Urteil noch nicht, als ich plötzlich Geschrei und Geheul vernahm. Ich glaubte, er sei verurteilt worden, und gestehe, daß meine Festigkeit mächtig erschüttert ward. Erst zwei Stunden später erfuhr ich, daß seine lebhafte Freude ihm einen Nervenkrampf zugezogen hatte.

Meine Tochter hatte ich seit meiner Verhaftung nicht gesehen, weil ich wünschte, sie vor dem Abscheu zu bewahren, den der Anblick des Kerkers ihr einflößen mußte. Meine Frau sandte sie mir aber doch an dem Tage vor ihrer Kommunion, um meinen Segen zu empfangen. Mein täglicher Briefwechsel mit meiner Familie genügte meiner Zärtlichkeit; ich traute mir Kraft genug zu, meine große Liebe für meine Tochter zu zügeln. Als ich aber mein einziges Kind erblickte, geschmückt mit der ganzen Anmut der Jugend, als sie unter Strömen von Tränen in meine Arme und bald ohnmächtig zu meinen Füßen sank, da überwältigte mich die Macht der väterlichen Zärtlichkeit, und ich fühlte mein Herz vom Schmerz zerrissen. Zum erstenmal fühlte ich die ganze Tragweite meines Unglücks. Ich konnte meinen Schmerz nicht unterdrücken; schweigend rannen mir die Tränen über die Wangen, und indem ich ihr die Hand segnend aufs Haupt legte, war ich unfähig, auch nur ein Wort hervorzubringen.

Dieser Auftritt ließ mich ernstlich über meine Lage nachdenken, und ich begann, sie in ihrem wahren Lichte zu erblicken. Auch meine Verteidiger zerrissen in ihren Mitteilungen einen Teil des Schleiers, der bisher mein Geschick verhüllt hatte.

Der eine, Herr Tripier, war ein Mann von kaltem, klarem und logischem Verstande. Das beste Mittel, mich genügend zu verteidigen, schien ihm, mich auf allen Punkten anzugreifen. Was hatte ich in dem Gebäude der Post zu tun? Weshalb erschien ich daselbst so früh? Weshalb sandte ich jenen Kurier nach Fontainebleau? Weshalb erteilte ich im Laufe dieses Tages Befehle? Wozu das Bulletin, das mit dem Briefpakete ganz Frankreich durcheilte? Weshalb hatte ich die Journale und besonders den Moniteur zurückgehalten, der die Proklamation des Königs enthielt? Kurz, man konnte mit dergleichen Fragen nicht zu Ende kommen. Meine Antworten schienen ihm ungezwungen und genügend, aber sie hoben mein Unrecht nicht auf. Er überzeugte sich bald, daß ich einem unüberlegten Gefühle nachgegeben hätte.

Das genügte nicht, mich freizusprechen, und bis zum Tage vor der Fällung des Urteils war er überzeugt, daß ich zu einer fünfjährigen Gefängnisstrafe verurteilt werden würde, weil ich mich ohne Erlaubnis der Verwaltung bemächtigt hätte.

*

Wenige Tage vor der Eröffnung der Verhandlung brachte mir der Moniteur den abscheulichen Brief gegen den Marschall Ney, der an die Pairskammer gerichtet und vom Herzog von Richelieu unterzeichnet war. Wie konnte dieser Mann, von dem man sagte, daß er milde, sittlich, unparteiisch und selbständig sei, mit rohem, blutdürstigem Eifer vor die Pairskammer einen der achtungswertesten Franzosen unserer Zeit bringen, einen unserer berühmtesten Generale, einen unglücklichen Mann, gegen den zwar Vorurteile herrschten, der aber nicht verurteilt war, dessen Verhöre man nicht kannte und dem die Gerechtigkeit edles Mitgefühl hätte zeigen sollen? Als einer meiner Verteidiger, Herr Delacroix-Frainville, zu mir kam, überreichte ich ihm den Moniteur. Tiefes Mitleid malte sich in seinen Zügen, als er ihn las, und als er geendet hatte, sagte er nach einigen Augenblicken des Nachdenkens: »Herr Graf, ich sehe nur zu deutlich, wo man hinaus will. Aber ich bin alt; ich möchte die letzten Tage meines Lebens fern von den Stürmen der Welt verbringen. Meine Gesundheit ist zu schwach, um die Verfolgungen ertragen zu können, die sich nach allen Richtungen hin erstrecken werden. Erlauben Sie daher, daß ich die Last, die auf mir ruht, andern Händen übergebe? Mein Freund Tripier wird leicht einen Kollegen finden, der sich mit ihm in die Verteidigung teilt. Ich will Ihnen mit meinem Rate beistehen, aber ich fühle mich unfähig, in der Sitzung zu erscheinen.«

Ich sah den alten Mann so angegriffen, daß ich mich jeder Bemerkung enthielt. Da kam Tripier. Sein Kollege überreichte ihm den Moniteur und wiederholte dann den Entschluß, sich zurückzuziehen, indem er ihm zugleich einen andern Advokaten als Stellvertreter empfahl. Tripier erwiderte ihm kalt:

»Ich bedarf keines Gehilfen; ich werde meinen Klienten ganz allein verteidigen; es ist meine Pflicht, und nichts soll mich von ihr abwendig machen.«

Hierauf begann die Verhandlung. Während ich für mein Leben kämpfte, starb mein jüngstes Kind in den Armen seiner Mutter. Dieses Unglück mußte für meine Frau unberechenbare Folgen haben. Ich hatte so sehr auf dieses Kind gehofft, das ihren Schmerz nach meinem Tode mildern sollte. Die Sorgfalt, die der Neugeborene erheischte und die die mütterliche Zärtlichkeit ihm nicht versagen konnte, mußte ihr ja das Leben noch wert machen, und nun ward ihr das Kind schon nach wenigen Stunden entrissen! Ich war in Verzweiflung. Am folgenden Tag besuchte mich Delacroix-Frainville. Der Zustand, in dem er mich fand, ließ ihn glauben, die Furcht vor einem Todesurteil habe mich so entmutigt, und er wollte mich durch tröstende Worte aufzurichten versuchen. Da sagte ich ihm, welch neues Unglück mich betroffen. »O, mein Gott!« rief er aus, »das ist zu viel auf einmal. Vergessen Sie den Augenblick der Schwäche, die ich Ihnen gezeigt habe. Ich werde Sie nicht verlassen; ja, ich verteidigte Sie.« Und er hielt edelmütig Wort, indem er in der Verhandlung erschien und seinen Kollegen während der Debatten unterstützte.

Was mich weit mehr beunruhigte als mein Prozeß, war der Zustand meiner Frau. Der Gegenstand ihrer sehnlichsten Wünsche während ihres ganzen Lebens, ihr Sohn, war ihr entrissen worden! Ich hatte sie gebeten, während der Zeit ihrer Schwangerschaft nicht in die Conciergerie zu kommen. Der traurige Anblick eines Gefängnisses konnte die fürchterlichsten Folgen haben. Aus demselben Grunde hatte ich verboten, mir meinen Sohn zu bringen. Alles, was man mir von der unbegrenzten Zärtlichkeit der Mutter gegen dieses Kind gesagt hatte, ließ mich für die Gesundheit meiner Frau zittern. Herr Tascher de Sainte-Rose, einer unserer Verwandten, begnügte sich damit, mir von ihren Tränen, ihrem Schmerze zu sprechen, suchte mich jedoch über die Folgen zu beruhigen.

Jetzt kam es auf die Folgen meiner Untersuchung an. Fünf Jahre Gefängnis waren zwar eine harte Strafe, aber ich konnte doch wenigstens meine Frau sehen, sie trösten, die Aufsicht über unser in Unordnung geratenes Vermögen führen und sie auf eine glücklichere Zukunft verweisen. Wurde ich aber zum Tode verurteilt, was sollte dann aus ihr werden? Durch ein böses Geschick, wie es sich in der Revolution nur zu oft gezeigt hat, war ihre nur wenig zahlreiche Familie auseinandergesprengt, und mehrere Mitglieder derselben waren verschollen. Ihr Vater war zwar schon längst aus der Fremde zurückgekehrt, aber mit einer zweiten Gattin vermählt, von der er ein Kind hatte. Er war ein vortrefflicher Mann, doch neue Bande, neue Neigungen und seine lange Abwesenheit von Paris trugen dazu bei, daß er seiner Tochter nicht als genügende Hilfe erscheinen konnte. Meine einzige Hoffnung beruhte auf dem Grafen Larochefoucault, ihrem Vetter, der uns die tapfersten Beweise seiner Zuneigung gegeben hatte.

Inmitten dieser Besorgnis wurde mir die auf den 19. festgesetzte Eröffnung der Verhandlungen angezeigt. Am 18. bekam ich die Liste der Geschworenen. Sie enthielt sechsunddreißig Namen, von denen mir nicht einer bekannt war. Unter diesen sollte ich zwölf Männer wählen, deren Gewissenhaftigkeit fest, deren Verstand aufgeklärt genug wäre, um der Meinung und den Drohungen der Autorität sich entgegenstellen zu können, Die Liste enthielt einige Kaufleute, Advokaten und zwei Mitglieder des Staatsrates, alles Männer, die ersten vielleicht ausgenommen, deren Unabhängigkeit sehr zweifelhaft war. Ich ließ daher mehrere Abschriften von dieser Liste machen, und einige meiner Freunde beeilten sich, über alle diese Geschworenen Erkundigungen einzuziehen und sie zu besuchen. Aber es war Sonntag. Nur mit großer Mühe konnten sie aufgefunden werden, und am folgenden Morgen widersprachen die mir mitgeteilten Bemerkungen sich so sehr, daß ich nicht wußte, wen ich annehmen, wen ich verwerfen sollte. Ich mußte mich jedoch nach dem Justizpalaste begeben. Ehe ich in den Saal trat, in dem die Geschworenen versammelt waren, ließ man mich in dem Kabinett des Präsidenten warten, wo sich ein Gerichtsdiener des Kriminalgerichtes befand. Er war ein junger Mann, dessen mit lebhafter Teilnahme auf mich gerichtete Blicke mich über die Liste zu fragen schienen, die ich in der Hand hielt. »Lesen Sie mir die Namen vor,« sagte er mit Rührung. »Niemand kann Ihnen besser raten, als ich.« — Fast bei jedem Namen rief er aus: »Der ist zweifelhaft; der ist abscheulich; streichen Sie den schnell aus!« Kaum hatte ich ihm zwölf Namen vorgelesen, als man mich rief, um der Ziehung der Geschworenen beizuwohnen. Es ist nicht meine Absicht, hier alle Einzelheiten der Verhandlung zu wiederholen.

Der erste Tag ging mit Fragen dahin; der zweite war den Reden meines Advokaten und des öffentlichen Anklägers gewidmet. Dieser Staatsanwalt war ein Mann von sehr aufgeregter Gemütsart, und ich bin nicht das einzige Opfer seiner ungerechten Strenge, die damals von mehreren Gerichtsbeamten ausgeübt wurde. Er war mein persönlicher Feind.

Die Heftigkeit seiner Angriffe, die Erbitterung seines Hasses ließen ihn mit Roheit alles verwerfen, was zu meiner Rechtfertigung dienen konnte. Der Ausgang des Prozesses war übrigens seinem Glücke günstig; er ist jetzt Rat beim Kassationshofe. Ich stand einer zahlreichen Versammlung gegenüber, die nicht aus meinen Freunden bestand. Indes schien die Feindseligkeit, die am ersten Tage herrschte und sich mehrmals durch Gemurmel aussprach, nachzulassen und das Vorurteil gegen mich in eben dem Maße zu schwinden, in welchem die Verhandlungen fortschritten. Der zweite Tag schien mir viel günstiger. Endlich, gegen sechs Uhr abends, sollten die Geschworenen sich zurückziehen, um ihr Urteil auszusprechen ; da gerieten der Anwalt des

Königs und der meinige über die Art der Fragestellung in Uneinigkeit. Mein Verteidiger wollte, daß die Fragen folgendermaßen gestellt würden: Erstens: ist der Angeklagte der Verschwörung schuldig? Zweitens: ist er schuldig, sich der Staatsgewalt bemächtigt zu haben? Es war klar, daß ich keinen Teil an der Verschwörung genommen hatte, da diese Frage schon im Anfang der Verhandlung aufgegeben worden war. Die Geschworenen hätten mich daher freigesprochen. Es blieb also nur noch über die zweite Frage zu urteilen. Aber hierüber konnte die Todesstrafe nicht verhängt werden. Wenn die Verschwörung von der Usurpation der Macht gesondert wurde, retteten mich die Geschworenen, denn wenn das Verbrechen wegfiel, so blieb nur noch die Strafe für das Vergehen übrig. Das aber wollte die Regierung nicht. Sie forderte von den Geschworenen mein Todesurteil und bediente sich dazu des folgenden niederträchtigen Mittels. Man hatte den Geschworenen heimlich gesagt, nach einem auffallenden Gerichtsverfahren (der Hinrichtung des Marschalls Ney) liege dem Könige viel an einem öffentlichen Beweise der Gnade; die Politik und das Interesse des Monarchen wolle es so. »Sprechen Sie daher die Todesstrafe gegen den Angeklagten aus. Das Leben wird ihm geschenkt, die Gerechtigkeit zufriedengestellt, die Gesellschaft gerächt werden und die Güte des Königs in vollem Glanze erscheinen.«

So wurden beide Fragen vereinigt und dem Gewissen der Geschworenen überlassen. Man führte mich ins Gefängnis zurück. Sainte-Rose, der bei der Verhandlung zugegen gewesen war, kam, um mir Gesellschaft zu leisten. Ich gab mich keiner Täuschung mehr hin, trachtete aber, die Hoffnung des vortrefflichen Mannes noch ein wenig zu verlängern. Nach einer traurigen Mahlzeit schlug ich ihm eine Partie Schach vor, die ich gegen alle Gewohnheit gewann, da er sonst stärker war als ich. Aber je mehr die Zeit vorrückte, desto mehr wich seine Kraft, und als er mich um zehn Uhr verlassen mußte, brach er in Tränen aus und wollte sich nicht von mir trennen. Zwei sterbenslange Stunden blieb ich allein, denn erst um zwölf Uhr holte man mich, mir das Urteil zu eröffnen. Der Spruch der Geschworenen war in meiner Abwesenheit vorgelesen worden. Die Gendarmen, die mich an der Treppe empfingen und mich in das Kabinett des Präsidenten führten, beobachteten tiefes Schweigen. Auf ihren Gesichtern las ich das Urteil meines Todes. »Nicht wahr,« fragte ich den Brigadier, »ich bin zum Tode verurteilt? Wie könnte auch ein Adjutant Bonapartes freigesprochen werden!« Statt aller Antwort führte er mich vor die Richter. Tiefes Schweigen und vollkommene Ruhe herrschten in dem weiten, spärlich erleuchteten Saal. Die Bänke waren noch ziemlich zahlreich mit Frauen besetzt. Meine auf die Menge gerichteten Augen forschten vergeblich nach einigen Blicken der Teilnahme. Als ich dann auf die Richter blickte, sah ich nur einen einzigen unter ihnen, der sein Taschentuch vors Gesicht hielt. Es war Jurien. Endlich gab der Präsident dem Aktuarius den Befehl, den Richterspruch vorzulesen. Ich war darauf gefaßt. Mehr als alles fürchtete ich, daß man mir das Kreuz der Ehrenlegion abnehmen möchte, und ich hatte daher die Vorsicht gehabt, es abzulegen. Die Richter zogen sich der Form wegen einige Minuten zurück, und der Präsident las nun den Artikel des Strafgesetzbuchs vor, nach welchem mir die Todesstrafe zuerkannt werden mußte. Zum Glück war die Abnahme des Kreuzes der Ehrenlegion ausgelassen. Diese Schmach allein hätte die Ruhe meiner Seele stören können.

Um halb ein Uhr kehrte ich in meinen Kerker zurück. In dem Gange vor demselben traf ich den Schließer, der mich ruhig nach dem Urteil fragte. »Alles zu Ende !« sagte ich ihm. Der Mensch taumelte zurück, als hätte man ihm einen mächtigen Stoß vor die Brust versetzt.

Vor dem Publikum hatte ich mich noch zusammengenommen, aber die Stille der Nacht wiederholte mir das schreckliche Wort: Todesstrafe! Die Unruhe meiner Seele begann mit einem Ausbruch heftigster Erbitterung. Mit großen Schritten ging ich in meiner Zelle auf und nieder. Allmählich wurde ich jedoch ruhiger, und endlich fand ich in einem tiefen Schlafe Vergessenheit meines Unglücks.

Am folgenden Tage erhielt ich Nachricht über die Verhandlungen unter den Geschworenen. Der Präsident beharrte mit der größten Erbitterung auf der öffentlichen Anklage. Jurien bekämpfte ihn mit aller Kraft und triftigen Gründen. Die Debatten währten sechs Stunden und wurden so heftig geführt, daß man sie in großer Entfernung von dem Saale hören konnte, wo die Geschworenen ihre Sitzung hielten. Endlich trug der Präsident, ungeachtet der Äußerungen Juriens, den Sieg davon. Acht Stimmen unter zwölf sprachen gegen mich.

Ich wollte sterben, ohne an den Kassationshof zu appellieren. Die Formen waren ohne Zweifel zu genau beobachtet worden, als daß sich auf eine Änderung des Urteils hoffen ließ. Weshalb also die Todesangst um vierzehn Tage, vielleicht um einen Monat verlängern? Weshalb sollte ich mich zum Gaudium des Pöbels und vielleicht zum Gespött der Royalisten zum Blutgerüst schleppen lassen? Aber als ich meiner Frau und meiner Tochter gedachte, gewannen Vernunft und Überlegung ihre Herrschaft wieder und dies war der einzige Anfall der Verzweiflung, dem ich mich hingab. Zuerst mußte ich daran denken, meiner Frau die verhängnisvolle Nachricht zukommen zu lassen. Ich schrieb an unsere alte Freundin, Frau von Vandeuil und an die Prinzessin von Vaudemont. Sie eilten beide zu meiner Frau, und die Trauerkleider, die sie angelegt hatten, setzten sie von ihrem Unglück in Kenntnis. Aber die Prinzessin von Vaudemont, deren Charakterfestigkeit sie alles in Erwägung ziehen ließ, riet meiner Frau, an den Herzog von Duras, den ersten Kammerherrn des Königs, zu schreiben, um eine Audienz von Ludwig XVIII. zu erbitten. Es war sehr zweifelhaft, ob sie gewährt werden würde, denn die Damen Labédoyère und Ney hatten vergeblich um gleiche Gunst gebeten. Wider Erwarten kam indes schon nach einer Stunde die Erlaubnis, vor dem König zu erscheinen. »Der König erwartet Frau von Lavalette in seinem Arbeitszimmer,« lautete die Antwort. Meine Frau stieg daher mit ihrer Tochter in den Wagen der Prinzessin und fuhr nach den Tuilerien. Hier empfing sie der Herzog von Duras, reichte ihr die Hand und führte sie an den Höflingen vorbei bis zum Kabinett des Königs. Hier warf sie sich Ludwig XVIII. vor die Füße, der ihr sagte: »Madame, ich habe Sie sogleich empfangen, um Ihnen einen Beweis meines ganzen Interesses zu geben.«

Das waren die einzigen Worte, die der König sprach. Man hob meine Frau auf, und sie entfernte sich. Aber die Worte des Königs waren gehört worden; man wiederholte sie, als sie vorüberging. Ihr Schmerz, ihre Schönheit und der Adel ihres ganzen Wesens rührten alle, die sie sahen. Man erinnerte sich, daß sie die Tochter eines Emigranten sei, und zweifelte nicht, daß Gnade gewährt werden würde, da der König ihr die Ehre erwiesen hatte, sie vorzulassen. Es sollte indes ganz anders kommen.

Am folgenden Tage besuchte mich meine Frau zum ersten Male nach vier Monaten. Ihre Blässe, ihre Magerkeit und Niedergeschlagenheit machten mich zittern. Sie sank mir in die Arme, und eine volle Stunde hindurch war sie keines Wortes mächtig. Endlich faßte sie sich, und aus ihrem Munde vernahm ich nun Näheres über die Aufnahme beim Könige.

Während der Nacht, die meiner Verurteilung folgte, hatte ich an zwei Freunde geschrieben, den Kriegsminister General Clarke und Herrn Pasquier. Clarke konnte unmöglich vergessen haben, welch wichtigen Dienst ich ihm leistete, als er am 17. FruktidorTag des Staatsstreiches des Direktoriums gegen die Royalisten im Jahre V beim Direktorium in Ungnade gefallen war. »Ich habe vor Ihnen kein Geheimnis gehabt,« schrieb ich ihm; »ich habe meinen Richtern alles gesagt; sehen Sie zu, was Sie für mich tun können. Trachten Sie wenigstens, mir die schmachvolle Strafe des Blutgerüsts zu ersparen. Bewirken Sie, daß ich durch die Kugeln der Tapferen unseres Heeres sterbe, und der Tod soll mir beinahe als Wohltat erscheinen.« — Ich will nicht seine ganze Antwort hier wiederholen, sondern nur erwähnen, daß ein Satz seines Briefes folgendermaßen lautete: »Es bleibt Ihnen nichts weiter übrig, als Ihre Frau und Ihr Kind der Gnade des Königs zu empfehlen.«

Mein Todesurteil hatte mich weniger schmerzlich berührt, als dieser grausame Brief. In meiner Empörung wollte ich ihm alles schreiben, was seine Härte mir einflößte, aber ich unterließ es in der beruhigenden Gewißheit, daß meine Frau und Tochter nicht gezwungen sein würden, das Mitleid dessen anzuflehen, der sie des Gatten und Vaters beraubte.

Noch litt ich unter dem Kummer, den der Brief des Kriegsministers mir verursacht hatte, als meine Tür geöffnet wurde. Ein Mann trat ein, drückte mir die Hand, gab mir dabei einen Brief und verschwand augenblicklich wieder. Es war Anglès, der Polizeipräfekt, und das Billett war von Pasquier.Staatsminister unter Ludwig XVIII. »Bewahren Sie Ihren ganzen Mut,« schrieb er mir, »noch ist nicht alles verloren! Mehrere Ihrer Freunde befinden sich in der Umgebung des Königs und tun alles Mögliche, um sein Mitleid für Sie zu erregen. Hoffen Sie also!«

Ich war weit entfernt, zu den Personen, welche Teil an meinem Unglück nahmen, auch den Herzog von Ragusa (Marmont) zu rechnen. Lange Zeit durch die innigste Freundschaft verbunden, brachte uns sein Benehmen gegen den Kaiser im Jahre 1814 auseinander,Der Marschall Marmont hatte sich schon vor Napoleons Abdankung Ludwig XVIII. unterworfen. und ich brach mit ihm. Dennoch empfing ich einen Brief vom Marschall. »Sonst ging ich zweimal wöchentlich nach den Tuilerien,« schrieb er, »jetzt werde ich zweimal täglich dahin gehen. Ich werde sprechen, werde bitten, bis ich zur Last falle. Alle, die nur ein wenig Mitgefühl haben, werden sich mit mir vereinigen, und ich hoffe das zu erhalten, was ich auf der Welt am sehnlichsten wünsche !« Dieser Trost einer so mutigen Freundschaft erregte jedoch in mir keine vergeblichen Hoffnungen mehr. Ich erkannte, daß ich verurteilt worden war, wie der Marschall Ney es werden sollte. Er war durch seinen Ruf der erste der Soldaten, ich in den Augen des Hofes der Wichtigste unter den Zivilisten. Ehemaliger Adjutant des Generals Bonaparte, Schwager des Prinzen Eugen und der Königin von Holland, die der Hof verabscheute, zwölf Jahre hindurch Generalpostdirektor und dadurch, wie die Regierung meinte, Bewahrer vieler Geheimnisse, die unterdrückt werden mußten, — so war mein Tod unwiderruflich. Ich mußte mich daher fassen und der Strafe, die ich erdulden sollte, fest ins Auge sehen.

Die Schließer hatten mir zwar oft von den letzten Augenblicken der Unglücklichen erzählt, die von ihnen auf den Richtplatz geführt wurden, aber das genügte mir nicht; ich wollte alles wissen. Kurz vor vier Uhr wird der zum Tode Verurteilte in die Kanzlei geführt. Kaum ist er durch die niedrige Tür des Gemachs getreten, so erscheinen der Scharfrichter und dessen Knechte. Sie lassen den Verurteilten auf einer Bank Platz nehmen, ziehen ihm die Kleider aus, schneiden ihm die Haare und den Kragen seines Hemdes ab, binden ihm die Hände auf dem Rücken zusammen, und so wird er zu dem Karren geführt, der vor der Tür hält. Es ist ein schrecklicher Augenblick. Selbst die Mutvollsten erliegen gewöhnlich. Doch die frische Luft und der Anblick der Volksmenge ermutigen sie dann häufig wieder während des Wegs, zuweilen auch die Ermahnungen des Beichtvaters. Ich hörte alle die näheren Umstände mit Aufmerksamkeit an und ließ sie mir öfters wiederholen, bald von dem einen, bald von dem ändern. Einige taten es mit Widerwillen, die ältesten jedoch mit gewissem Wohlgefallen.

Dies hieß meine Strafe mit Willen verschärfen. Ich empfand ein Entsetzen und ein inneres Erbeben, das bis auf das Mark der Knochen drang. Verzweiflungsvoll ging ich in meiner Stube auf und nieder, und die schlaflosen Nächte waren fürchterlich. Dadurch aber, daß ich ohne Unterlaß wieder auf das schreckliche Bild zurückkam, erlangte ich endlich, was ich wollte; ich wurde nämlich so ruhig, daß selbst die Wärter darüber staunten. Wenn ich früher ihre Berichte anhörte, so erbleichte ich; jetzt blieb ich dabei ganz ruhig und unbewegt. Seit langer Zeit hielt ich ein Tischmesser versteckt, aber ich dachte nicht mehr daran, mich desselben zu bedienen und setzte eine Art Ruhm darein, dem Tode wie auf dem Schlachtfelde zu trotzen.

Der Justizminister, Graf von Barbé-Marbois, war bestrebt, das Urteil des Kassationshofes zu verzögern, indem er hoffte, daß die Zeit den Haß meiner Feinde, die sich sämtlich im Schlosse befanden, etwas mildern würde. Die Prinzessin von Vaudemont war durch ihren Geburtsnamen Montmorency mit den Vornehmsten des Hofes verwandt. Fast alle verdankten ihr die Rückkehr nach Frankreich, die meisten die Ruhe, die sie unter dem Kaiser genossen hatten; denn obgleich der Kaiser sie nicht liebte und ihr mißtraute, so übte sie doch bedeutenden Einfluß auf Talleyrand und Fouché aus und bediente sich desselben mit Entschlossenheit und Großmut. Der König und dessen Familie folgten dem Kaiser in den Gefühlen des Hasses gegen sie; man verzieh ihr ihre früheren Verbindungen mit den beiden Ministern nicht. Dennoch war es bei ihr, wo zum Teil jene Versammlungen gehalten wurden, die im Jahre 1814 den Sturz des Kaiserreiches vorbereiteten. Sie nahm zwar daran nur einen sehr indirekten und bescheidenen Anteil, aber trotzdem hatte ich aufgehört, sie zu besuchen und ihr offen die Gründe meiner Entfernung eingestanden. In meinem Unglück jedoch zeigte sie die mutvollste Ergebenheit der Freundschaft gegen mich. Durch sie wurde der Herzog von Richelieu ohne Unterlaß bestürmt; eine Menge von Personen, die ich nur dem Namen nach kannte, ließen es sich zur Ehre gereichen, meine Begnadigung auszuwirken. Die Prinzessin von Vaudemont erinnerte sie an mein Benehmen in Sachsen gegen die unglücklichen Franzosen, die ich dort getroffen hatte, denn ich hatte vielen die Erlaubnis zur Rückkehr nach Frankreich verschafft. Und da ich nur unglückliche Landsleute in ihnen erblickte, wendete ich häufig meinen ganzen Einfluß an, um ihnen Gutes zu tun. Einige erinnerten sich daran, aber der Haß war zu heftig, und besonders schmerzte die Wunde vom 20. März noch zu sehr, als daß der Edelmut Gehör hätte finden können. Wenn es mir während der dreißig Tage, die zwischen dem Urteile der Geschworenen und dem des Kassationshofes verflossen, an Mut fehlte, so kam es zum Teil daher, weil diese Zeit am besten geeignet war, mich zu töten, oder mir den Verstand zu rauben. Jeden Morgen unterrichtete man mich von den getanen Schritten, den besiegten Hindernissen, jeden Abend indes empfing ich auch die traurigsten Nachrichten von der Hartnäckigkeit, mit der die königliche Familie jede Verwendung zurückwies, von der Ängstlichkeit des Herzogs von Richelieu und von der Unbeugsamkeit des Königs.

Von Zeit zu Zeit besuchten mich wohl einige tapfere Freunde, die sich nicht um den Haß der Gewalthaber kümmerten, die sie dafür strafen konnten. Pasquier, obgleich er Staatsminister war, und Fréville, damals Maître des Requêtes, suchten mir Hoffnung einzuflößen, aber hinter ihren Beteuerungen entdeckte ich eine geheime Verzweiflung, die sie in meiner Gegenwart nicht ganz zu besiegen vermochten. »Ich würde nie den Mut gehabt haben, Sie zu besuchen«, sagte Fréville, »wenn ich nicht auf einen glücklichen Erfolg der Bemühungen Ihrer Freunde hoffte.« Aber indem er so mit mir sprach, traten ihm die Tränen in die Augen, und sein zitternder Händedruck zerstörte alle Hoffnungen, die seine Worte in mir zu beleben beabsichtigten.

Inzwischen wurde der Marschall Key verurteilt. Noch vor seinem Prozesse waren die Vorsichtsmaßregeln gegen ihn vermehrt worden. Schließlich standen drei Schildwachen unter seinem Fenster; das heißt vor dem meinigen: ein Gendarm, ein Mann von der berittenen Nationalgarde und ein Grenadier der alten Garde, oder vielmehr ein verkleideter Gardist, denn man wagte nicht, den Soldaten der alten Armee zu trauen. Ich erhielt die Bestätigung meines Verdachts einer solchen Verkleidung durch eine meiner Anwandten, Mademoiselle Dubourg, die die Erlaubnis erhalten hatte, mich zu besuchen. Als sie einmal zu mir kam, hatte sie einen ihrer Vettern in der Uniform eines Grenadiers der alten Garde zu Pferde erkannt. Alle Abende holte man den Marschall in einem Wagen ab, um ihn nach dem Luxembourg zu bringen, und des Morgens führte man ihn dann wieder nach der Conciergerie.

Am 7. Dezember aber kehrte er nicht wieder zurück. Ich fragte den Wärter, der mir die Antwort schuldig blieb. Nun drang ich weiter in ihn und vernahm endlich, daß der Marschall hingerichtet worden sei. »Auf dem Grèveplatz, auf dem Schafott?« fragte ich. — »Nein,« erwiderte mir der Mann, »erschossen !« — »O, wie glücklich ist er!« rief ich aus. Der Mensch, der meine Gefühle nicht verstand, glaubte, ich wäre verrückt geworden.

Indes vergingen die Tage. Einer meiner Verteidiger machte mir den Vorschlag, das Urteil des Kassationshofes nicht abzuwarten, sondern noch vorher an den König zu schreiben und dessen Gnade anzuflehen. Ich empfand unbesieglichen Widerwillen gegen einen solchen Schritt. Der Kollege meines Verteidigers war gleichfalls nicht seiner Meinung. »Ein solches Beginnen,« sagte er, »könne sehr gefährlich werden, oder gar keinen Erfolg haben. Will der König begnadigen, so wird er das Urteil des Kassationshofes abwarten. Will er es nicht, so wird er gleichfalls warten. Es ist daher das Beste, an dem gewöhnlichen Gang der Dinge nichts zu ändern.«

Eines Tages kam die Herzogin von Piacenza (Lebrun), die Tochter des Justizministers, zu meiner Frau und führte sie zu ihrem Vater. Die beiden Frauen sanken zu den Füßen des ehrwürdigen alten Herrn nieder. Seine Tochter brach in Tränen aus, nahm seine Hände in die ihrigen und sprach für mich mit einer Kraft und einem Feuer, von dem sich nur die einen Begriff machen können, welche das Glück genießen, sie zu kennen. Dem Minister rannen die Tränen über die Wangen, aber sie konnte nicht ein einziges Wort von ihm erlangen. Das war ein schlechtes Zeichen und daraus deutlich zu ersehen, daß er nur wenig Hoffnung hege.

Am 20. Dezember endlich wurde das Urteil von dem obersten Gerichtshofe gefällt. Sechs Kassationsgründe waren aufgestellt worden, aber trotz der beredten Verteidigung des Herrn Darieux wurde das Urteil richtig befunden und bestätigt. Herr Baudus, einer meiner Freunde, überbrachte mir die traurige Nachricht, aber er wußte ihren Einfluß zu mildern, indem er mir Hoffnungen vorspiegelte, die so bündig und wahrscheinlich erschienen, daß ich selbst sie zu teilen begann.

Es blieben nur noch drei Tage. In einem so kurzen Zeitraume mußte man Mittel finden, bis zum Könige zu gelangen, und der Herzog von Ragusa übernahm es, hierfür zu sorgen. General Foy holte in seinem Namen meine Frau ab und führte sie auf Umwegen bis zum Eingang des Dianasaales. Hier fand sie den Marschall, der ihr den Arm bot und die Denkschrift vorlas, die sie dem König überreichen sollte. Es war während der Messe. Der ganze Hof befand sich in der Kapelle, und der König mußte durch diesen Saal, um zu seinen Zimmern zu gelangen. Unglücklicherweise erkannte einer der Türsteher meine Frau. Da es gegen den Gebrauch war, daß sich jemand ohne besondere Erlaubnis in dem Saale aufhalten durfte, glaubte er den Marschall hierauf aufmerksam machen zu müssen und bat ihn, meine Frau möchte sich entfernen. »Die Frau Gräfin wird bleiben,« erwiderte der Marschall in festem Tone. Der Türsteher benachrichtigte nun einen der Palastbeamten, und dieser wiederholte die Mahnung auf eine Weise, daß der Marschall sie für einen Befehl halten konnte. Er erwiderte dennoch: »Die Gräfin bleibt, da sie einmal hier ist. Ich nehme alles auf mich.«

Inzwischen kam der Hof vorbei. Der König, den man benachrichtigt hatte, fühlte, daß es zu spät sei, eine Unglückliche vor seinen Augen entfernen zu lassen, die vielleicht durch ihren Widerstand Aufsehen erregen könnte. Er ging daher weiter, und als er bis zu dem Platz kam, wo meine Frau stand, fiel sie vor ihm nieder und hielt ihm ihr Schriftstück hin. Er neigte sich zu ihr hinab, nahm das Papier und sagte: »Madame, ich kann nur meine Pflicht tun.« Mit diesen Worten ging er vorüber.

Meine Frau hatte aber noch eine zweite Denkschrift für die Herzogin von Angoulême. Als der Herzog von Ragusa sie zögern sah, bestürmte er sie, der Prinzessin nachzueilen, um sie ihr zu überreichen. Sie tat ein paar Schritte vorwärts, aber der Ehrenkavalier der Herzogin, Herr von Agoult, drehte sich um und streckte ihr gebieterisch beide Arme entgegen, sie auf diese Weise zurückhaltend.Der Herzog von Ragusa verfiel für diesen Beweis mutvoller Güte lange in Ungnade und wurde sehr schlecht behandelt. Ein Prinz, der jetzt nicht mehr lebt, hatte sich in seinem Zorne soweit vergessen, dass er ausrief: »Er verdiene auf die Galeeren geschickt zu werden!«

Die Worte des Königs glichen denen nicht, die er einen Monat zuvor gegen meine Frau geäußert, als er ihr Audienz erteilte. Er redete jetzt von Pflicht, da man zu ihm von Gnade sprach. Sie mußten jedermann in Schrecken setzen. Emilie schien nicht sogleich die ganze Tragweite derselben zu fühlen, aber für mich waren sie entscheidend, und ich beschloß sogleich, alles anzuwenden, um meine Frau und meine Tochter zu täuschen und sie auf zwei Tage von mir fern zu halten. Das war jedoch nicht leicht bei der Mutter. Ihr Mut wuchs mit der Gefahr, und sie wollte noch einen letzten Versuch bei der Herzogin von Angoulême machen.

Die Prinzessin bewohnte das erste Stockwerk der Tuilerien, wo einst der König von Rom seine Zimmer gehabt hatte. Meine Frau legte die Trauerkleider ab, mit denen sie am Morgen im Schlosse erschienen war, stieg in einer benachbarten Straße aus der Sänfte und erschien vor der Tür der Prinzessin zu der Stunde, wo die Herzogin von Angoulême gewöhnlich Besuche zu empfangen pflegte. Durch ihre Blässe, ihre verweinten Augen, ihren schwankenden Gang fiel sie auf und wurde von der Dienerschaft erkannt. Sogleich wurde ihr die Tür verschlossen und mit lauter Stimme befohlen, niemand einzulassen. Zurückgewiesen, eilte sie zu einem anderen Eingang unter dem großen Portal, aber ein Bedienter lief ihr voraus, und der Zutritt wurde ihr auch hier mit gleicher Härte verweigert. Aufs äußerste erschöpft, setzte sie sich auf die steinernen Stufen der großen Treppe und blieb hier eine ganze Stunde lang sitzen, indem sie sich vergeblich der Hoffnung hingab, man würde sie doch noch einlassen. Sie zog die Blicke aller Vorübergehenden auf sich, besonders aber derer, die ins Schloß gingen. Niemand wagte, ihr ein

Zeichen des Mitgefühls zu geben. Endlich entschloß sie sich, die Tuilerien zu verlassen und zu mir zurückzukehren. Auf den Tod erschöpft und mit gebrochenem Herzen langte sie bei mir an.

Ich fühlte, daß meine Stunden gezählt seien; es blieben mir noch achtundvierzig. Man gewährt den Verurteilten nur drei Tage, um Begnadigung nachsuchen zu können. Der Siegelbewahrer wollte erst am zweiten seine Bittschrift überreichen. Dem Herzog von Richelieu hatte der König über diesen Punkt bereits Stillschweigen auferlegt. Alle meine Freunde waren in der größten Bestürzung. Selbst die Gefängniswärter wagten nicht mehr, sich mir zu nahen. Eberle, der meine persönliche Bedienung versah, sprach nicht mehr mit mir, machte sich ohne Zweck in meiner Stube zu schaffen und wußte nicht, was er tat. Es war Dienstag abend. »Am Freitag werden gewöhnlich die Verurteilten hingerichtet?« fragte ich ihn. — »Zuweilen auch am Donnerstag,« entgegnete er mit einem unterdrückten Seufzer. — »Die Hinrichtung findet wohl gewöhnlich um vier Uhr statt?« — »Zuweilen auch des Morgens,« sagte er, ging hinaus und vergaß, die Tür hinter sich zuzumachen. Da ging eine Schließerin aus dem Frauengefängnis vorüber. Als sie mich allein sah, trat sie hastig zu mir ein, warf sich auf mein Kreuz der Ehrenlegion, küßte es mit Inbrunst und eilte weinend davon. Diese leidenschaftliche Handlung einer Frau, die ich nicht kannte und bisher nur von weitem gesehen hatte, setzte mich unwiderruflich von meinem Schicksal in Kenntnis.

Meine Frau kam um sechs Uhr, um mit mir zu essen; sie war von ihrer Verwandten, Fräulein Dubourg, begleitet. Als der Schließer uns verlassen hatte, sagte sie: »Es scheint nur zu gewiß, daß wir nichts mehr zu hoffen haben. Wir müssen daher einen Entschluß fassen, mein Freund; höre, was ich dir vorzuschlagen habe. Um acht Uhr verläßt du in meinen Kleidern das Gefängnis, begleitet von meiner Cousine. Du steigst in meine Sänfte, die dich nach der Rue des Saints-Pères bringen wird. Dort erwartet dich Herr Baudus mit einem Kabriolett. Er wird dich an eine Zufluchtsstätte bringen, die er für dich erwählt hat. Hier kannst du ohne Gefahr warten, bis sich Mittel gefunden haben werden, dich über die Grenze Frankreichs zu schaffen.« Ich hörte und sah sie schweigend an. Ihr Aussehen war ruhig, und ihre Stimme fest, und sie schien so sehr von einem glücklichen Erfolg überzeugt zu sein, daß ich zögerte, ihr zu antworten. Indes erschien mir das Unternehmen so töricht, daß ich es ihr sagen mußte. Aber schon beim ersten Wort unterbrach sie mich und rief: »Keine Einwände! Ich sterbe, wenn du stirbst. Verwirf daher meinen Plan nicht. Meine Überzeugung ist tief, und ich fühle, daß Gott mir beistehen wird!« Vergebens stellte ich ihr vor, daß sie jeden Abend, wenn sie mich verließ, von einer Menge Gefängniswärter umringt wäre, daß der Schließer sie stets bis zur Sänfte begleitete, daß es unmöglich sei, mich hinlänglich zu verkleiden, um die Wärter zu täuschen, und daß es mir endlich nicht möglich wäre, sie in den Händen der Kerkermeister zurückzulassen. »Was wird geschehen?« fragte ich, »wenn sie entdecken, daß ich entflohen bin? Werden diese rohen Menschen sich in ihrer Wut nicht so weit vergessen, dich zu mißhandeln?« Ich wollte noch weitere Einwendungen machen, aber ihr blasses Gesicht und ihre innere Unruhe überzeugten mich, daß jeder Widerspruch vergebens wäre. Ich schwieg einige Minuten und sagte dann: »Gut, ich will tun, was du verlangst, doch erlaube mir eine Bemerkung. Das Kabriolett ist zu weit entfernt, ich werde kaum fort sein, so wird man auch schon meine Flucht bemerken und mich ohne Zweifel einholen, denn man braucht beinahe eine Stunde, um bis zur Rue des Saints-Pères zu gelangen. In deinen Kleidern werde ich verhindert sein, rasch zu Fuß zu entfliehen.« — Dies schien ihr einzuleuchten, und ich fuhr fort: »Triff wenigstens in diesem Punkte deines Planes eine Änderung. Der morgende Tag muß mir noch gehören, und ich schwöre dir, daß ich alles tue, was du von mir verlangst.« — »Gut,« sagte sie, »ich werde das Kabriolett mehr in der Nähe warten lassen. Aber gib mir dein Ehrenwort, mir zu gehorchen, denn es bleibt uns nichts, als dieser Ausweg.« Ich nahm ihre Hand und sagte: »Ich werde alles tun, was du willst und wie du es willst!« Diese Versicherung beruhigte sie, und wir trennten uns.

Je mehr ich über den Plan nachdachte, desto unausführbarer schien er mir. Sie war fast einen halben Zoll größer als ich. Alle Wärter waren gewöhnt mich zu sehen. Ihre Figur war schlank und fein, und wenn ich durch den Kummer auch magerer geworden war, so mußte der Unterschied doch in die Augen springen. Andererseits war ich so vollkommen auf den Tod vorbereitet!

Allerdings zögerte ich schon seit zwei Tagen, ob ich nicht doch Gebrauch von meiner Waffe machen sollte. Die Vorbereitungen des Scharfrichters, die langsame Fahrt auf einem Karren von der Conciergerie nach dem Grèveplatze machten mir Angst, aber mein Herz blieb doch fest. Und nun sollte ich meine Augen vom Tode abwenden, um meine ganze Aufmerksamkeit auf die Flucht zu richten, die mir unausführbar und überspannt schien? Aus der Tragödie sollte eine Posse werden, denn ich wurde wahrscheinlich in meiner Verkleidung ergriffen, und man hatte wohl gar die Grausamkeit, mich in meinen Weiberkleidern den Augen des Volkes zu zeigen. Durfte ich aber meiner Frau widerstreben? Sie schien so glücklich in ihrer Hoffnung, so überzeugt von deren Erfüllung! Mein Wort nicht halten, hieß sie töten.

Am folgenden Tage, als ich noch ganz mit diesen Gedanken beschäftigt war, kam meine Frau und sagte mir, daß sie am Abend zuvor, als sie mich verließ, den Trägern ihrer Sänfte die Richtung nach der Rue du Bac angegeben und die Sänfte einige Schritte von dem Ministerium des Auswärtigen entfernt gelassen habe. Herr Baudus hatte ihr geraten, noch einen letzten Versuch bei diesem Minister zu machen; aber um zu ihm zu gelangen, mußte sie viel List anwenden. Sie fragte den Portier nach der Wohnung Bressons, des Schatzmeisters des Ministeriums, der auf dem ersten Hofe wohnte. Dort wartete sie auf der Treppe einige Augenblicke, schlüpfte dann auf den zweiten Hof und kam glücklich bis zu dem Vorzimmer des Ministers. »Seine Exzellenz sind ausgegangen,« sagte man ihr. — »So werde ich warten,« erwiderte sie. Der Kammerdiener, an den sie sich gewendet hatte, erkannte sie und lief zum Portier, um sich zu beklagen, daß er sie eingelassen, denn schon seit dem Morgen war dies verboten, da ihr Erscheinen bei der Herzogin von Angoulême überall die Besorgnisse eines gleichen Besuches erregt hatte. Der Portier kam herbei und sagte ihr unter vielen Vorwürfen auch: »Sie setzen mich der Gefahr aus, meine Stelle zu verlieren.«

»Ich habe Sie hintergangen,« erwiderte meine Frau, »und Sie sind daher nicht strafbar. Ich will den Minister sehen. Ist er ausgegangen, so erwarte ich ihn, ist er zu Haus, so bringe ich die Nacht in diesem Zimmer zu. Nur mit Gewalt bringt man mich von hier weg. Sagen Sie dies Ihrem Herrn.«

Was konnte der Minister tun? Er ließ sie eintreten. Sie setzte ihm klar und schnell den Gang des ganzen Prozesses auseinander und erklärte ihm die ganze Ungerechtigkeit meiner Verurteilung, indem sie um seine Unterstützung beim Könige bat. Der Herzog von Richelieu hörte sie mit niedergeschlagenen Augen an; er schien gerührt, und gestand zuletzt, daß der König ihm geboten habe, kein Wort mehr über diese Angelegenheit zu verlieren. »Dann, mein Herr,« sagte meine Frau, »retten Sie selbst meinen Mann.«

»Madame, das wäre ein Verbrechen.« — »Könnten Sie nicht wenigstens dem König in meinem Namen noch eine neue Denkschrift überreichen?« — Auf diesen Vorschlag ging der Herzog eifrig ein und entgegnete: »Das will ich gern tun. Senden Sie sie mir morgen früh um acht Uhr zu, und ich gebe Ihnen mein Wort, daß sie ohne Zögern dem König überreicht werden soll.«Alle diese Einzelheiten habe ich erst später durch Baudus erfahren, dem sie der Minister selbst erzählte.

»Ich bin dann,« fuhr Emilie fort, »zum Verteidiger gegangen, damit er mir die Bittschrift aufsetze. Richelieu hat sie heute morgen empfangen, und jetzt muß sie schon in den Händen des Königs sein. Meinen Plan führe ich aber dennoch heute abend aus; morgen wäre es ohne Zweifel zu spät, da wir noch keine Nachricht aus dem Schlosse haben. Ich werde kommen, um mit dir zu essen. Bewahre deine Festigkeit, denn wir werden derselben bedürfen. Ich fühle noch für vierundzwanzig Stunden Mut in mir, aber nicht für einen Augenblick länger,« setzte sie seufzend hinzu, denn schon jetzt bin ich durch die Anstrengungen ganz erschöpft.«

Sie hatte wohl recht, die Stunden zu zählen. Kaum war sie fort, als der Wärter eintrat und mir sagte: »Einer von den Redakteuren der Quotidienne war soeben bei mir und fragte mich, ob es wahr wäre, daß Sie vier Beichtväter verlangt hätten, und ob er dies in seine Zeitung einrücken könne.« — »Vier? Das ist etwas viel. Und was haben Sie geantwortet ?« — »Die Wahrheit; nämlich, daß ich noch nicht einen zu Ihnen geführt hätte.« — Ich sah wohl, daß dies ein geheimer Wink sei und erwiderte: »Sie müssen noch warten, bald werde ich Ihnen die Adresse eines Geistlichen geben; noch gehört der ganze Tag mir.« — Er sagte nichts und entfernte sich kopfschüttelnd. Bald darauf trat Herr von Carvoisinein Freund Lavalettes ein. Er warf sich mir weinend in die Arme. Ich bat ihn, sich zu setzen, und suchte ihn zu beruhigen; meine Gelassenheit gab ihm seine Fassung wieder. »Der Pfarrer von St. Sulpice,« sagte er, »hat mich soeben verlassen; er würde Ihnen seinen geistlichen Beistand nicht verweigern, wenn Sie ihn forderten, denn Sie gehören zu seinen Beichtkindern, aber ich bitte für ihn um Nachsicht. Er hat der Hinrichtung des Marschalls Ney beigewohnt und mir versichert, dadurch so erschüttert worden zu sein, daß er sich nicht die Kraft zutraue, einer solchen Szene zum zweiten Male beizuwohnen. Dennoch ist er erbötig zu kommen, wenn Sie es verlangen.«

»Danken Sie ihm dafür, mein Freund,« erwiderte ich; »ich habe mir einen andern Geistlichen ausersehen und werde ihn heute abend kommen lassen, nicht früher.« Der vortreffliche Mensch wollte nun noch über einige Angelegenheiten mit mir sprechen, aber es fehlte ihm hierzu an Kraft.

In diesem Augenblick kam meine Tochter, begleitet von einer alten Nonne. Josephine weinte still vor sich hin, während ihre Begleiterin laut klagte: »Was habe ich Gott getan, daß ich Zeuge einer solchen Szene sein muß?« Ihre Seufzer, ihre Tränen, ihr endloses Jammern begannen mir schließlich lästig zu werden. Ich fühlte, daß ich wie ein Weib meinem Geschicke erliegen würde, wenn ich diesem Auftritt nicht schleunigst ein Ende machte, und nahm daher Herrn von Carvoisin beiseite und sagte ihm: »Umarmen Sie mich und entfernen Sie sich ohne Geräusch; ich kann Ihren Schmerz nicht ertragen. Leben Sie wohl und vergessen Sie mich nicht.« — Gern hätte ich meine Tochter noch länger bei mir behalten, aber ihr Anblick zerriß mir das Herz. Ich nahm sie auf meine Knie, und ihr Kopf sank auf meine Brust herab. Ich wollte mit ihr sprechen, doch die Worte erstarben mir auf den Lippen; ich konnte kein einziges Wort des Trostes hervorbringen. Schließlich ließ ich sie auf einen Stuhl nieder und ging im Zimmer auf und ab, vergebens nach Atem ringend. Ich mußte indes zu einem Entschlüsse mit ihr kommen. Endlich sagte ich: »Kehre ins Kloster zurück; ich werde dich morgen noch sehen, das verspreche ich dir. Meine Angelegenheiten stehen besser als man glaubt. Sage indes niemand ein Wort davon und sei überzeugt, daß ich dich morgen wiedersehe.«

Kaum war sie fort, als auch meine Kraft mich verließ. Bei dem letzten Blick meines Kindes brach ich in Tränen aus, und es kostete mich große Anstrengung, wieder Mut zu fassen; endlich jedoch gelang mir dies.

Um fünf Uhr kam Emilie in Begleitung Josephines, die ich mit ebensoviel Freude als Überraschung wiedersah. »Ich glaube,« sagte, meine Frau, »daß es besser ist, unsere Tochter zur Begleiterin zu nehmen. Sie wird verständig ausführen, was ich im Sinne habe.« Emilie hatte einen reich mit Pelz gefütterten Mantel angezogen, den sie gewöhnlich überzuwerfen pflegte, wenn sie einen Ball verließ. In ihrem Beutel hatte sie einen Rock von schwarzem Taffet. »Mehr bedürfen wir nicht,« sagte sie. Dann schickte sie ihre Tochter ans Fenster und sagte mir mit leiser Stimme: »Um sieben Uhr mußt du fertig sein; alles ist vorbereitet. Wenn du aus dem Zimmer trittst, gibst du Josephine den Arm. Du mußt sehr langsam gehen, und wenn du durch die Kanzlei kommst, so ziehe meine Handschuhe an und verhülle dir das Gesicht mit meinem Taschentuch. Zuerst hatte ich daran gedacht, einen Schleier umzubinden, doch leider habe ich bei meinen Besuchen nie einen solchen getragen, und so dürfen wir auch jetzt nicht daran denken. Wenn du durch die Türen gehst, die sehr niedrig sind, vergiß ja nicht, dich zu bücken, damit du nicht mit den Federn des Hutes anstößt, denn sonst wäre alles verloren. In der Kanzlei finde ich jederzeit die Kerkermeister, und der Schließer hat die Gewohnheit, mir die Hand zu reichen, um mich bis zur Sänfte zu führen, die an der Ausgangstür steht; heute aber wird sie auf dem Hofe am Ende der großen Treppe warten. Bald darauf wirst du auch Herrn Baudus treffen, der dich zu dem Wagen bringen und dir dein Versteck angeben wird. Dann sei alles der Gnade Gottes anheimgestellt! Mein Freund, tue alles so, wie ich es dir sage, bleibe ruhig. Gib mir deine Hand, daß ich deinen Puls fühle. Gut! Nun nimm die meinige. Bemerkst du nur die leiseste Aufregung?«

Ich überzeugte mich, daß sie heftiges Fieber hatte. Dann gab ich ihr meinen Trauring unter dem Vorwande, daß, wenn ich auf der Flucht bis zur Grenze verhaftet würde, man bei mir nichts finden solle, woran man mich erkennen könne. Sie ließ nun Josephine näher treten und sagte: »Höre genau auf das, mein Kind, was ich dir sagen will, denn du mußt es mir wiederholen. Ich werde heute um sieben anstatt um acht Uhr weggehen. Du gehst hinter mir, denn du weißt, daß die Türen schmal sind. Wenn wir in das große Zimmer der Kanzlei treten, habe wohl acht, dich an meiner linken Seite zu halten, denn von dieser pflegt der Schließer mir gewöhnlich den Arm zu reichen, und der Mensch ist mir zuwider. Wenn wir das Gitter hinter uns haben und die äußere Treppe hinabgehen wollen, kommst du an meine rechte Seite, damit die abscheulichen Gendarmen der Wache mir nicht so ins Gesicht sehen können, wie sie es gewöhnlich tun. Hast du alles verstanden?«

Das Kind wiederholte alles mit größter Genauigkeit. Kaum war dies geschehen, als Sainte-Rose eintrat. Er hatte sich unter dem Vorwande einführen lassen, meine Frau nach Hause bringen zu wollen, sein eigentlicher Zweck aber war, mich noch einmal zu umarmen. Seine Gegenwart setzte uns sehr in Verlegenheit. Ich nahm ihn daher beiseite, und sagte: »Gehen Sie jetzt, mein Freund; Emilie kennt noch nicht ihr ganzes Unglück, und man muß sie in der Täuschung lassen. Kommen Sie um acht Uhr wieder, doch treten Sie nicht ein, wenn Sie die Sänfte nicht sehen. Besuchen Sie dann meine Frau zu Hause, denn sie wird dann wieder zurückgekehrt sein.« Ich umarmte ihn und begleitete ihn zur Türe hinaus. Aber bald kam ein neuer Besuch, der Oberst Briqueville, den seine Wunden beinahe zwei Monate ans Zimmer gefesselt hatten. Er glaubte nicht, meine Frau hier zu finden, und bemerkte sogleich, daß seine Anwesenheit lästig werden könnte, obgleich er das Schreckliche meiner Lage noch nicht ganz kannte. Seine Rührung war so innig, sein Schmerz so tief, daß ich fürchtete, wir möchten davon angesteckt werden. »Gehen Sie,« bat ich ihn leise, »es ist das letztemal, daß ich meine Frau sehe; ein Augenblick der Schwäche könnte ihr Tod sein.«

Endlich waren wir allein. Ich sah Emilie an; ich dachte an alle die Hindernisse, die uns entgegenstehen könnten, und ein verderblicher Gedanke fuhr mir durch den Kopf. »Wenn du zu dem Schließer gingest,« sagte ich ihr, »und ihm hunderttausend Francs dafür bötest, daß er ein Auge zudrücke, wenn ich durch die Kanzlei gehe, dann wären wir alle gerettet.« Einen Augenblick sah sie mich stillschweigend an, dann sagte sie : »Gut; ich gehe!« Sie ging wirklich, kehrte indes wenige Minuten darauf wieder zurück. Kaum hatte sie sich entfernt, als ich auch schon Reue über diesen Schritt empfand. Ich sah die ganze Nutzlosigkeit und Unvorsichtigkeit desselben ein. Als meine Frau wieder eintrat, sagte sie ruhig: »Es ist unnütz, die wenigen Worte, die ich aus dem Wächter herausbekam, haben mich von seiner Unbestechlichkeit überzeugt. Laß uns daher nichts an unserem Plane ändern!«

Endlich wurde das Essen aufgetragen. In dem Augenblick, als wir uns zu Tisch setzen wollten, trat eine alte Dienerin, Frau Dutois, die Josephine begleitet hatte, aufgeregt ein. Meine Frau hatte sie in der Absicht mitgebracht und bei dem Schließer gelassen, daß sie mir folgen solle, wenn ich ginge. Aber durch die Hitze in der Stube des Kerkermeisters und ihre innere Aufregung war sie unwohl geworden, so daß sie dringend um die Erlaubnis bat, mich noch einmal sehen zu dürfen. Der Wärter führte sie ohne Genehmigung des Schließers zu mir. Weit entfernt, uns nützlich zu sein, setzte sie uns vielmehr in große Verlegenheit. Beim Anblick der Verkleidung konnte sie leicht den Kopf verlieren. Aber was sollten wir tun? Wir mußten sie jetzt bei uns behalten. Eben wollte sie ihr Seufzen und Klagen beginnen, als meine Frau ihr mit festem Ton sagte: »Keine Kindereien, setzen Sie sich zu uns, essen Sie nicht, sprechen Sie kein Wort, und riechen Sie an diesem Fläschchen. In weniger als einer Stunde sind Sie an der frischen Luft!«

Diese Mahlzeit, welche die letzte meines Lebens sein sollte, war entsetzlich. Die Bissen blieben uns in der Kehle stecken, wir wechselten kein Wort und mußten so gegen eine Stunde zubringen. Endlich schlug es dreiviertel sieben. «Ich bin in fünf Minuten fertig,« sagte sie mir, »aber ich will zuvor Bonneville noch einmal sprechen.« Sie klingelte; der Kammerdiener trat ein. Sie nahm ihn beiseite, sagte ihm einige Worte ins Ohr und fügte dann laut hinzu: »Sorgen Sie dafür, daß die Träger bereit sind; ich will gehen. — Jetzt mußt du dich ankleiden,« wendete sie sich leise an mich.

Ich hatte in meine Stube einen Wandschirm bringen lassen, um mir so ein Ankleidekabinett zu bilden. Dahinter traten wir. Während sie mich anzog, sagte sie nochmals: »Vergiß nicht, dich gehörig zu bücken, wenn du durch die Türe trittst. In der Kanzlei geh langsam, wie eine vom Kummer niedergedrückte Person.« — In weniger als drei Minuten war mein Anzug vollendet. Wir traten hinter dem Schirme vor, und Emilie sagte zu unserer Tochter: »Wie findest du deinen Vater?« Ein Lächeln des Unglaubens, der Überraschung umspielte die Lippen der armen Kleinen. »Ernstlich, meine Tochter,« sagte sie nochmals; »wie findest du ihn?« Ich drehte mich jetzt um und machte einige Schritte. »Nicht übel,« sagte sie, und ihr Kopf sank wieder traurig auf die Brust herab. Schweigend näherten wir uns der Tür.

»Der Wärter,« sagte ich zu meiner Frau, »kommt jeden Abend, wenn du fort bist, einige Minuten zu mir. Tritt daher hinter den Schirm und mache mit dem Geschirr etwas Geräusch. Er wird mich hinter dem Schirm wähnen und sich auf ein paar Augenblicke entfernen, die mir unumgänglich nötig sind.« Sie verstand mich, und ich zog die Klingelschnur. »Lebe wohl!« sagte sie, die Augen gen Himmel erhebend. Ich preßte ihren Arm mit meiner zitternden Hand, wir wechselten einen Abschiedsblick; eine Umarmung hätte unser Verderben werden können. Der Kerkermeister ließ sich hören. Emilie trat rasch hinter den Schirm. Die Tür öffnete sich. Ich trat zuerst hinaus, dann meine Tochter, und Frau Dutois beschloß den Zug. Nachdem wir den langen Gang überschritten hatten, langten wir vor der Tür der Kanzlei an. Ich mußte den Fuß heben und zu gleicher Zeit den Kopf beugen, um nicht mit den Federn an die Wölbung der Tür anzustoßen. Dies glückte mir. Als ich aber den Kopf wieder erhob, sah ich mich fünf Kerkermeistern gegenüber, die teils saßen, teils standen. Ich hielt mir das Taschentuch vor die Augen und wartete, daß meine Tochter an meine linke Seite kommen sollte. Das Kind nahm jedoch meinen rechten Arm, und der Schließer, der die Treppe von seiner Stube, die zur linken lag, herabkam, gelangte ohne Hindernis an meine Seite, legte seine Hand auf meinen Arm und sagte: »Sie gehen heute sehr früh, Frau Gräfin.«

Er schien sehr ergriffen und glaubte wahrscheinlich, meine Frau habe mir soeben das letzte, ewige Lebewohl gesagt. Man hat behauptet, meine Tochter und ich hätten laut geschrien, wir wagten aber kaum zu atmen. Endlich kam ich zur Ausgangstür. Tag und Nacht sitzt hier ein Kerkermeister auf einem Lehnstuhle, von dem er nicht aufzustehen nötig hat, um die innere Gittertür, sowie die äußere Gefängnistür aufzuschließen. Dieser sah mich an, öffnete jedoch nicht. Ich streckte meine rechte Hand durch das Gitter hindurch, um ihm ein Zeichen zu geben. Endlich drehte er seine beiden Schlüssel in den Schlössern herum, und wir traten hinaus. Diesmal irrte meine Tochter sich nicht wieder, sondern nahm meinen rechten Arm. Man muß zwölf Stufen hinabsteigen, um auf den Hof zu kommen, doch am Fuße der Treppe befindet sich die Wache der Gendarmen. Zwanzig Soldaten, der Offizier an der Spitze, standen nur drei Schritte entfernt, um die Gräfin Lavalette vorübergehen zu sehen. Endlich erreichte ich langsam die letzte Stufe und stieg in die Sänfte, die zwei oder drei Schritte entfernt stand. Aber es waren keine Träger da, kein Bediensteter! Meine Tochter und die Alte standen an der Seite der Sänfte, die Schildwache nur sechs Schritte entfernt, unbeweglich den Blick auf mich gerichtet. In mein Staunen begann sich eine heftige Unruhe zu mischen. Ich heftete mein Auge starr auf das Gewehr der Schildwache, wie die Schlange das ihrige auf die von ihr ersehene Beute. Ich fühlte das Gewehr sozusagen in meinen geschlossenen Händen. Bei der ersten Bewegung, dem ersten Lärm, hätte ich mich auf diese Waffe gestürzt, denn ich fühlte die Kraft von zehn Männern in mir, und gewiß hätte ich jeden getötet, der den Versuch gemacht hätte, mich zu ergreifen. Diese Situation währte etwa zwei Minuten, doch für mich hatte sie die Länge einer ganzen Nacht. Endlich hörte ich Bonnevilles Stimme, der leise zu mir sagte: »Ich habe einen der Träger verfehlt, aber einen andern gefunden.« Da fühlte ich mich auch schon emporgehoben. Die Sänfte wurde über den großen Hof getragen und wendete sich beim Ausgange nach rechts. So kamen wir zum Quai des Orfèvres, gegenüber der kleinen Rue de Harlay. Hier hielt die Sänfte, die Tür wurde geöffnet, und mein Freund Baudus sagte, mir den Arm reichend, sehr laut: »Sie wissen, Frau Gräfin, daß Sie noch einen Besuch beim Präsidenten zu machen haben!« Ich verließ also die Sänfte, und er wies auf ein Kabriolett, das einige Schritte entfernt in der dunklen Straße hielt. Ich stieg eilig in den Wagen, dessen Kutscher zu mir sagte: »Geben Sie mir meine Peitsche.« Vergebens suchte ich sie; sie war hinuntergefallen. »Tut nichts,« sagte mein Gefährte. Eine Bewegung mit den Zügeln, und das Pferd flog davon. Als wir über den Quai fuhren, sah ich Josephine, die mit gefalteten Händen aus voller Brust zu Gott betete. Wir fuhren über die Brücke Saint-Michel, durch die Rue de la Harpe und erreichten bald die Rue de Vaugirard hinter dem Odéon. Hier erst wagte ich wieder frei zu atmen. Nun sah ich mir den Kutscher des Kabrioletts genauer an. Wie groß aber war mein Erstaunen, als ich in ihm den Grafen von Chassenon erkannte, den ich hier am allerwenigsten erwartete. »Wie!« rief ich aus; »Sie sind es ?« — »Ja,« sagte er, »und hinter Ihnen werden Sie vier scharf geladene Doppelpistolen finden. Ich hoffe, daß Sie im Notfall davon Gebrauch machen!« — »Wahrlich, nein!« entgegnete ich; »ich will Sie nicht ins Verderben stürzen.« — »Dann würde ich es tun, und wehe dem, der Sie verhaften wollte!«

Wir fuhren bis zum neuen Boulevard, an der Ecke der Rue Plumet. Hier hielten wir. Ich hing mein weißes Taschentuch über das Spritzleder des Kabrioletts ; das war das mit Herrn Baudus verabredete Zeichen. Schon auf der Fahrt hatte ich mich der weiblichen Verkleidung entledigt, die Jacke eines Jockeis angezogen und das runde, goldbesetzte Käppchen eines solchen aufgesetzt. Bald darauf kam Baudus. Ich nahm Abschied vom Grafen von Chassenon und folgte bescheiden meinem neuen Gebieter. Es war acht Uhr abends; der Regen goß in Strömen, und in dem abgelegenen Teile der Vorstadt St. Germain herrschte tiefe Finsternis, gänzliche Einsamkeit. Nur mit Mühe konnte ich gehen; Herr Baudus lief so schnell, daß ich ihm nur mit größter Anstrengung zu folgen vermochte. Bald verlor ich einen Schuh, und dennoch mußte ich vorwärts. Wir begegneten einigen Gendarmen, die im Galopp an uns vorübersprengten. Wahrscheinlich suchten sie mich, den sie nicht in so unmittelbarer Nähe wähnten. Nachdem wir beinahe eine Stunde gegangen waren und ich mich gänzlich erschöpft fühlte, machte Herr Baudus an der Rue de Grenelle, in der Nähe der Rue du Bac, Halt. »Ich werde jetzt in ein Haus eintreten,« sagte er zu mir; »während ich mit dem Portier spreche, gehen Sie auf den Hof. Links werden Sie eine Treppe finden, diese steigen Sie bis zur obersten Etage hinauf. Dann gehen Sie einen dunklen Gang entlang, den Sie zur Rechten finden werden. Am Ende dieses Ganges ist ein hölzerner Pfeiler, hier bleiben Sie stehen und warten!«

Hierauf bogen wir in die Rue du Bac ein, und ein Schwindel ergriff mich, als ich Baudus an die Tür des Ministeriums der auswärtigen Angelegenheiten klopfen sah, das damals vom Herzog von Richelieu bewohnt war. Herr Baudus trat zuerst ein, und während er mit dem Portier sprach, der den Kopf zu seiner Loge herausstreckte, ging ich schnell vorüber. »Wo will der Mann hin?« rief mir der Portier nach. — »Es ist mein Bedienter,« sagte Herr Baudus gleichgültig. Ich fand die Treppe, stieg sie bis zum dritten Stockwerk empor, gelangte bis zu dem bezeichneten Pfeiler und wartete hier. Bald darauf hörte ich das Rauschen eines Frauenkleides. Leise wurde ich am Arme ergriffen, in ein Zimmer geschoben, worauf sich die Tür wieder hinter mir schloß. Ich näherte mich einem Kamin, in welchem ein lustiges Feuer brannte, das ein Ungewisses Licht im Zimmer verbreitete. Als ich meine Hände auf den Kamin legte, um sie zu wärmen, fand ich ein Licht und ein Päckchen Schwefelhölzer, woraus ich entnahm, daß ich Licht anzünden dürfte. Nun examinierte ich meine neue Wohnung. Es war ein Mansardenzimmer mittlerer Größe, das ein sehr sauberes Bett, eine Kommode, zwei Stühle und einen kleinen Kamin enthielt. Auf der Kommode lag ein Zettel mit den Worten: »Keinen Lärm; öffnen Sie das Fenster nur während der Nacht, ziehen Sie weiche Pantoffeln an, und warten Sie geduldig.« — Neben diesem Zettel fand ich eine Flasche vortrefflichen Portwein, mehrere Bände von Molières und Rabelais' Werken und ein niedliches Körbchen mit allen zu einer sorgfältigen Toilette erforderlichen Gegenständen. Diese zarte Aufmerksamkeit und die schöne Schrift des Billetts zeigten mir, daß meine Wirte mit den großmütigsten Gesinnungen gegen mich feine Sitten und guten Geschmack verbanden. Aber weshalb befand ich mich im Ministerium der auswärtigen Angelegenheiten? Ich hatte den Herzog von Richelieu nie gesehen; Herr Baudus war zwar in dieser Abteilung angestellt, aber eigentlich nur mittelbar. Dem Könige konnte ich kein Interesse einflößen; auch hätte er mich ja nur zu begnadigen brauchen. Befand ich mich hier mit dem Willen des Ministers? Aus welchem Grunde verletzte dieser dann heilige Pflichten und die seinem Herrscher schuldige Treue, indem er sich der Bonapartisten und eines zum Tode verurteilten Verschwörers gegen den König annahm?

Noch war ich mit diesen Betrachtungen beschäftigt, als die Tür sich leise öffnete und ich mich in den Armen des Herrn Baudus befand. Nach den ersten Aufregungen der Freude begann ich ihn über das auszufragen, was mich quälte, doch er unterbrach mich und sagte: »Quälen Sie sich nicht mit unnützen Grübeleien; die Wahrheit ist Folgendes: Vorgestern ließ Ihre Gemahlin mich zu sich rufen, und als die Bedienten entfernt und die Türen geschlossen waren, sagte sie: »Ich will meinen Mann retten, da keine Gnade für ihn zu erlangen ist, aber ich weiß nicht, wo er eine Unterkunft finden soll. Meine Verwandten und Freunde sind außer stände, mir zu dienen. Ich wende mich daher vertrauensvoll an Sie. Schaffen Sie ihm die Mittel, sich zu verbergen, er wird morgen frei sein.« — Die Forderung kam mir so plötzlich, daß sie mich in Verwirrung setzte. Sie wissen, daß ich wenig Besuche empfange. Sie bei mir, in einem Hotel Garni zu verbergen, wo dreißig Personen wohnen, war unmöglich; das sagte ich auch der Gräfin. — »Denken Sie schnell darüber nach,« entgegnete sie, »denn Sie müssen ausfindig machen, was ich von Ihnen fordere.« — Endlich, nach einigem Besinnen, erwiderte ich: »Geben Sie mir zwei Stunden Zeit; ich bin durch die innigste Freundschaft mit einer Familie verbunden, welche weiß, was Unglück bedeutet, und deren Mut und Rechtschaffenheit bewundernswert sind.« — »Eilen Sie, eilen Sie, schnell!« rief die Gräfin. »Schildern Sie ihnen meine Lage; meinen Mann verbergen, heißt mir das Leben retten!« —

Ich wollte nun etwas Näheres von ihr wissen, doch sie erwiderte: »Nein, nein; bei Ihrer Rückkehr sollen Sie alles erfahren, doch jetzt eilen Sie zuerst zu Ihren Freunden.« — »Ich verließ sie und ging sofort hierher.... Sie sind bei Herrn Bresson, dem Kassierer des Ministeriums des Auswärtigen.Ich hatte Bresson nur zweimal gesehen, aber ich kannte seine Geschichte. Als Konventsdeputierter hatte er sich energisch gegen den Prozess und die Verurteilung Ludwigs XVI. ausgesprochen. Er stimmte gegen den Tod und wurde bald darauf verbannt und zur Flucht gezwungen. Seine Frau und er fanden ein Asyl in den Vogesen, bei braven Leuten, welche sie mit bewunderungswürdiger Treue zwei Jahre lang verborgen hielten, obwohl der Tod sie unabwendbar getroffen hätte, wenn man die Flüchtlinge bei ihnen entdeckt hätte. Nach der Verbannung ihres Mannes hatte Madame Bresson das Gelübde abgelegt, einen Unglücklichen zu retten, der für ein politisches Vergehen verurteilt worden, wenn die Vorsehung sie so begünstige, daß einer sich an sie wende. Ich ging daher zu ihr. »Ihr Gelübde ist der Erfüllung nahe,« sagte ich ihr. Hierauf erzählte ich ihr Ihre Geschichte und den Entschluß Ihrer Gemahlin.« »Er mag kommen!« rief sie begeistert aus; »mein Mann ist abwesend, aber ich habe nicht nötig, ihn über eine gute Handlung zu Rate zu ziehen, denn er teilt meine Gefühle. Ich will sogleich ein Zimmer in Ordnung bringen, worin der Unglückliche in Sicherheit sein wird; eilen Sie, die Gräfin Lavalette davon in Kenntnis zu setzen!« — Ich ging nun rasch zu Ihrer Gemahlin, und sie machte mich nun mit dem ganzen Plane bekannt. Schweigend hörte ich sie an, denn es war keine Zeit zu Einwänden. Sie sprach mit solcher Lebhaftigkeit, mit solchem Vertrauen, mit solcher Überzeugung von einem glücklichen Erfolge, daß ich eifrig auf alle Einzelheiten des Unternehmens einging. Doch ich bedurfte eines Privatwagens. Mit der Erlaubnis der Gräfin ging ich zum Grafen von Chassenon, den ich als entschlossenen Ehrenmann kannte. — Und so sind Sie denn hier, wie durch eine Art Wunder, denn noch begreife ich selbst nicht, wie alles so gut gelingen konnte. Nun sehen Sie aber wohl ein, wie notwendig es für unsere großmütigen Freunde ist, nie zu verraten, daß Sie ihnen diesen Zufluchtsort verdanken; die ganze Familie wäre verloren. Bresson bedarf seines Gehaltes; er hat für eine Tochter und vier Neffen zu sorgen. Als Beamter in einem königlichen Gebäude wohnend, geehrt durch das Vertrauen seines Ministers, täuscht er sich nicht über das Strafbare seiner Handlung, doch ist er auch auf der anderen Seite von Ihrer Unschuld überzeugt. Und was sind alle diese Rücksichten, wenn ein Menschenleben in Betracht kommt? Wir werden uns nun damit beschäftigen, Sie von hier zu entfernen und über die Grenze zu schaffen, was nicht leicht sein wird. Indes ist ja das Wichtigste geschehen, und die Vorsehung wird ihr Werk nicht unvollendet lassen.«

Baudus verließ mich, und ich blieb zwei Stunden lang allein. Kaum wagte ich die geringste Bewegung zu machen und dachte voll Betrübnis über das Geschick meiner armen Emilie nach, die als Geisel im Gefängnis zurückgeblieben war. Gegen elf Uhr abends öffnete die Tür sich wieder, und eine Dame trat herein, die mit Eleganz gekleidet war und das Gesicht mit einem Schleier verhüllt hatte. Sie war von einem etwa vierzehnjährigen Mädchen begleitet. Die Dame warf sich mir in die Arme, und das Kind, welches weinte, drängte sich ängstlich an die Seite seiner Mutter. In meiner Aufregung rief ich: »Um Gottes Willen, Madame, heben Sie den Schleier, damit ich endlich das holde Wesen kennen lerne, dem ich meine Rettung verdanke!« — »Wir kennen uns nicht,« erwiderte sie, ihren Schleier vom Gesichte nehmend, »doch ich fühle mich glücklich, an der heldenmütigen Tat der Gräfin Lavalette teilnehmen zu können.« — In der Tat hatte ich Frau Bresson nie gesehen. Sie war damals vierzig Jahre alt, doch die Frische ihres Gesichts und die Anmut ihrer Gestalt ließen sie wenigstens um zehn Jahre jünger erscheinen. Sie hatte auf den Ofen eine Art Suppenterrine gestellt und sagte: »Hier ist Ihr Essen; die beiden Gerichte sind in einer Schüssel. Sie werden eine schlechte Küche finden, aber wir sind gezwungen, uns selbst zu bestehlen, um Sie zu ernähren, denn ich darf unser Geheimnis keinem unserer Dienstboten anvertrauen. Sie wohnen sämtlich auf diesem Gange, und das Nebenzimmer ist das meines Neffen Stanislaus. Machen Sie daher des Morgens keinen Lärm; kehren Sie Ihre Stube und machen Sie Ihr Bett selbst. Da dies Zimmer für gewöhnlich nicht bewohnt ist, könnte das geringste Geräusch uns alle ins Verderben stürzen.«

Sie verließ mich, nachdem wir uns eine Stunde miteinander unterhalten hatten. Darauf kam auch Herr Bresson. Die Dame hatte mich weich gestimmt, und seine Ankunft verlieh mir etwas Fröhlichkeit. Bresson war ein Mann mit einem sehr angenehmen Gesicht. Sein Verstand war scharf und gebildet, und er besaß eine Charakterstärke, von der er schon häufig die bündigsten Beweise gegeben hatte. Nicht seine Anhänglichkeit an den Kaiser war es, die ihn veranlaßte, sich in so große Gefahr zu stürzen, um mich zu retten, denn ich glaube, daß er weder des Kaisers Person, noch dessen Regierung geliebt hatte; ihn bewog vielmehr ein tiefes Gefühl der Menschlichkeit und ein mutiges Widerstreben gegen politische Verurteilungen, deren Opfer er selbst einst gewesen war. Lachend sagte er zu mir: »Ich komme aus mehreren Gesellschaften, unter anderem auch aus der einiger hoher Würdenträger. Sie können sich keinen Begriff von der Furcht und der Verwirrung machen, die alle Gemüter ergriffen hat. In den Tuilerien geht diese Nacht gewiß niemand zu Bett. Sie bilden sich ein, Ihre Flucht sei das Resultat einer Verschwörung, die nun ausbrechen wird, und man sieht Sie schon an der Spitze der alten Armee gegen die Tuilerien anrücken und ganz Paris zu den Waffen greifen. Es sollte mich nicht wundern, wenn man den Abmarsch der fremden Truppen verhinderte, die bereits aufgebrochen sind. Man spricht davon, die Barrieren zu schließen. Denken Sie sich, wohin das führen könnte! Die Milchweiber könnten morgen nicht in die Stadt, und allen Klatschgevattern fehlte es an Sahne zu ihrem Kaffee. Und ich mußte alle die Lamentationen mit anhören, ich, der Sie unter Verschluß hält!«

Hierauf prüfte er mit größter Sorgfalt die ganze Einrichtung meines Zimmers und alles, was man mir gebracht hatte. Ein Kommodenfach war mit Wäsche und Kleidern von ihm angefüllt. »Öffnen Sie die Jalousien Ihres Fensters nur eben so viel, als erforderlich ist, damit Sie das nötige Licht zum Lesen erhalten. Sollten Sie husten oder niesen müssen, so stecken Sie Ihren Kopf in diesen Schrank.«

Ich hatte ihn um Bier gebeten, um einen Durst stillen zu können, der mich schon fast einen Monat quälte. »Ich kann Ihnen leider keins geben,« sagte er, »wir trinken für gewöhnlich keins und es könnte daher auffallen. Ich habe die Geschichte Montmorins noch nicht vergessen, der entdeckt wurde und auf dem Blutgerüste starb, weil er ein junges Huhn gegessen hatte, dessen Knochen auf den Hof geworfen wurden. Die eine Nachbarin, welche wußte, daß die alte Frau, die ihn verborgen hielt, zu arm sei, um junge Hühner essen zu können, zog hieraus den Schluß, daß sie jemand bei sich verborgen hielt und zeigte sie an. Sie werden Fruchtsaft und Zucker erhalten aber kein Bier.«

Meine erste Nacht der Freiheit brachte ich damit zu, im Zimmer auf und nieder zu gehen, und an dem halbgeöffneten Fenster frische Luft einzuatmen. Ich konnte nicht bis auf die Rue du Bac hinabsehen, hörte aber alles genau, und das häufige Vorübersprengen von Reitern ließ mich erbeben. Gegen Morgen endlich trug die Erschöpfung über meine Besorgnisse den Sieg davon, und ich schlief ein. Zwei Stunden darauf wurde ich durch das Geräusch, das man um mich herum machte, geweckt, und zu meinem großen Erstaunen sah ich in der Mitte der Stube einen kleinen Mann, der alles mit größter Vorsicht in Ordnung brachte. »Wer sind Sie?« rief ich. — »Der Kammerdiener des Herrn.« — »Aber es war mit Ihrer Herrschaft verabredet, daß niemand zu mir kommen sollte.« — »Man ist andern Sinnes geworden, und wenn Sie aufstehen wollen, so können Sie in meine Stube gehen, während ich hier alles in Ordnung bringe.« Ich stand daher auf, und er ließ mich in ein gegenüberliegendes Zimmer treten. Als er sich entfernt hatte, sah ich mich genauer in dem Zimmer um, das für eine Bedientenstube viel zu sehr geschmückt war. Auf dem Kaminsimse standen eine Stutzuhr und Blumenvasen; das Bett war beinahe elegant. Ich öffnete einen Schrank und erblickte Frauenkleider darin. Was bedeutete dies alles ? Dieser Mann war also verheiratet und seine Frau ebenfalls eingeweiht? Wie ! Schon ein Kind und zwei Dienstboten ins Vertrauen gezögert, und das in diesem Gebäude! War dies auch alles der Vorsicht angemessen? Diese Fragen beunruhigten mich so sehr, daß ich mein Herz erbeben fühlte, und plötzlich überwältigte mich eine tiefe Ohnmacht. Der Kammerdiener kam nach einer halben Stunde zurück und fand mich in diesem Zustande. Mit Mühe schleppte er mich bis zu meinem Bett und rief mich hier ins Leben zurück. »Suchen Sie sich aufrecht zu erhalten,« sagte er mir, »denn bis heute abend kann weder der Herr, noch die gnädige Frau Sie besuchen. Ich komme wieder, wenn ich kann. Aber um Himmelswillen werden Sie nicht krank; denn wie wäre es möglich, Ihnen hier ärztliche Hilfe zu verschaffen?«

Nur zu gut fühlte ich, daß dieser redliche Mensch recht hatte. Wenn ich sterben sollte, sprach ich zu mir selbst, was würden sie dann mit meinem Leichnam beginnen? Diesen Betrachtungen wurde ich bald durch das Geschrei eines Ausrufers entzogen, der auf der Straße unter meinem Fenster etwas bekannt machte. Was es war, konnte ich zwar nicht verstehen, indes glaubte ich mehrmals meinen Namen zu hören. Ich eilte ans Fenster, aber er war schon zu weit entfernt, um noch ein Wort verstehen zu können. Ich mußte daher einen anderen Ausrufer abwarten und brachte vier tödlich lange Stunden zu, bis ein solcher erschien. Diesmal war es eine Frau, deren klare, kreischende Stimme die Worte: Lavalette — Wirte — Hauseigentümer — bis zu meinen Ohren dringen ließ. Es war ohne Zweifel ein Befehl ergangen, der denen strenge Strafen verhieß, die mir eine Zufluchtsstätte gewährten. Dies beunruhigte mich nicht weiter, doch wahrscheinlich war durch jenen Befehl auch denen eine reiche Belohnung versprochen, die mich anzeigten, und wer konnte wissen, ob sich nicht unter den Dienstboten des Hauses einer finden würde, den die Habgier verleitete, an mir und seiner Herrschaft zum Verräter zu werden? Ich war sehr ungerecht, denn Andreas Joineau und seine Frau, die Montet genannt wurde, waren alte Diener des Hauses, und ihre Treue und Ergebenheit bestanden jede Probe. Besonders die Frau, eine sehr hübsche Protestantin, zeichnete sich durch eine gute Erziehung und hochherzige Gefühle aus.

Gegen sechs Uhr abends endlich, — ich befand mich noch ohne Licht — trat eine Dame zu mir ein, setzte sich an das Fußende meines Bettes, und erkundigte sich leise nach meiner Gesundheit. Ich suchte sie darüber zu beruhigen, und als ich dabei meinen Dank für ihre Güte erneuerte, erwiderte sie: »Ich bin nicht Madame Bresson, sondern deren Kammerfrau. Madame wird erst in ein oder zwei Stunden kommen, doch da sie hörte, daß Sie unwohl wären, wünschte sie noch vorher Nachricht von Ihnen zu erhalten.«

»Wieder eine Mitwisserin mehr!« seufzte ich; »Gott gebe, daß das kein böses Ende nehme; aber ich fürchte es sehr!«

Endlich kam Madame Bresson selbst. Ich fragte sie nach dem Geschrei auf der Straße. »Es ist nichts,« sagte sie mir; »ein alter Polizeibefehl von 1793, der erneuert wird und über den alle Welt lacht, denn es herrscht eine unglaubliche Freude in Paris. Die Gräfin Lavalette wird bis zu den

Wolken erhoben. Nichts ist pikanter, als die Bemerkungen der Frauen des gemeinen Volkes und besonders der Weiber der Halle. In den Theatern werden die leisesten Anspielungen wütend beklatscht, und wenn die Behörden diesen Ausdruck der Gefühle unterdrücken wollten, die übrigens einen lebhaften Haß verraten, so glaube ich gewiß, daß man ihre Agenten ermorden würde. Über diesen Punkt können Sie also ganz ruhig sein, und was die Vermehrung unserer Vertrauten betrifft, so haben mein Mann und ich mit reiflicher Überlegung erwogen, daß es besser sein würde, die beiden Leute, die Ihnen gegenüber wohnen, von Ihrer Anwesenheit zu unterrichten. Ungeachtet aller Ihrer Vorsicht, könnten Sie doch von ihnen gehört werden, und im Schrecken darüber hätten sie leicht mit den anderen Dienstboten über das verdächtige Geräusch sprechen können. Es war daher besser, ihnen die Zunge dadurch zu binden, daß man sie ins Vertrauen zog. Diese beiden Leute sind zwanzig Jahre verheiratet und ebenso lange bei uns in Diensten; sie besitzen großes Ehrgefühl und würden ihr Leben für uns lassen. Wir haben sogar beschlossen, Stanislaus von Ihrem Hiersein in Kenntnis zu setzen, denn er wohnt neben Ihnen und könnte Sie also leicht hören; ich werde ihn daher noch heute abend zu Ihnen bringen.«

Er kam in der Tat. Es war ein junger Mensch von zwanzig Jahren, sehr unterrichtet und von angenehmem Wesen. Wir wurden bald Freunde. Er blieb von abends elf bis morgens zwei Uhr bei mir. Ich lehrte ihn Schach spielen, und er brachte mir die Zeitung und die Stadtneuigkeiten.

Kehren wir indes nach der Conciergerie zurück. Kaum hatte ich die äußere Tür hinter mir, als der Wärter in meine Gefängnisstube trat und, wie ich es vorausgesehen hatte, sich zurückzog, als er das Geräusch hinter dem Wandschirm hörte. Nach fünf Minuten etwa kam er wieder. Da er wieder niemand sah, obgleich sich das Geräusch hinter dem Wandschirm wiederholte, schob er denselben zurück. Bei dem Anblick meiner Frau stieß er einen lauten Schrei aus und eilte der Türe zu. Meine Frau hielt ihn an seinem Rocke fest und flehte: »Lassen Sie meinen Mann gehen, warten Sie noch ein wenig.« — »Sie stürzen mich ins Verderben, Madame!« schrie er wütend. Dann riß er sich durch einen gewaltsamen Ruck los, wobei er ein Stück seines Rockes in ihren Händen zurückließ, stürzte hinaus und rief: »Der Gefangene ist entsprungen!« In Verzweiflung und sich die Haare ausraufend, langte er mit dieser Nachricht beim Polizeipräsidenten an. Alle Kerkermeister, alle Gendarmen kamen auf die Beine und zerstreuten sich nach allen Richtungen. Zwei trafen auf die Sänfte, mit der die Träger noch ruhig des Weges gingen. Sie öffneten sie, fanden aber nur noch meine Tochter darin, und ließen sie ungehindert gehen. Bald aber kam Ordnung in die Verfolgung. Während der Nacht hielt man strenge Nachsuchungen bei allen meinen Freunden und Bekannten, ja sogar bei solchen Personen, die nur durch mein ehemaliges Amt mit mir in Verbindung gestanden hatten. Am folgenden Tage wurden die Barrieren geschlossen, und ganz Paris war in der ausgelassensten Freude, die Polizei in Verzweiflung zu sehen.

Nach einer halben Stunde ward meine Frau endlich etwas ruhiger, und sie würde die Freude über meine Rettung ungestört genossen haben, wenn nicht die rohen Wärter, die ihre Tür offen ließen, sich alle möglichen Schmähungen gegen sie erlaubt und ihr ohne Unterlaß wiederholt hätten, daß ich unmöglich den Verfolgungen entgehen könnte.

Die Ankunft des Generalprokurators Bellart machte ihrer Roheit endlich ein Ende. Er stellte ein Verhör mit meiner Frau an und machte ihr dabei Vorwürfe, die man nur lächerlich nennen kann. Auf seinen Befehl wurde sie mit aller Strenge behandelt, die bei ihrem schwächlichen Gesundheitszustande als die Hauptursache der schrecklichen Krankheit zu betrachten ist, an der sie nachher zwölf Jahre lang zu leiden hatte und von der sie erst in dem Augenblick, wo ich dies schreibe, genesen ist.Infolge der ausgestandenen Seelenqualen und Aufregungen verfiel die Gräfin in Geistesstörung. Man brachte sie in den Kerker, den der Marschall Ney innegehabt hatte. Hier war kein Kamin, sondern ein Ofen, unter dessen Hitze sie Tag und Nacht zu leiden hatte. Die Aussicht dieser Zelle ging auf den Hof der Frauen. Den ganzen Tag mußte sie das Geschrei dieser Unglücklichen und ihre gemeinen Reden mit anhören, was eine sehr harte Strafe für eine Frau von guter Erziehung ist. Sie wurde in der strengsten Haft gehalten; man erlaubte selbst ihrer Kammerfrau nicht, sich ihr zu nähern. Eine Schließerin besorgte ihre Aufwartung. Kein Brief wurde von ihr hinaus-, keine Zeile zu ihr hineingelassen. Unaufhörlich wurde sie durch tausend Qualen gefoltert, und besonders während der Nacht, wenn die Schildwachen abgelöst wurden, bildete sie sich ein, man brächte mich zurück. Fünfundzwanzig Nächte lang schlief sie nicht einen Augenblick. Ich war weit entfernt, sie für so unglücklich zu halten. Um mich zu beruhigen, hatte man mir gesagt, sie wäre zur Frau des Polizeipräfekten gebracht worden, die sie mit der größten Aufrichtigkeit und Sorgfalt behandelte, und wahrscheinlich würde sie bald wieder nach Hause zurückkehren dürfen.

Außer sich vor Freude war meine Tochter in ihr Kloster zurückgekehrt; sie war so aufgeregt, daß sie nicht einmal zu erzählen vermochte, welchen Teil sie an der Befreiung ihres Vaters genommen. Als aber am folgenden Tage sich alles aufklärte, bekam die Vorsteherin, die kürzlich erst die Patronatschaft der Herzogin von Angoulême erbeten und erhalten hatte, eine solche Angst, daß sie meiner Tochter den Befehl erteilte, zu schweigen. Die Nonnen und selbst einige der Pensionärinnen zogen sich von Josephine zurück, als hätte sie die Pest. Und, sollte man es wohl für möglich halten, die Eltern mehrerer Pensionärinnen erklärten sogar der Vorsteherin, daß sie ihre Töchter aus dem Kloster nehmen würden, wenn Josephine Lavalette in demselben bliebe. Aus einer lobenswerten, edlen Handlung, die andern jungen Mädchen gleichen Alters zum Muster hätte hingestellt werden können, machte man also aus Furcht oder persönlichem Interesse, vielleicht auch aus Haß, ein Verbrechen! Sechs Wochen darauf, als meine Frau ihre Freiheit wieder erlangte, beeilte sie sich, ihre Tochter aus dem Kloster zu nehmen.

Die ersten zehn Tage meiner Verborgenheit brachte ich ziemlich ruhig zu. Meine liebenswürdigen Wirte suchten mich völlig zu beruhigen. Bei ihnen, sagten sie, hätte ich nichts zu befürchten, und ich könnte Monate lang in meinem Versteck bleiben, ohne ihnen nur einen Augenblick zur Last zu fallen. Ich aber dachte anders. Herr Baudus, der mich von Zeit zu Zeit besuchte, verhehlte mir nicht, daß die Polizei ihre ganze Tätigkeit aufböte. Man war überzeugt, daß ich die Grenze weder in der Richtung nach Straßburg, noch nach Metz überschritten hätte. General Excelmans, der sich als Flüchtling in Brüssel aufhielt, schrieb, sobald er von meiner Flucht gehört hatte, nach Paris an seine Frau ganz im Vertrauen, daß er mit mir zu Abend gegessen hätte. Die Anekdote wurde geschickt in Umlauf gesetzt, aber die Polizei ließ sich dadurch nicht täuschen ; sie setzte ihre Nachforschungen in Paris fort. Meine Freunde wurden mit einem Eifer bewacht, wie ihn nur die Hoffnung auf eine reiche Belohnung verlieh. Bertin de Vaux, der damalige Generaldirektor der Polizei, erklärte Herrn Baudus das Rätsel dieser hartnäckigen Verfolgung. Die Partei der Ultra-Royalisten beschuldigte den Minister, er habe den früheren Beziehungen zu mir, sowie dem Verlangen nachgegeben, sich aus meiner Flucht ein Verdienst um Ludwig Bonaparte und dessen Familie zu machen, um sich auf diese Weise für zukünftige Fälle ein Recht auf Erkenntlichkeit zu erwerben. Diese lächerlichen Beschuldigungen konnten zu den Ohren des Königs kommen, und Decazes, der fürchtete, seinen Einfluß durch mich gefährdet zu sehen, oder wohl gar dem Hasse, dessen Gegenstand er war, zu erliegen, ließ die Nachforschungen täglich erneuern. Ich mußte daher fliehen. Aber wie sollte ich dies bewerkstelligen? Man schlug mir vor, noch einmal die Kleider des andern Geschlechts anzulegen, um auf diese Weise in die Nähe eines Seehafens zu gelangen, wo ich dann wohl ein Schmugglerschiff finden würde, das mich nach England brächte. Ich verwarf jedoch diesen Plan, der mir zu überspannt schien. Baudus gefiel er ebenfalls nicht. Einige Tage darauf kam er zu mir, um mir zu vertrauen, daß ein russischer General mich mit sich nehmen wolle. Ich sollte während der Nacht nach seinem Gasthof geführt werden und konnte, in seinem Wagen verborgen, ohne Hindernis durch die Barriere gelangen. Aber es mußten zuvor 8000 Francs geschafft werden, um die Schulden des Generals zu bezahlen, und dann sollte ich alle Kosten der Reise tragen. Das Geld lag bereit, aber der Plan scheiterte. Der Russe verlangte, den Namen des Verurteilten zu erfahren, den er retten sollte, und die Furcht, nach Sibirien verbannt zu werden, wenn ich entdeckt würde, ließ ihn sein Versprechen zurücknehmen. Nun sann man darauf, mich in ein bayerisches Bataillon einzustellen, das Frankreich verließ, und mich dem Kommandeur desselben anzuvertrauen, der gewiß erfreut sein würde, einen Freund und Verwandten des Prinzen EugenEugen Beauharnais war mit der bairischen Prinzessin Augusta Amalia verheiratet. zu retten. Dieser Plan schien mir vortrefflich. Ich kannte den König von Bayern zu gut, als daß ich hätte fürchten müssen, daß er den Offizier dafür bestrafen würde. Und als ich einige Monate später mit dem vortrefflichen Fürsten darüber sprach, sagte er: »Ich würde ihn in mein Gefolge aufgenommen haben, wenn er Sie zu retten gewußt hätte.« — Aber auch dieses Mittel mußte aufgegeben werden. Die Polizei ahnte, daß ich mich desselben bedienen könnte, und jene Truppen wurden so streng bewacht, die Offiziere so scharf beobachtet, daß nicht mehr daran zu denken war. Am achtzehnten Tage meiner Zurückgezogenheit endlich kam Baudus, außer sich vor Freude, zu mir. »Endlich wird es uns gelingen,« sagte er, mich umarmend. »Ein paar Engländer erbieten sich, Sie zu retten, und ich glaube, daß es ihnen glücken wird!«

Folgendes hatte sich nämlich zugetragen. Die Prinzessin von Vaudemont, darüber beunruhigt, daß ich noch in Paris war, obgleich sie nicht wußte bei wem, suchte mir Befreier zu gewinnen. Sie vertraute ihren Kummer der Frau von Saint-Aignan, geborenen Caulaincourt an, einer der geistreichsten Damen der Gesellschaft, deren Güte unerschöpflich, deren Mut bewundernswert ist. Sie machte der Prinzessin den Vorschlag, einen jungen Engländer auszuforschen, einen Herrn Bruce, den beide Damen häufig sahen. Entzückt, einen Unglücklichen retten zu helfen, der dem Blutgerüste auf so sonderbare Weise entronnen war, ging Bruce mit Eifer auf den Vorschlag der Damen ein und vertraute ihn dem General Wilson an.

Der General teilte den Enthusiasmus seines jungen Freundes. Seine Absicht, den Marschall Ney zu retten, war ihm mißglückt, und er hoffte nun zuversichtlich bei mir Genugtuung dafür nehmen zu können. Er machte eine militärische Expedition aus der Sache, und da Bruce nicht zur Armee gehörte, mußte er sich mit einem oder zwei Offizieren verbinden, die unabhängig waren, freie Anschauungen hatten und sich ein Vergnügen daraus machten, den Bourbonen einen Streich zu spielen. Die Straße nach Belgien über Valenciennes war der englischen Armee besonders angewiesen und wurde daher zu meiner Flucht ausersehen. Sie forderten nur zwei Tage, um ihre Vorbereitungen zu treffen. Ich erhielt eine sehr genaue Anweisung hinsichtlich meines Anzuges. Keinen Schnurrbart, eine Perücke nach dem Haarschnitt der Engländer, den Backenbart sorgfältig frisiert, wie die Offiziere dieser Nation ihn zu tragen pflegen, einen Rock mit den Knöpfen der englischen Garde; die Uniform und die Perücke sollten mir erst im Augenblick der Abreise übergeben werden. Wir hielten Rat, und, wie dies häufig geschieht, begannen wir damit, dumme Streiche zu machen. Es wurde für unumgänglich nötig erachtet, mir den Rock von dem Schneider eines englischen Regiments machen zu lassen, aber es mußte ihm das Maß gegeben werden. Mein lieber Stanislaus nahm dies auf schönem weißem Papier, und statt der Einschnitte, welche die Leute vom Fach zu machen pflegen, schrieb er darauf: Länge des Vorderarms, Breite der Brust, und dies alles mit der feinsten, zierlichsten Schrift. Dies Maß trug er keck zum Schneider des englischen Garderegiments. Dieser machte zwar den Überrock sofort, bemerkte aber doch dabei, daß das Maß nicht von einem seiner Kollegen genommen worden sei. Herr Bresson hatte mir einen zweiten Rock in einem Kleidermagazin gekauft und mußte diesen freilich nach seinem Wuchse nehmen, der lang und hager war. So hatte ich denn nach zwei Tagen zwei Röcke, von denen keiner paßte. Ich hatte keine Stiefel, und unsere ganze Erfindungskraft reichte nicht hin, ein Mittel zu ersinnen, mir dergleichen zu verschaffen. So mußte ich denn mit denen des Herrn Bresson vorlieb nehmen, dessen Fuß um ein Viertel länger war als der meinige; kaum konnte ich darin gehen, worüber wir herzlich lachten. Am 19. Januar 1816, um acht Uhr abends, nahm ich endlich Abschied von meinen Wirten. Wir waren alle tief ergriffen, besonders ich, der ich so wenig Hoffnung hatte, sie jemals wieder zu sehen. Und doch sah ich sie wieder; ich schreibe diese Zeilen nämlich auf dem rechten Ufer der Seine, zwanzig Minuten von einem herrlichen Landgute entfernt, das sie das ganze Jahr hindurch bewohnen. Ich sehe sie täglich und habe sie glücklich und unabhängig gefunden. Ihre einzige Tochter Feodora ist mit Herrn Montjoyeux verheiratet, einem sehr liebenswürdigen jungen Mann. Sie haben zwei Kinder, und die junge Frau ist eine der hübschesten, liebenswürdigsten und geistreichsten der Gesellschaft. Und ich bilde mir ein, daß dies reine, ungetrübte Glück zum Teil der Lohn für ihr edles und mutiges Benehmen gegen mich ist. — Nachdem ich sie umarmt hatte, begleiteten die Herren Bresson und Baudus mich bis zur Ecke der Rue Grenelle, wo ich abermals das Kabriolett und den treuen Grafen Chassenon fand. Wir fuhren über die Place du Carrousel, und ich konnte mich eines Lächelns nicht enthalten, als ich an den zahlreichen Schildwachen vorüberkam, die vor den Tuilerien stehen. Das Schloß war erleuchtet, und in den Sälen befanden sich so viele Menschen, wütend darüber, daß sie meiner nicht habhaft werden konnten, während ich nur fünfzig Schritte von ihnen entfernt war.

Wir kamen zur Rue du Helder in der Nähe der Boulevards; hier sagte ich meinem Freund Chassenon Lebewohl. Als ich die Treppe langsam hinaufstieg, begegnete ich mit Staunen Fräulein Dubourg; aber wir liefen zu große Gefahr, um uns zu erkennen zu geben: Später erfuhr ich, daß sie zu Herrn Dupuis, meinem Untersuchungsrichter, ging, der das zweite Stockwerk des Hauses bewohnte. So sollte ich also die Nacht unter einem Dache mit dem Beamten zubringen, der meinen Prozeß untersucht und mich zwei strengen Verhören unterworfen hatte. Aber dieser Umstand beunruhigte mich durchaus nicht; Dupuis war ein Ehrenmann, ich hatte ihm nichts verhehlt, er hielt mich für unschuldig und scheute sich seit einem Monat nicht, dies öffentlich so laut zu erklären, daß es ihm selbst gefährlich werden konnte.

Im ersten Stockwerk angelangt, erschien ein Mann von hohem Wuchse mit einem sehr vornehmen Gesicht; es war der General Wilson. Er stellte mich zwei Männern vor, die sich im Salon befanden. In dem einen erkannte ich Bruce, den ich den Winter zuvor einigemal bei der Herzogin von Saint-Leu gesehen hatte. Der andere war Herr Hutchinson, Kapitän der englischen Garde und Inhaber der Wohnung. Er empfing mich sehr freundlich. Wir setzten uns um einen Tisch zu einer Bowle Punsch. Das Gespräch wurde über die öffentlichen Angelegenheiten geführt, und zwar mit einer Leichtigkeit und Unbefangenheit, als wären wir in London. Die Herren schienen über die Reise des folgenden Tages vollkommen ruhig. Nach einer Stunde endlich standen Bruce und Wilson auf, und dieser sagte mir, indem er mir die Hände herzlich drückte: »Stehen Sie morgen um sechs Uhr auf und ziehen Sie sich sorgfältig an; hier ist die Uniform eines Gardekapitäns, deren Sie sich bedienen mögen. Punkt acht Uhr erwarte ich Sie an der Tür.«

»Ich,« sagte Bruce, »will drei Tage auf dem Lande bei der Fürstin von der Moskwa zubringen, denn Sie bedürfen meiner nicht mehr. Meine herzlichsten Wünsche begleiten Sie, und ich werde durch meine Freunde Nachricht von Ihnen erhalten.« — Nachdem sie sich entfernt hatten, bot Hutchinson mir sein Bett an, aber ich fühlte kein Verlangen nach Schlaf und legte mich daher aufs Sofa. Während mein Wirt im tiefsten Schlaf lag, sah ich mich im Zimmer nach einem Winkel um, in dem ich mich verstecken könnte, für den Fall, daß die Polizei uns einen Besuch machen sollte. Aber es standen nur wenige Möbel im Zimmer, und die ganze Wohnung enthielt nur zwei Stuben und ein Kabinett. Es war unmöglich, auch nur eine Viertelstunde vor der oberflächlichsten Nachsuchung verborgen zu bleiben. Ich öffnete das Fenster, um die Entfernung bis zum Strassenpflaster zu messen; sie war zu groß, um hoffen zu dürfen, nach dem Sprunge noch die Flucht ergreifen zu können, und zu gering, um durch den Fall getötet zu werden. Zum Glück erinnerte ich mich der Pistolen, die Graf Chassenon mir gegeben hatte. Ich untersuchte sie sorgfältig, legte sie dann neben mich und schlief ein. Doch um ein Uhr morgens wurde ich durch einen schrecklichen Lärm und heftiges Gespräch an der Haustür geweckt. Ich horchte und vernahm, daß jemand Einlaß ins Haus begehrte, und sogleich weckte ich Hutchinson, indem ich sagte: »Ich glaube, ich bin entdeckt. Man will in das Haus; ich bitte Sie, stehen Sie auf.« Ruhig ging Hutchinson hinaus, und nach fünf Minuten, die mir gewaltig lang erschienen, kam er zurück und sagte: »Es ist nur ein Streit zwischen der Pförtnerin und einem französischen Offizier, der im dritten Stock wohnt. Sie beklagte sich, daß er zu spät nach Hause käme; lassen Sie uns daher ruhig weiterschlafen.«

Endlich, nachdem ich jede Stunde gezählt hatte, hörte ich es sechs schlagen. Ich machte mich sogleich an meine Toilette, und punkt acht kam ich zum General Wilson auf die Straße. Er hatte seine große Generalsuniform angezogen und saß in einem schönen Whisky ohne Verdeck. Hutchinson erschien bald darauf zu Pferde, und wir machten uns auf den Weg. Das Wetter war herrlich, alle Geschäfte waren geöffnet, zahlreiche Menschen auf den Straßen, und durch einen sonderbaren Zufall wurde auf dem GrèvePlatz eben der Galgen errichtet, an welchem dem Brauche gemäß Verurteilte »in effigie« gehangen werden.

Wir bogen in die Rue de Clichy ein, die zu der Barriere gleichen Namens führt. Da ich den Tschako und die Uniform der englischen Garden trug, machten alle Soldaten des Regiments, die uns begegneten, die militärischen Ehrenbezeigungen. Zwei Offiziere der Garde, die uns zufällig entgegenkamen, schienen sehr überrascht, daß sie an der Seite des Generals Wilson einen Kameraden erblickten, den sie nie zuvor gesehen hatten; aber Hutchinson ritt zu ihnen heran und verwickelte sie in ein Gespräch, bis wir die Barriere erreicht hatten. Rechts und links stand eine englische und eine französische Wache. Die letztere war zum Glück von der Nationalgarde besetzt, und es war nicht wahrscheinlich, daß mich einer der Soldaten unter meiner Verkleidung erkennen würde, da. sie einem andern Stadtviertel angehörten als dem, in welchem ich wohnte. Langsam fuhren wir hindurch, während die Soldaten zu beiden Seiten unters Gewehr traten, und ich dankte dem General Wilson so innig, als läge bereits die Grenze des Königreichs hinter uns.

Wir kamen nach dem Dorfe La Chapelle, wo das Pferd gewechselt werden mußte. Die Ablösung stand in einem großen Dorfwirtshause, vor dessen Tür wir vier Gendarmen erblickten. Der General fuhr gerade auf sie zu, so daß sie beiseite treten mußten. Um ihre Aufmerksamkeit von uns abzulenken, ließ Hutchinson sich in ein Gespräch mit ihnen ein. Er fragte besonders nach der Anzahl der Ställe, der Menge der Fourage und der Quartiere, die im Dorfe zu finden wären. Sie schlossen daraus, daß Truppen kommen sollten, und der eine von ihnen erbot sich, den englischen Kapitän zum Gemeindevorstand zu führen. — »Jetzt nicht,« erwiderte Hutchinson. »Ich begleite den Wagen nur eine Strecke, doch spätestens in zwei Stunden bin ich wieder zurück.«

Das Gespräch konnte sich mit einem Engländer, der der Sprache nur wenig mächtig war, nicht über viele verschiedenartige Gegenstände verbreiten. Der Wechsel des Pferdes ging sehr schnell vonstatten. Ich erfuhr nun; daß die Stute, die wir bisher gehabt hatten, Herrn August von Saint-Aignan gehörte. Auf dem Wege begegneten wir vielen Gendarmen, die entweder Verbrecher eskortierten, oder die Militärkorrespondenz besorgten. Alle richteten ihre Blicke auf uns, ohne das geringste zu ahnen. Ich hatte die Gewohnheit angenommen, bei ihrem Anblick die Augen zu schließen, zugleich aber die Pistolen zu ergreifen, fest entschlossen, mir eine Kugel durch den Kopf zu jagen, wenn ich erkannt und verhaftet würde; denn es wäre zu töricht gewesen, mich ruhig nach Paris transportieren zu lassen.

Endlich langten wir in Compiègne an. Am Eingange der Vorstadt stand ein englischer Unteroffizier. Als dieser seinen General erblickte, machte er kehrt, ging gemessenen Schrittes durch einige kleine Nebenstraßen und blieb vor der Tür eines kleinen, sehr abgelegenen Hauses stehen. Hier fanden wir einen Offizier, der uns sehr gut aufnahm. Wir warteten nun auf den Wagen des Generals, den Herr Willis ihm aus Paris zuführte. Er hatte Postpferde für den General Walis, den Schwager des Generals Wilson, genommen, der unter jenem Namen reiste. Willis langte gegen sechs Uhr an, nachdem er eine ziemlich lange Strecke von Gendarmen verfolgt worden war. Es war kein Augenblick zu verlieren. Der Wagen fuhr sehr rasch davon.

In Condé wurden wir lange aufgehalten, um durch die Stadt zu kommen. Glücklicherweise war es während der Nacht. Am folgenden Tage endlich, um sieben Uhr morgens, kamen wir an die Tore von Valenciennes, der letzten französischen Stadt auf dieser Strecke. Ich begann schon freier Atem zu schöpfen, als der Postmeister von uns verlangte, wir sollten mit unseren Pässen, um sie visieren zu lassen, zum Kapitän der Gendarmerie gehen. »Haben Sie unsern Stand nicht gelesen?« fragte Wilson ruhig. »Der Kapitän der Gendarmerie mag zu uns kommen, wenn er uns sehen will.«

Der Postmeister fühlte wahrscheinlich die Unschicklichkeit, die er begangen hatte, nahm unsere Pässe und entfernte sich, um selbst die Unterzeichnung derselben zu besorgen. Er blieb sehr lange, und die fürchterlichste Besorgnis begann mich zu quälen. Sollte ich noch im Hafen scheitern? Konnte nicht dieser Gendarmerieoffizier das Signalement der Pässe selbst prüfen wollen, um mich dann verhaften zu lassen? Zum Glück war es sehr kalt und kaum Tag; der Offizier blieb im Bett und unterzeichnete. Wir fuhren zum Tore hinaus. Auf dem Glacis wollte ein verwünschter Zollbeamter doch noch sehen, ob unsere Pässe in Ordnung wären, aber als er seine Neugier befriedigt hatte, flogen wir auf der schönen Straße dahin. Von Zeit zu Zeit blickte ich zurück, ob wir verfolgt würden. Meine Ungeduld stieg mit jeder Drehung des Rades. Der Postillon hatte uns am Horizonte ein großes Haus als die belgische Zollstation bezeichnet. Die Augen auf dieses Gebäude geheftet, sah ich mich stets gleichweit von demselben entfernt. Es schien mir, als bewegte sich die Postkutsche nicht von der Stelle. Ich schämte mich meiner Ungeduld, vermochte sie aber nicht zu mäßigen. Endlich war das Gebäude erreicht; wir befanden uns auf belgischem Gebiete, ich war gerettet! Innig drückte ich die Hände des Generals und sprach ihm meine tiefe Dankbarkeit aus. Er aber bewahrte sein steifes Wesen und lächelte nur, ohne etwas zu erwidern. Nach einer halben Stunde wendete er sich zu mir und sagte mit der größten Ernsthaftigkeit: »Erklären Sie mir doch, lieber Freund, warum Sie nicht guillotiniert sein wollten?« — Ich sah ihn überrascht an, ohne zu antworten. »Ja,« fuhr er fort, man hat mir gesagt, daß Sie förmlich wie um eine Gnade gebeten haben, erschossen zu werden.« — »Aber,« erwiderte ich, »man führt den Verurteilten auf einem Karren, die Hände auf den Rücken gebunden, zum Schafott, und wenn er oben ist, befestigt man ihn auf einem Brett, das man niedersenkt und unter das Messer bringt.« — »Ah, ich verstehe,« sagte der General; »Sie wollten nicht wie ein Kalb abgeschlachtet werden.«

Wir kamen gegen drei Uhr nachmittags in Mons an und stiegen im besten Gasthofe ab. Während wir das Mittagessen erwarteten, schrieb ich einige Briefe, deren Besorgung der General übernehmen wollte, und nachdem er mit mir einige Einkäufe besorgt und mir zwei Briefe gegeben hatte, den einen für den König von Preußen, den andern für den englischen Gesandten Lamb in München, trennten wir uns; er kehrte nach Paris zurück, ich reiste nach Deutschland, um die bayerische Grenze zu gewinnen.

Masers de Latude

Masers de Latude wurde 1725 bei Montagnac in Languedoc geboren. Mit dreiundzwanzig Jahren trat er als Überzähliger ins Heer. Um Karriere zu machen versuchte er, die Protektion der Marquise de Pompadour zu erlangen, indem er sie vor einem, von ihm fingierten, Mordanschlag warnte. Der plumpe Schwindel wurde entdeckt, und der Warner zur Strafe in die Bastille gesteckt. Latude musste dort und in anderen Staatsgefängnissen oft unter den unerhörtesten Leiden und Entbehrungen 35 Jahre lang schmachten. Er hat verschiedene Male Fluchtversuche unternommen, nach deren glücklichem Gelingen er jedoch stets wieder ergriffen wurde. — Die folgenden Schilderungen sind den Denkwürdigkeiten Latudes entnommen, die er nach seiner Freilassung im Frühjahr 1784 veröffentlicht hat; sie werden demnächst in meiner Verdeutschung unter dem Titel »Ein Opfer der Pompadour« erscheinen.

C.

I.

Um mich aus meinem Trübsinn zu reißen, gab Berryer mir abermals einen Gefährten in mein Zimmer. Mein Mitgefangener stand ungefähr im gleichen Alter wie ich, er war tatkräftig, feurig und geistvoll; sein Verbrechen sogar war fast das nämliche wie das meine und er litt auch unter der gleichen Verfolgung. Er hatte an die Marquise von Pompadour geschrieben, ihr gesagt, wie das Volk über sie dächte und ihr Ratschläge gegeben, wie sie die Liebe des Landes gewinnen und das Vertrauen des Königs sich erhalten könnte; er forderte sie auf, da einmal das französische Volk vor ihren Wagen gespannt sei, so möge sie sich der Achtung desselben würdig erweisen.

Der junge Allègre — so hieß mein Zimmergenosse — beweinte seit drei Jahren in der Bastille das Unglück, diese Ratschläge gegeben zu haben: die stolze Buhldirne hatte ihm einen ebenso unversöhnlichen Haß geschworen wie mir und ließ ihn ebenso schwer dessen Wirkungen fühlen.Antoine Allègre hatte in Marseille eine Schule gehalten, und wurde ›als Verleumder der Grossen und Minister‹ am 31. Mai 1750 in die Bastille gesetzt.

Allègre hatte ebenfalls die Teilnahme des guten Berryer zu erwecken gewußt; wir beide bestürmten ihn, von gleicher Ungeduld beseelt, unermüdlich mit Briefen und Eingaben; er teilte uns jeden neuen Schritt mit, den er für uns tat, und konnte uns manchmal sogar einige Hoffnung machen. Aber eines Tages brachte er uns die niederdonnernde Nachricht: unsere Verfolgerin, der ewigen Klagen müde, habe ihm gesagt, ihre Rache sei ewig, und ihm verboten, von uns in Zukunft auch nur zu sprechen. So konnte denn nur noch der Sturz oder der Tod dieser Furie unseren Leiden ein Ende machen.

Mein Leidensgefährte ließ sich von seinen Schmerzen gänzlich niederschmettern; in mir aber vollzog sich eine ganz andere Wirkung; die Nachricht gab mir den Mut und die Kraft der Verzweiflung. Junge Männer wie wir hatten unter solchen Umständen nur zwischen zwei Entschlüssen die Wahl: Sterben oder Fliehen!

Wenn man auch nur einen schwachen Begriff von der Bastille hat, von ihrer Mauer, ihren Türmen, ihrer Hausordnung und den unglaublichen Vorsichtsmaßregeln, mit denen der Despotismus sie vielfältig umgeben hat, um seiner dort schmachtenden Opfer ganz sicher zu sein: so kann einem allerdings ein Fluchtplan, ja der bloße Gedanke daran, sehr wohl als eine Ausgeburt des Fieberwahns erscheinen. Trotzdem war ich vollständig Herr meiner Vernunft, als ich diesen Plan faßte.

Nicht eine Minute durfte man daran denken, aus der Bastille durch die Tür hinauszukommen; dieser Weg war ausgeschlossen, denn es gab für ihn nicht eine einzige physikalische Möglichkeit. Es blieb also nur der Weg durch die Luft. Nun hatten wir wohl in unserem Zimmer einen Kamin, dessen Rohr oben auf dem Turm ausmündete; aber dieses Rohr war, wie alle in der Bastille, voll von Gittern und Eisenstäben, die an mehreren Stellen angebracht waren und kaum dem Rauch freien Durchzug ließen. Wären wir wirklich oben auf dem Turm angekommen, so hatten wir zu unseren Füßen einen Abgrund von fast zweihundert Fuß Tiefe; der Graben unten wurde von einer sehr hohen Mauer begrenzt, die ebenfalls überstiegen werden mußte. Wir waren allein, hatten weder Werkzeuge noch Materialien und wurden jeden Augenblick bei Tage und bei Nacht ausspioniert. Außerdem waren wir von Schildwachen behütet, die die Bastille in einer solchen Menge umgaben, als ob sie das feste Schloß belagerten.

Alle diese Hindernisse und Gefahren konnten mich von meinem Plan nicht abbringen, und ich teilte ihn meinem Kameraden mit. Er sah mich an, als ob er mich für verrückt hielte, und sank in seine dumpfe Betäubung zurück. Ich mußte mich also allein mit meinem Vorhaben beschäftigen, es durchdenken, die furchtbare Menge von Hindernissen in Erwägung ziehen, die sich der Ausführung entgegensetzten, und für ein jedes das Mittel zur Beseitigung ausfindig machen.

Wir mußten im Kamin in die Höhe kriechen, trotz den vielen eisernen Gitterstangen. Wir mußten, um uns von der Höhe des Turms in den Graben hinunterzulassen, eine Leiter von hundertachtzig Fuß Länge haben; eine zweite Leiter, und zwar sogar von Holz, um aus dem Graben über die Mauer zu kommen. Wenn ich mir die Materialien dazu beschaffte, so mußte ich sie vor allen Späherblicken verbergen können. Ich mußte geräuschlos arbeiten, die zahlreichen Wächter täuschen, sie mehrere Monate lang taub und blind machen. Ich mußte alle die Hindernisse, die täglich, ja stündlich, in immer wechselnder Gestalt unfehlbar auftauchten, voraussehen und beseitigen. Diese Hindernisse mußten sich nacheinander entwickeln, das eine mußte aus der Beseitigung des anderen entstehen, ich konnte sie nicht vorauswissen, und trotzdem mußte ich sicher sein, sie sofort beim Auftauchen zu beseitigen.

Dies alles — ich *habe* es vollbracht.

Noch einmal schwöre ich, ich sage nur die vollständige Wahrheit. Doch zu den Einzelheiten meines Werkes!

Meine erste und wichtigste Sorge mußte es sein, einen Ort zu entdecken, wo wir alle unsere Werkzeuge und Materialien — deren Beschaffung allerdings lediglich von unserer Geschicklichkeit abhing — vollkommen sicher verstecken könnten, Nach langem Nachdenken hatte ich endlich einen Einfall, der mir sehr glücklich schien. Ich hatte bereits mehrere Zimmer in der Bastille bewohnt, und in jedem hatte ich, wenn die Räume über und unter mir bewohnt waren, von beiden her das Geräusch vernommen, das ihre Inhaber machten. In dem augenblicklich von uns bewohnten Zimmer dagegen hörte ich zwar die Bewegungen des Gefangenen, der über mir wohnte, jedoch durchaus nichts von dem Nachbarn unter mir, obwohl ich ganz bestimmt wußte, daß dieses untere Stockwerk bewohnt war. Ich glaubte annehmen zu dürfen, daß ein doppelter Boden, geschieden durch einen Zwischenraum, vorhanden wäre. Es galt, mich davon zu überzeugen.

In der Bastille war eine Kapelle, worin täglich eine, Sonntags drei Messen gelesen wurden. Die Erlaubnis, der Messe beiwohnen zu dürfen, war eine ganz besondere Vergünstigung, die nur ausnahmsweise bewilligt wurde. Wir hatten sie durch Herrn Berryer erhalten, ebenso der Gefangene, der in Nummer 3, also in dem Zimmer unter uns wohnte.

Ich beschloß, beim Zurückkommen von der Messe den Versuch zu machen, einen Blick in dieses Zimmer zu werfen, und verabredete mit Allègre ein Mittel, mir diesen Besuch zu ermöglichen: er sollte sein Besteck in ein Schnupftuch wickeln; wenn wir auf der Höhe des zweiten Stocks angelangt wären, dieses Schnupftuch aus der Tasche ziehen und es so einrichten, daß dabei das Besteck die Stufen hinabkollerte. Dann sollte er dem uns begleitenden Schließer, namens Daragon, sagen, er möchte das Besteck wieder heraufholen. Die kleine List glückte ausgezeichnet. Während Daragon hinter dem Besteck herlief, steige ich schnell nach Nummer 3 hinauf, ziehe den Türriegel zurück, messe mit den Augen die Höhe bis zur Decke und bemerke, daß sie höchstens zehn und einen halben Fuß beträgt. Ich schließe die Tür wieder, und zähle beim Weitersteigen die Stufen von diesem Zimmer bis zum unsrigen; es sind zweiunddreißig. Ich messe die Höhe von einer derselben, berechne danach das Ganze, und finde, daß zwischen der Decke des unteren Zimmers und dem Fußboden des unsrigen eine Entfernung von fünf und einem halben Fuß sein muß. Dieser Raum konnte nicht von Holz ausgefüllt sein und noch weniger von Steinen, weil dies ein ungeheures Gewicht ergeben haben würde. Ich schloß daraus, es müßte eine sogenannte Trommel vorhanden sein, ein leerer Raum von vier Fuß Höhe von einer Balkenlage zur anderen.

Man schließt uns ein und schiebt die Riegel vor; ich falle Allègre um den Hals, trunken vor Hoffnung und Freude, und küsse ihn leidenschaftlich.

»Freund!« rufe ich, »Mut und Vertrauen! Wir sind gerettet!« Ich teile ihm meine Berechnungen und Beobachtungen mit. »Wir können unsere Stricke und anderen Materialien verbergen; weiter brauchte ich nichts; wir sind so gut wie frei!«

»Was ?« sagte er. »Sie haben Ihre Träumereien immer noch nicht aufgegeben? Stricke? Materialien? Wo sind die? Wo sollen wir die herbekommen?«

»Stricke haben wir mehr als wir brauchen. Dieser Koffer — hierbei zeigte ich auf meinen — enthält mehr als tausend Fuß.«

Ich sprach voll Feuer. Ganz erfüllt von meiner Idee, hingerissen von dem Schwunge, den meine neuen Hoffnungen meiner Phantasie gaben, erschien ich ihm besessen. Er sah mir fest ins Gesicht und sagte im rührendsten Ton und voll zärtlicher Teilnahme: »Lieber Freund! Kommen Sie zu sich, dämpfen Sie das Fieber, das Sie verzehrt. Ihr Koffer, sagen Sie, enthält mehr als tausend Fuß Stricke ? Ich weiß ebensogut wie Sie was darin ist: nicht ein einziger Zoll!«

»Nicht ? Habe ich nicht eine große Menge Wäsche ? Zwölf Dutzend Hemden, viele Handtücher, Strümpfe, Nachtmützen und andere Sachen? Können diese uns nicht zu Stricken dienen ? Wir fasern sie einfach auseinander und haben so viele Stricke, wie wir nur wünschen.«Hierzu macht Latude selbst folgende Anmerkung: »Viele Leute werden dies für eine Übertreibung erklären, sie begreifen nicht, wie man eine solche erstaunliche Menge Wäsche bei sich haben kann, und behaupten, ich lege sie mir erst nachträglich bei, weil sonst meine ganze Erzählung sich als Fabel herausstellen würde. Dieser Einwurf ist besonders von Engländern erhoben worden, als vor einigen Jahren die Erzählung meiner zweiten Flucht als Einzelbericht erschien und ins Englische übersetzt wurde. Mein hochachtbarer Freund, C. de Pougens, der damals in London war, hat mir erzählt, es sei ihm unmöglich gewesen, die Engländer, mit denen er darüber gesprochen, zum Glauben an meine Darstellung zu bekehren. Sie hätten die Möglichkeit dieser Tatsache rundweg geleugnet und daraus geschlossen, dass auch alles andere erdichtet wäre. Das scheint auch ganz erklärlich, weil es dortzulande Brauch ist, auch in der bestversehenen Garderobe nur eine geringe Menge Wäsche zu führen. Auch für Pariser Verhältnisse trifft dies so ziemlich zu. Aber in der Provinz verfällt man, wie ich versichern kann, genau in das entgegengesetzte Extrem. Dort ist es Brauch, sehr beträchtliche und manchmal geradezu erstaunliche Vorräte aufzustapeln. Wenn man nun bedenkt, dass ich auf dem Lande aufgewachsen bin, dass meine Eltern, als ich von ihnen Abschied nahm, um in die Welt zu gehen, mich für eine voraussichtlich lange Abwesenheit ausrüsteten, so wird man mir gewiss zugeben, dass meine Behauptung durchaus nicht unwahrscheinlich ist, zumal wenn man erfährt, dass ich während meiner kurzen Dienstzeit in Bergen op Zoom zu ganz geringen Preisen grosse Mengen Leibwäsche gekauft hatte, die von der kurz vorher stattgefundenen Plünderung der Stadt herrührte.«

Allègre erfaßt blitzschnell meinen ganzen Plan und alle meine Gedanken; Hoffnung und Freiheitsliebe sterben niemals im Menschenherzen, und in dem seinigen hatten sie nur in einem Betäubungsschlummer gelegen. Bald war er ganz Feuer und Flamme. Aber er hatte noch alle Einwürfe vorzubringen, die ich selbst mir bereits im Stillen widerlegt hatte. »Womit,« fragte er mich, »sollen wir alle die Eisenstangen herausreißen, mit denen unser Kaminrohr versehen ist? woher nehmen wir das Material für die nicht zu entbehrende Holzleiter? Woher die Werkzeuge, um alle diese Gegenstände anzufertigen? Wir besitzen ja nicht die glückliche Kunst, das, was wir brauchen, aus der Erde zu stampfen.«

»Lieber Freund,« antwortete ich, »das Genie ist schöpferisch, und wir besitzen das Genie, das die Verzweiflung verleiht; dieses wird uns die Hände führen. Noch einmal sage ich's: wir werden uns frei machen!«

Wir hatten einen Klapptisch, der durch zwei eiserne Haspen befestigt war. Wir lösten diese ab und versahen sie mit einer Schneide, indem wir sie auf einer Fliese des Fußbodens wetzten. Aus einem Feuerstahl verfertigten wir in weniger als zwei Stunden ein gutes Messer, mit dessen

Hilfe wir zwei Handgriffe für unsere Haspen machten. Diese gebrauchten wir hauptsächlich, um alle Eisenstäbe aus unserem Kamin herausreißen zu können. Abends, als die Schließer uns den letzten Besuch für den Tag abgestattet hatten, standen wir auf und hoben mittelst unserer Haspen eine Fliese aus dem Fußboden. Wir arbeiteten mit einem solchen Eifer, daß wir in weniger als sechs Stunden ihn durchbrochen hatten. Da sahen wir, daß alle unsere Voraussetzungen richtig gewesen waren, denn wir fanden zwischen den beiden Decken einen leeren Raum von vier Fuß Tiefe. Wir legten die Fliese wieder an ihre Stelle und es war nicht zu bemerken, daß sie jemals davon entfernt gewesen war.

Nachdem diese Vorbereitungsarbeiten in Ordnung waren, trennten wir zwei Hemden samt ihren Säumen auf und zogen alle Fäden einen nach dem anderen daraus heraus; wir knüpften diese aneinander und erhielten eine gewisse Anzahl Strähnen, aus denen wir zwei große Büschel machten, jedes von fünfzig Fäden zu sechzig Fuß Länge. Wir drehten sie zusammen und erhielten einen Strick von ungefähr fünfundfünfzig Fuß. Hieraus verfertigten wir eine zwanzig Fuß lange Strickleiter, vermöge deren wir uns im Kamin in der Schwebe erhalten konnten, um alle Stäbe und eisernen Spitzen daraus zu entfernen. Diese Arbeit war die mühseligste von allen; sie kostete uns volle sechs Monate, eine Qual, die mich noch in der Erinnerung schaudern macht. Wir konnten nur mit zusammengekrümmtem Körper und in den unbequemsten Stellungen arbeiten. Länger als eine Stunde konnten wir diese Lage niemals aushalten und jedesmal, wenn wir herunterkamen, waren unsere Hände blutüberströmt. Die Eisenstäbe waren in einem über alle Begriffe harten Mörtel befestigt, den wir nur dadurch etwas aufweichen konnten, daß wir in die von uns bereits gebohrten Löcher mit unserem Munde Wasser hineinbliesen.

Um einen Begriff zu geben, wie mühselig dies war, genügt es, wenn ich sage, daß wir zufrieden waren, wenn wir in einer ganzen Nacht um eine Linie tiefer gekommen waren! Jedesmal wenn wir eine Stange losgebrochen hatten, mußten wir sie wieder in ihrem Loch befestigen, damit man bei den zahlreichen Besichtigungen, die in unserem Zimmer abgehalten wurden, nichts entdeckte; zugleich aber mußten wir sie im Augenblick, wo wir unsere Flucht bewerkstelligen wollten, sofort entfernen können.

Nach sechs Monaten dieser entsetzlichen, aber geduldig durchgeführten Arbeit, machten wir uns an die Holzleiter, die wir nötig hatten, um vom Graben auf die Mauerbrüstung und von da in den Garten des Gouverneurs zu gelangen. Sie mußte zwanzig bis fünfundzwanzig Fuß lang sein. Wir machten sie aus unserem Brennholz, dessen Scheite durchweg achtzehn bis zwanzig Zoll lang waren. Wir brauchten auch Flaschenzüge und viele andere Dinge, die wir ohne Hilfe einer Säge nicht machen konnten: ich machte eine aus einem eisernen Leuchter mit Hilfe der zweiten Hälfte unseres Feuerstahls, dessen erste Hälfte uns zur Herstellung unseres kleinen Messers gedient hatte. Mit diesem Messerchen, der Säge und den Haspen, zerkleinerten wir unsere Brennscheite, wir versahen sie mit Löchern und Zapfen, um ein Stück an dem anderen befestigen zu können. An den Stellen, wo die Stücke zusammenpaßten, wurden die Löcher für die Sprossen gebohrt; diese gingen also durch die Zapfen hindurch und wurden mit zwei Pflöcken befestigt, so daß sie sich nicht lockern konnten. Diese Leiter hatte nur einen Arm; sie war mit zwanzig Sprossen in Abständen von je fünfzehn Zoll versehen. Jedes Stück der Leiter war mit der zugehörigen Sprosse durch ein Stückchen Bindfaden zusammengebunden, so daß wir sie auch nachts leicht zusammensetzen konnten. Sobald ein neues Stück fertig war, verbargen wir es in unserer ›Trommel‹.

Mit unseren primitiven Werkzeugen verfertigten wir uns nach und nach alles, was man in einer gut eingerichteten Werkstatt braucht: Zirkel, Winkelmaß, Lineal, Haspeln, Flaschenzüge, Leitersprossen usw. Selbstverständlich wurde alles sofort sorgfältig in unserem Magazin verstaut.

Bei unserem Vorhaben hatten wir eine ganz besondere Gefahr zu vermeiden, der wir nur durch größte Vorsicht begegnen konnten. Abgesehen von den sehr häufigen Besuchen, die uns von Schließern oder Offizieren der Bastille gerade in den Augenblicken abgestattet wurden, wo wir sie am wenigsten erwarteten, war es auch noch üblich, die Handlungen und Unterhaltungen der Gefangenen ohne deren Wissen zu belauschen. Vor den Blicken konnten wir uns schützen, indem wir unsere Hauptarbeiten nur nachts ausführten und alle Spuren derselben sorgfältig verwischten, denn ein Spänchen, ein kleines bißchen Sägemehl konnten uns verraten. Aber wir mußten auch die Ohren unserer Spione täuschen.

Es war nicht anders möglich, als daß wir uns fortwährend von unserem Gegenstand unterhielten; dies mußte in so unverfänglicher Weise geschehen, daß ein Verdacht nicht aufkommen konnte oder jedenfalls sofort wieder zerstreut wurde. Wir erfanden zu diesem Zweck eine besondere Sprache, indem wir allen Sachen, die wir in Gebrauch hatten, eigentümliche Namen gaben. Die Säge nannten wir ›Faun‹, die Haspel ›Anubis‹, die Haspen ›Tubalkain‹, nach dem Namen des ersten Menschen, der den Gebrauch des Eisens erfand; unser Loch unter dem Fußboden, worin wir alle unsere Sachen aufbewahrten, hieß ›Polyphem‹, in Anspielung auf die Höhle des berühmten Kyklopen; unsere Holzleiter hieß ›Jakob‹, wobei wir natürlich an die in der Heiligen Schrift erwähnte dachten; die Sprossen nannten wir ›Ableger‹, unsere Stricke ›Tauben‹ (wegen ihrer Weiße), eine Strähne Faden ›Brüderchen‹, das Messer ›Wauwau‹ usw. Kam jemand in unser Zimmer und einer von uns beiden bemerkte, daß irgend etwas nicht fortgepackt war, so sprach er nur das Wort ›Faun‹, ›Anubis‹, ›Jakob‹ oder dgl. aus; der andere warf sein Schnupftuch oder eine Serviette darüber und ließ den Gegenstand verschwinden.

Wir waren beständig auf unserer Hut und es glückte uns auch wirklich, die Wachsamkeit aller unserer Argusse zu täuschen.

Nachdem die ersten Vorbereitungen in der von mir erzählten Weise gelungen waren, beschäftigten wir uns mit der großen Leiter, welche mindestens hundertachtzig Fuß lang sein mußte. Wir zerfaserten also unsere ganze Wäsche: Hemden, Handtücher, Nachtmützen, Strümpfe, Unterhosen, Taschentücher, kurz alles, was uns leinene oder seidene Fäden liefern konnte. Sobald ein Bündel fertig war, verbargen wir es im ›Polyphem‹, und als wir einen genügenden Vorrat hatten, verwandten wir eine ganze Nacht darauf, den Strick zu flechten: Ich möchte den geschicktesten Seiler herausfordern, einen kunstgerechteren zu liefern!

Oben um die Bastille läuft rings herum ein um drei oder vier Fuß vorspringender Rand; während des Abstiegs mußte daher unsere Leiter in der Luft sehr bedeutend hin und her schwanken; der schwindelfreiste Kopf hätte dadurch in Verwirrung kommen können. Dies war ein sehr bedenklicher Übelstand, weil einer von uns abstürzen und zerschmettert werden konnte. Wir fanden eine Abhilfe, indem wir einen zweiten Strick von ungefähr dreihundertsechzig Fuß Länge anfertigten. Dieser Strick sollte über einen Flaschenzug laufen oder vielmehr über eine Blockrolle ohne Rad, um zu verhindern, daß er sich zwischen dem Rad und den Seilen des Blocks verfinge; hierdurch hätte nämlich der Absteigende sich plötzlich mitten in der Luft schwebend finden können, ohne Möglichkeit, hinunter oder wieder hinauf zu kommen. Außer diesen beiden Hauptstricken machten wir noch mehrere andere von geringerer Länge, um unsere Leiter an eine Kanone festbinden zu könnenDas Dach der Bastille war mit Geschützen bestückt. und für andere unvorhergesehene Fälle.

Als alle diese Stricke fertig waren, maßen wir sie und fanden, daß wir vierzehnhundert Fuß besaßen. Hierauf fertigten wir zweihundertundacht Sprossen an, für die Strickleiter sowohl wie für die hölzerne. Wir mußten ferner daran denken, daß die Leitersprossen während unseres Herabsteigens durch die Reibung an der Mauer ein sehr beträchtliches Geräusch verursachen würden. Wir versahen deshalb jede Sprosse mit einem Überzug, den wir aus dem Futter unserer Schlafröcke, Jacken und Westen gewannen. Auf alle diese Vorbereitungen verwandten wir eine ununterbrochene Arbeit von achtzehn Monaten, Aber das war noch nicht alles. Wir besaßen die Mittel, oben auf den Turm hinauf und von dort in den Graben hinunter zu gelangen. Um aus diesem herauszukommen, gab es zwei Möglichkeiten. Entweder stiegen wir auf die Mauerbrüstung, von dort in den Garten des Gouverneurs hinunter und von da weiter in den Graben der Porte Saint-Antoine. Aber diese Mauerkrönung, die wir überschreiten mußten, war stets mit Schildwachen gespickt. Wir konnten allerdings eine sehr dunkle und regnerische Nacht für unser Vorhaben aussuchen, denn in einer solchen gehen die Posten nicht hin und her. Aber es konnte regnen in dem Augenblick, wo wir in unseren Kamin hineinkrochen, und ruhiges und klares Wetter sein, im Augenblick, wo wir auf der Mauer ankamen. Wir konnten einer der Hauptronden begegnen, die fortwährend über den Wallgang patrouillierten; dann hätten wir uns nicht verstecken können, weil sie immer Laternen bei sich führen, und wir wären auf ewig verloren gewesen.

Die zweite Möglichkeit bot mehr Schwierigkeiten, aber weniger Gefahren; sie bestand darin, das Mauerwerk zu durchbrechen, das den Graben der Bastille von dem Graben der Porte Saint-Antoine trennt. Ich überlegte mir, daß infolge der vielfachen Seineüberschwemmungen, die jedesmal diesen Graben mit Wasser füllen, das im Mörtel enthaltene Salz vollständig aufgeweicht sein mußte, so daß dieser Mörtel unschwer zu zerbrechen wäre, und daß wir uns also durch die Mauer würden hindurcharbeiten können. Wir brauchten nichts weiter als eine Zwinge, um damit Löcher in den Mörtel zu bohren. Diese Löcher sollten als Angriffpunkte dienen für zwei Brechstangen, die wir dem Gitterwerk unseres Kamins entnehmen konnten. Mit diesen beiden Brechstangen konnten wir die Steine ausheben und uns einen Weg bahnen. Wir entschlossen uns für dieses letztgenannte Vorgehen. Die Zwinge verfertigten wir aus einer Haspe meines Bettes, die wir mit einem Holzgriff in Kreuzform versahen.

Der Leser, der die Einzelheiten dieser interessanten Arbeiten mit uns verfolgt hat, teilt ohne Zweifel alle Gefühle, die uns dabei beseelten. Ich vermute, wenn er auch nicht wie wir von Furcht und Hoffnung bewegt wird, so sehnt er doch den Augenblick herbei, wo wir endlich den Versuch der Flucht wagen können.

Wir setzten sie auf Mittwoch, den 25. Februar 1756 fest. Der Fluß war damals gerade ausgetreten, im Bastillengraben und in dem der Porte Saint-Antoine, durch welche hindurch wir uns den Weg der Rettung suchen mußten, standen vier Fuß Wasser. Ich tat in einen ledernen Mantelsack, den ich besaß, einen vollständigen Anzug für jeden von uns beiden, damit wir uns im Fall des glücklichen Gelingens unseres Vorhabens umkleiden könnten.

Kaum hatte man uns unser Mittagessen gebracht, so begannen wir unsere große Strickleiter fertig zu machen, d. h. wir setzten die Sprossen in sie ein. Wir verbargen sie unter unseren Betten, damit der Schliesser sie nicht bemerken könnte; denn er hatte uns bis zum Abend noch mehrere Besuche abzustatten.

Hierauf setzten wir unsere Holzleiter zusammen, zerlegten sie aber des bequemeren Fortbringens wegen wieder in drei Stücke und steckten unsere Eisenstangen, womit die Mauer durchbrochen werden sollte, in ihre Hülsen, um ihr Klirren zu verhindern. Wir versahen uns mit einer Flasche ScubacKornbranntwein, worin Safran aufgelöst ist, um uns zu erwärmen; dieser Schnaps tat uns ausgezeichnete Dienste und belebte unsere Kräfte, als wir neun Stunden lang, bis an den Hals im Wasser stehend, zu arbeiten hatten. Nachdem dies alles vorbereitet war, warteten wir sehnlichst auf den Augenblick, wo man uns das Abendessen bringen würde. Endlich erschien der ersehnte Moment.

Ich stieg zuerst in den Kamin hinauf. Ich hatte einen Rheumatismus im linken Arm, aber über diesen Schmerz setzte ich mich hinweg. Bald sollte ich heftigere verspüren! Ich hatte nicht daran gedacht, die Vorsichtsmaßregeln anzuwenden, deren die Schornsteinfeger sich bedienen; der Ruß, den ich beim Hinaufkriechen loslöste, hätte mich beinahe erstickt. Die sonst üblichen Schutzleder an Knien und Ellbogen hatte ich nicht; alle meine Glieder wurden daher zerschunden, das Blut strömte mir über Beine und Hände. In diesem Zustande kam ich oben auf der Spitze des Schornsteins an. Sobald ich oben war, ließ ich ein Knäuel Bindfaden ablaufen, an dessen Ende Allègre einen Strick befestigte; dieser Strick hielt meinen Mantelsack, den ich an mich zog und auf der Plattform niederlegte. Auf dieselbe Art beförderten wir die Holzleiter, die beiden Brechstangen und alle unsere anderen Pakete hinauf, zuletzt unsere große Strickleiter. Das letzte Ende derselben ließ ich im Kamin herabhängen; ich befestigte sie mit einem dicken Stock, den ich quer über den Schornstein legte, so daß mein Freund hinaufsteigen konnte, ohne sich blutig zu schürfen. Hierauf kletterte auch ich endlich von meinem Schornstein herab, auf dem ich in sehr unbequemer Stellung gehockt hatte, und wir befanden uns beide auf der Plattform der Bastille. Dort setzten wir zunächst alle unsere Gerätschaften instand; vor allen Dingen machten wir aus unserer Strickleiter eine Rolle; dies ergab eine Masse von vier Fuß Durchmesser und einem Fuß Dicke. Wir wälzten sie auf der Plattform entlang bis zum Schatzturm, der uns für unsere Zwecke am geeignetsten erschien, und befestigten sie an einem Geschütz. Nachdem wir die lange Leiter vorsichtig die Mauer entlang hatten abrollen lassen, brachten wir auch unseren Flaschenzug an der Kanone an und versahen ihn mit dem dreihundertundsechzig Fuß langen Strick. Ich band mir diesen um den Leib und Allègre ließ ihn durch die Rolle gleiten, während ich hinabstieg. Trotzdem aber schoß ich bei jeder Bewegung, die ich machte, in der Luft hin und her; der bloße Gedanke daran kann einem die Haare sträuben, man kann sich also denken, wie mir zumute war, der ich leibhaftig über dem Abgrund hing. Endlich jedoch kam ich ohne Unfall unten im Graben an; sofort ließ Allègre mir meinen Mantelsack und alle anderen Gegenstände herunter; ich fand zum Glück ein trockenes Plätzchen, das das Wasser des Grabens überragte, wo ich die Sachen niederlegen konnte. Hierauf folgte mein Gefährte mir auf dem halsbrecherischen Wege, aber er hatte einen bedeutenden Vorteil vor mir, indem ich aus allen Kräften das untere Ende der Strickleiter festhielt, wodurch die Schwankungen fast ganz aufhörten. Als wir beide unten waren, konnten wir uns eines leichten Bedauerns nicht erwehren, daß wir unsere Leiter und die anderen Sachen nicht mitnehmen konnten. Sie sind in der Tat seltene und kostbare Denkstücke der menschlichen Geschicklichkeit und vollgültige Proben der Geisteskräfte, die durch den Freiheitsdrang des Menschen entfaltet werden können.»Am 16. Juli 1789«, erzählt Latude in einer Anmerkung, »zwei Tage nach der Einnahme der Bastille, fand ich mich in dieser ein. Ich sah dort mit unbeschreiblichem Vergnügen meine grosse Strickleiter wieder, ebenso auch die Holzleiter und den grössten Teil der anderen von mir beschriebenen Werkzeuge. Sie waren in den Archiven unter einer Art Falltür aufbewahrt worden; man hatte sie wie eine Kostbarkeit aufgehoben, die Staunen und Bewunderung zu erregen geeignet ist. Beigefügt war ein Protokoll, das am 27. Februar 1756 aufgenommen und vom Kommissar Roc ebrune unterzeichnet war. Es bestätigt vollkommen den Vorgang, wie ich ihn geschildert habe. Ich fand dort auch Briefe von Ministern und andere, meine Person betreffende Schriftstücke, von denen ich noch werde zu sprechen haben. Mein ganzer Fluchtapparat wurde in den Sitzungssaal des Gemeinderats geschafft und auf Anordnung desselben mir als wohlerworbenes Eigentum zugesprochen. Er ist später im «Salon» ausgestellt worden, wo er die allgemeine Aufmerksamkeit erregt hat.«

Es regnete nicht und wir hörten die Schildwache höchstens sechs Klafter von uns entfernt auf und ab gehen; es war also ausgeschlossen, die Mauerkrönung zu ersteigen und von dort in den Garten des Gouverneurs zu gelangen; wir beschlossen daher, uns auf unsere Brechstangen zu verlassen und uns durch die Mauer hindurchzuarbeiten. Sofort begaben wir uns an die Stelle, wo diese Mauer die beiden Gräben der Bastille und der Porte Saint-Antoine voneinander trennt, und machten uns ans Werk. Gerade an dieser Stelle mündete leider ein kleiner Graben von sechs Fuß Breite und anderthalb Fuß Wassertiefe ein; hierdurch wurde der Wasserstand bedeutend erhöht; während es an allen anderen Stellen nur bis an unsere Hüften reichte, ging es uns hier bis an die Achseln. Erst wenige Tage vorher waren die bis dahin gefrorenen Gräben aufgetaut; das Wasser war daher noch voll von kleinen Eisstückchen; wir blieben darin volle neun Stunden, unsere Körper von der ungeheuer schweren Arbeit erschöpft und unsere Glieder vom Frost erstarrt.

Kaum hatten wir mit unserer Arbeit begonnen, so sah ich, zwölf Fuß über unseren Köpfen, eine Hauptronde herankommen, und der Schein ihrer Stocklaterne fiel genau auf die Stelle, wo wir arbeiteten. Um der Entdeckung zu entgehen, blieb uns nichts anderes übrig, als unterzutauchen, und dieses Manöver mußten wir jedesmal wiederholen, wenn sie wieder vorbeikamen, d. h. jede halbe Stunde. Man wird mir verzeihen, wenn ich hier einen anderen Zwischenfall berichte, der mir anfangs einen tödlichen Schrecken einjagte, schließlich mir aber nur komisch vorkam. Ich erzähle ihn, weil ich versprochen habe, alle Einzelheiten getreulich zu schildern, und weil man vernünftigerweise doch nur darüber lächeln kann: eine Schildwache, die in geringer Entfernung von uns auf der Mauerkrone auf und ab ging, kam an unsere Arbeitsstelle und stand plötzlich genau oberhalb meines Kopfes still; ich glaubte schon, wir seien entdeckt und verspürte eine entsetzliche Herzbeklemmung. Aber bald hörte ich, daß der Soldat nur Halt gemacht hatte, um Wasser zu lassen, oder vielmehr, ich fühlte es, denn nicht ein einziger Tropfen ging bei meinem

Kopf und meinem Gesicht vorbei. Als die Schildwache wieder fort war, mußte ich meine Mütze fortwerfen und meine Haare auswaschen. Neun Stunden lang brachen wir unter beständigem Zittern und Zagen Steine los, und endlich, nach unsäglicher Mühe, hatten wir durch die vier und einen halben Fuß dicke Mauer ein Loch gemacht, das groß genug war, um unsere Körper durchzulassen. Wir schoben und zogen uns gegenseitig hindurch. Schon wollten unsere Seelen frohlocken, als eine unvermutete Gefahr uns plötzlich beinahe das Leben gekostet hätte. Wir wateten durch den Graben der Porte Saint-Antoine, um von hier aus die Landstraße von Bercy zu gewinnen; kaum hatten wir fünfundzwanzig Schritte gemacht, so gerieten wir in den in der Mitte fließenden Kanal und hatten zehn Fuß Wasser über unseren Köpfen und zwei Fuß tief Schlamm unter unseren Füßen; dieser Schlamm hielt uns fest, so daß wir den Rand des Kanals, obwohl dieser nur sechs Fuß breit ist, trotz aller Anstrengung nicht erreichen konnten. Allègre warf sich auf mich und hätte mich beinahe zum Fallen gebracht; dann wären wir verloren gewesen, wir hätten nicht mehr die Kraft gehabt, uns wieder hochzuarbeiten und wären in dem Moderschlamm umgekommen. Sobald ich fühlte, daß Allègre mich anpackte, gab ich ihm einen so heftigen Faustschlag, daß er mich loslassen mußte; mit einem gewaltigen Ruck schnellte ich mich empor und gelangte auch glücklich aus dem Kanal heraus; dann streckte ich meinen Arm aus, packte Allègre an seinen Haaren und zog ihn an mich. Bald waren wir außerhalb des Grabens und mit dem Glockenschlage fünf standen wir auf offener Landstraße.

Von gleichem Gefühl fortgerissen, stürzten wir einander in die Arme und hielten uns innig umschlungen. Dann warfen wir uns auf die Knie, um Gott, der uns durch so viele Gefahren gnädig hindurchgeführt hatte, im Gebet unseren Dank darzubringen. Doch solche Augenblicke lassen sich wohl nachfühlen — sie zu beschreiben, sind Worte zu schwach.

Nachdem wir diese Pflicht erfüllt, dachten wir daran, die Kleider zu wechseln; da sahen wir, was für eine glückliche Vorsicht es gewesen war, trockene Kleider in einem wasserdichten Mantelsack mitzunehmen! Die Nässe hatte also unsere Glieder erstarrt, und wir fühlten den Frost jetzt mehr als während unserer neunstündigen Arbeit im Eiswasser. Keiner von uns beiden wäre imstande gewesen, sich aus-und wieder anzukleiden, und wir mußten uns wechselseitig diesen Dienst erweisen. Endlich bestiegen wir einen Fiaker und ließen uns zu Herrn de SilhouetteDer bekannte Generalkontrolleur der Finanzen, unsterblich geworden durch die nach ihm benannten Schattenrissporträts ›schwarz wie seine Seele und leer wie seine Kasse‹, wie es in Brachvogels ›Narziss‹ heisst., dem Kanzler des Herzogs von Orleans, fahren. Ich kannte ihn sehr gut und war einer freundlichen Aufnahme sicher. Zum Unglück befand er sich in Versailles.

Wir suchten nun Zuflucht bei einem ehrenwerten Manne, den ich gleichfalls kannte; es war ein Goldschmied, namens Fraissinet aus Béziers. Er erzählte mir, daß ein gemeinsamer Freund von uns, Dejean, der aus meinem Heimatsort Montagnac stammte, sich mit seiner Gemahlin in Paris aufhielte. Diese Nachricht gab mir vollends allen Lebensmut zurück. Dejean war der Sohn eines im ganzen Languedoc von allen Protestanten als ihr Oberhaupt verehrten Mannes; mein Freund hatte die Tugenden seines Vaters geerbt. Ich erfuhr bald, daß auch seine Gattin sie in vollem Maße besaß. Sie fragten wenig nach der Gefahr, die darin lag, zwei Menschen fortzuhelfen, die nicht nur aus der Bastille, sondern sogar dem Haß der königlichen Geliebten zu entfliehen gewagt hatten. Doch waren sie so vorsichtig, uns nicht in ihr Haus aufzunehmen, sondern bei ihrem Schneider, einem gewissen Rouit, unterzubringen; dieser wohnte nämlich in Abbaye Saint-Germain, wo man vor den Nachforschungen der Polizei sicherer war. Dejean und seine Frau kamen jeden Tag zu uns heraus, um uns Hilfe und Trost zu bringen.

Für die Marquise de Pompadour war es ein harter Schlag, gleich zwei Opfer auf einmal zu verlieren. Ihr Herz, das ein so großes Bedürfnis hatte, sich an unseren Qualen zu weiden, mußte einen großen Zorn empfinden, als sie vernahm, daß unsere Flucht sie eines so kostbaren Genusses beraubt hatte. Zudem mußte sie auch unsere Vergeltung fürchten; wir konnten dem Publikum alle jene Greuel schildern, die sie an uns begangen und unter denen noch so viele andere unglückliche Opfer litten. Wir konnten alle unsere Mitbürger in die von uns erlittenen Qualen einweihen, und ganz Frankreich hätte unser Entzücken über die wiedergewonnene Freiheit geteilt. Sie wußte dies, und das ist auch der Grund, warum sie niemals einem Menschen, den sie in den Kerker gestoßen hatte, die Freiheit zurückgab; in den engen Wänden der Verließe erstickte sie alle Seufzer und wütenden Verwünschungen.

Da wir diese ihre Befürchtungen genau kannten und wußten, auf welche Weise sie sie gewöhnlich zu beruhigen suchte, so zweifelten wir nicht daran, daß man uns mit Aufgebot aller Kräfte nachspürte. Ich verspürte dieses Mal keine Anwandlungen, mich ihr zu Füßen zu werfen und ihre Gnade anzurufen, und ich schreckte nicht vor dem Gedanken zurück, mein Vaterland zu verlassen. Aber es wäre zu unvorsichtig gewesen, gleich in der allerersten Zeit uns ins Freie zu wagen. Fast einen vollen Monat blieben wir unter der Obhut der Freundschaft versteckt; es wurde abgemacht, daß wir nicht zusammen abreisen sollten, damit, wenn einer von uns das Unglück haben sollte, ergriffen zu werden, dies dem Kameraden als Warnungszeichen dienen könnte.

Allègre brach zuerst auf und begab sich als Bauer verkleidet nach Brüssel, wo er glücklich und ohne Unfall ankam; er gab mir auf eine zwischen uns verabredete Art Kenntnis davon, und sofort machte ich mich auf den Weg zu ihm. Ich nahm den Taufschein meines Wirts, der ungefähr von meinem Alter war, und versah mich mit gedruckten Prozeßeingaben und alten Aktenstücken, um einen glaubhaften Vorwand angeben zu können, falls ich etwa unterwegs nach meinem Reisezweck befragt werden sollte.

Eines Nachts verließ ich in Bediententracht Paris und wartete in der Entfernung einiger Meilen von der Hauptstadt auf die Postkutsche nach Valenciennes, in der ich zum Glück noch einen leeren Platz fand. Mehrere Male wurde ich von reitenden Wegepolizisten angehalten, untersucht und ausgefragt. Ich antwortete, ich reiste nach Amsterdam, um dem Bruder meines Herrn die Aktenstücke zu überbringen, die ich bei mir hätte. Mit Hilfe dieser List entkam ich denn auch glücklich den Nachstellungen der gegen mich aufgebotenen Häscher.

Indessen ging das nicht immer ganz leicht. In Cambrai antwortete ich dem Gefreiten, der mich verhörte, auf seine Frage, woher ich wäre: ich stammte aus Digne in der Provence. Er bemerkte mir darauf, an diesem Ort habe er selbst zehn Jahre verbracht; er erkundigte sich nach mehreren der angesehensten Einwohner; zu meiner Verlegenheit hatte ich nicht einmal ihre Namen je gehört; ich wußte nicht, was ich sagen sollte, denn es war kaum glaublich, daß ein Mann aus Digne die genannten Leute wirklich nicht kannte. Zum Glück fiel mir die Fabel von dem Delphin ein, auf dessen Rücken sich ein aus einem Schiffbruch entronnener Affe geflüchtet hatte. Das Seetier fragte seinen Reiter, ob er den Piräus kenne; dieser antwortete ganz frech: »Piräus ist einer meiner besten Freunde.« Der Delphin sah sich um, bemerkte, daß er nur einen Affen trug und warf ihn ins Meer. — Ich machte mir diese Lehre zunutze, gab keine bestimmte Antwort und tat, als suchte ich in meinem Gedächtnis die Namen der von dem Beamten genannten Personen. Ich stellte mich sehr erstaunt, daß ich mich nicht gleich auf sie besinnen könnte und fragte endlich, von welcher Zeit er denn eigentlich spreche. »Ich war vor achtzehn Jahren dort,« versetzte er. Mir fiel ein Stein vom Herzen. Ich bemerkte ihm, vor achtzehn Jahren wäre ich ein ganz kleiner Junge gewesen, die von ihm erwähnten Persönlichkeiten müßten lange gestorben sein. Er gab sich damit zufrieden und sprach von anderen Sachen; doch war mir nicht behaglich zumut und ich ergriff die erste beste Gelegenheit, ihm meinen Kratzfuß zu machen und mich zu entfernen.

In Valenciennes nahm ich die Brüsseler Postkutsche. Auf halbem Wege zwischen Valenciennes und Mons steht neben der Straße ein großer Pfahl, der auf der einen Seite das französische, auf der anderen das österreichischeBelgien (mit Ausnahme des Bistums Lüttich) war bekanntlich damals habsburgisch. Wappen trägt; er bezeichnet die Grenze der beiden Staaten. Als wir an dieser Stelle vorbeikamen, ging ich gerade, um mir ein bißchen Bewegung zu machen, neben unserem Wagen her. Einem unwillkürlichen Drange folgend, stürzte ich mich auf die fremde Erde und küßte sie voll Entzücken. Endlich konnte ich in Frieden atmen — oder glaubte es wenigstens! Meine Mitreisenden waren über ein solches Benehmen sehr erstaunt und fragten mich nach dem Grunde. Ich schützte vor, ich wäre ein paar Jahre vorher gerade um diese Stunde einem großen Unglück entronnen und verfehlte daher niemals, in dem nämlichen Augenblick Gott meine ganze Dankbarkeit kund zu tun.

Am nächsten Abend kam ich endlich in Brüssel an. Ich hatte hier im Jahre 1747 die Winterquartiere verbracht und kannte es also schon. Ich stieg im Gasthaus Coffi am Rathausplatz ab, wo Allègre mir Rendezvous gegeben hatte. Ich fragte den Wirt nach meinem Freund; er antwortete, er wisse nicht, was aus ihm geworden sei. Ich tat einige andere Fragen, ich wurde dringlich, er zögerte verlegen. Nun wurde mir alles klar. Ich begriff, was meinem unglücklichen Genossen zugestoßen war, und was mir ohne Zweifel bevorstand. Ich bewahrte mir aber ein ruhiges Gesicht und ging nach draußen, um mir meinen Schmerz und meinen Schreck auszuweinen. Ich hatte hinterlassen, ich wünschte ein Zimmer und würde erst um zehn Uhr zum Nachtessen zurückkehren, weil ich noch einige Geschäfte zu erledigen hätte. Ich verließ aber im selben Augenblick die Stadt.

Allègre würde mich ohne Zweifel im Gasthause erwartet haben; er kannte ziemlich genau den Zeitpunkt meiner mutmaßlichen Ankunft. Er würde daher, falls er hätte ausgehen müssen, ganz bestimmt mir einen Zettel hinterlassen haben, worin er milden Grund und die Dauer seiner Abwesenheit mitgeteilt hätte. Sein völliges Stillschweigen, die verlegenen und zweideutigen Antworten des Wirtes, dies alles sagte mir nur zu deutlich, daß er entdeckt war und mir ohne Zweifel bald dasselbe Schicksal bevorstände.

Ich belegte daher, ohne Zeit zu verlieren, einen Platz in dem Antwerpener Marktschiff, das Punkt neun Uhr abging. Um die Abfahrt abzuwarten, trat ich in eine nahe gelegene Schenke ein, wo ich einen jungen Savoyarden traf, der die gleiche Reise machen wollte; seine Frau und einige Verwandte waren anwesend, um ihm das Geleite zu geben. Als er hörte, daß ich mit ihm fahren würde, suchte dieser Savoyarde, seines Zeichens Schornsteinfeger, meine Bekanntschaft zu machen. Es war kein Wunder, daß er mich für einen geeigneten Kameraden hielt, denn ich trug, wie erwähnt, Bedientenkleider; übrigens war er selbst durchaus anständig und reinlich gekleidet. Wir wurden bald sehr vertraut. Er ging nach Amsterdam, wo ich mir ebenfalls eine sichere Zuflucht suchen wollte; da er sehr gut holländisch sprach, bot er sich mir als Dolmetsch und Führer an.

Wir speisten zusammen, meine Gesellschaft entzückte ihn, aber ich selbst war weit entfernt, mich der glücklichen Seelenruhe zu erfreuen, die er zu genießen schien. Wir fuhren ab. Unterwegs fragte ich ihn nach den letzten Brüsseler Neuigkeiten, und man kann sich mein Erstaunen denken, als er als besonders interessant das traurige Abenteuer berichtete, von dessen beiden Helden ich selbst der eine war! Obwohl ich nicht ganz unvorbereitet war, erschauerte ich doch vor Entsetzen, und das Blut erstarrte mir in den Adern.

Er erzählte mir, von den beiden aus der Bastille entsprungenen Gefangenen sei der eine vor kurzem nach Brüssel gekommen und bei Coffi abgestiegen. Nachdem er zuerst Bauernkleidung getragen, habe er plötzlich sein Kostüm gewechselt und sei viel mit höheren Offizieren und anderen Leuten von Stande spazieren gegangen, habe auch mit ihnen gespeist. Ein Justizbeamter habe Befehl empfangen, ihn zu verhaften und ihn in sein eigenes Haus geführt, unter dem Vorwande, ihn nach Stand und Namen befragen zu müssen. Er habe ihn dort bis zum anderen Morgen in einem Zimmer eingesperrt gehalten und ihn dann dem Groß-Profoß von Brüssel übergeben. Dieser habe ihn unter guter Bewachung bis an die Tore von Lille geführt, wo ein französischer Polizeigefreiter, der schon von Brüssel an in ihrem Gefolge war, den Gefangenen amtlich in Empfang nahm. Allègre wurde, wie später Latude, in die Bastille zurückgebracht und mit Ketten gefesselt ins Verliess geworfen. Er verfiel daselbst in Tobsucht und man verbrachte ihn nach der Irrenanstalt Charenton, wo er, als Latude seine Denkwürdigkeiten veröffentlichte, bereits 26 Jahre lang als unheilbar tobsüchtig in einem unterirdischen Verliess in Ketten lag. Mein Savoyarde hatte diese Einzelheiten von einem ihm befreundeten Bedienten des an der Sache beteiligten Justizbeamten erfahren. Er bat mich um strenge Diskretion, da solche auch ihm abverlangt sei; es sei nämlich wichtig, daß sich das Gerücht von dem Vorfall nicht verbreite, weil man auch den zweiten Flüchtling noch zu fangen hoffe, den man im selben Gasthof erwarte.

Welche Gefühle stürmten auf mich ein! Und doch mußte ich, um bei meinem Reisegefährten keinen Verdacht zu erregen, ein heiteres und ruhiges Gesicht zeigen, obwohl mir das Herz blutete und die Besinnung mir zu schwinden drohte. Mein Entschluß mußte schnell gefaßt werden;

wenn man mir aufgelauert hatte, so hatte man unfehlbar auch meinen Weg bald erkundet; der Wirt mußte mich unbedingt erkannt haben, und das genügte, um mich in Gefahr zu bringen, jede Minute verhaftet zu werden. Wenn unsere unbarmherzige Verfolgerin die Macht gehabt hatte, den unglücklichen Allègre im Ausland verhaften zu lassen, so war es klar, daß ihre Wut keine Hindernisse fand, ich also in derselben Gefahr schwebte. Ich mußte daher einen anderen Weg nehmen, um die Häscher auf meiner Spur zu täuschen, die nicht anders glauben konnten, als daß ich nach Amsterdam ginge.

Ebenso wichtig war es, meinem Savoyarden jeden Verdacht zu benehmen. Ich fragte ihn daher, ob das Rotterdamer Schiff bei Bergen op Zoom vorbei käme. Er verneinte dies. Ich wußte es besser als er, spielte aber den Erstaunten, sagte, ich hätte in diesem letzteren Ort den Betrag eines Wechsels einzukassieren, und sprach ihm mein herzliches Bedauern aus, daß ich die Reise nicht mit ihm fortsetzen könnte. Wir gaben uns gegenseitig das Versprechen, uns in Amsterdam wieder zu sehen. In Antwerpen, wo das Schiff Halt machte, trennte ich mich von ihm, nachdem ich ihm, zum Trost für den Verlust der Reisegesellschaft, einiges von meinem Vorrat an Brot, Schinken und Branntwein abgegeben hatte. Meine Freigebigkeit entzückte ihn, und er wollte mich aus Dankbarkeit durchaus ein Stück Weges nach Bergen op Zoom begleiten, da das Schiff längeren Aufenthalt hatte.

Kaum hatte ich ihn aus dem Gesicht verloren, so schlug ich einen anderen Weg ein und marschierte ohne Unterbrechung, bis ich auf holländischem Gebiet war. Ich war innerlich überzeugt, daß ich bei der Ankunft des Schiffes in Amsterdam einen Gefreiten der Brüsseler Polizei zu meinem Empfang würde vorgefunden haben, der schon Mittel gefunden hätte, mich festzunehmen. Das Unglück meines armen Allègre bewies mir, daß die Pompadour sich durch kein Bedenken zurückhalten ließ.Nicht lange danach wurde Latude in Amsterdam auf Betreiben der Pompadour von einer französischen Polizeimannschaft aufgehoben. Der Senat der Generalstaaten hatte seine Einwilligung erteilt, nachdem die Pompadour 217000 Livres Bestechungsgelder ausgegeben hatte.

II.

(An Händen und Füßen gefesselt wurde Latude von Amsterdam in die Bastille zurückgebracht und dort ins Verließ geworfen.)

Ich wurde meiner Kleider entledigt, und, wie das erstemal, mit halbverfaulten Lumpen bedeckt; man legte mir Fesseln an Hände und Füße und stieß mich in ein Kerkerloch, wo ich ein paar Hände voll Stroh erhielt. Zu Wächtern wurden mir gerade die Leute bestellt, denen ich einmal entwischt war, und die mit drei Monaten Gefängnis für das Verbrechen bestraft waren, meine Flucht nicht verhindert zu haben.

Ich will meine Leser nicht durch eine neue Schilderung meiner gräßlichen Lage ermüden; sie werden sie sich selbst leicht vorstellen können.

Vierzig Monate hintereinander blieb ich in meinen Fesseln, dem ganzen Elend meines Schicksals und der Tyrannei meiner unerbittlichen Verfolger preisgegeben. Ich teile an anderer Stelle den Wortlaut eines Berichtes mit, den ein Wundarzt in amtlichem Auftrag über meinen Gesundheitszustand erstattete; man wird schaudern über die Leiden, die ich damals zu erdulden hatte. Aber jetzt habe ich genug von Henkern und Folterqualen gesprochen; gehen wir einen Augenblick zu den Tröstungen, ja zu den Freuden über, die ich in diesem Verließ genossen habe.

Gewiß, Freuden! Ich verschaffte mir welche. Begreiflicherweise wurden sie mir nicht von Menschen zuteil; wie hätte ich auch dergleichen von ihnen erwarten können! Ich fand sie in Gesellschaft von Tieren, die uns als die abstoßendsten und ekelhaftesten erscheinen; ich fand sie, indem ich an ihren Spielen und Freuden teilnahm, ja, ich darf sagen, indem es mir gelang, ihre Liebe zu erwerben.

Lange Zeit hatte ich zu meinen schlimmsten physischen Leiden die Qual gerechnet, daß ich unaufhörlich von einer Menge Ratten belästigt wurde, die meiner Nahrung nachstellten und in meinem Strohlager Wärme suchten. Manchmal liefen sie mir, während ich schlief, über das Gesicht und zuweilen bissen sie mich sogar, so daß ich empfindliche Schmerzen davon hatte. Da ich außerstande war, sie zu verjagen und also notgedrungen mit ihnen leben mußte, so beschloß ich, sie mir zu Freunden zu machen. Bald ließen sie mich bei ihren Spielen zu und ich verdanke ihnen die einzige glückliche Zerstreuung, die mir in meiner fünfunddreißigjährigen Leidenszeit beschieden war. Ich will erzählen, wie unser interessanter Verkehr zustande kam.

Die Verließe der Bastille sind achteckig. In dem von mir bewohnten war in einer Höhe von zwei und einem halben Fuß über dem Boden eine Schießscharte ; sie war ungefähr zwei Fuß hoch und achtzehn Zoll breit, verengerte sich aber immer mehr, so daß sie an der Außenseite der Gefängnismauer nur noch etwa drei Zoll breit war. Durch dieses Loch erhielt ich das bißchen Licht und Luft, das man mir vergönnte; der Grundstein desselben diente mir zugleich auch als Tisch und Sitz, wenn ich es auf meinem verfaulten und übelduftenden Stroh nicht mehr aushalten konnte und mich an diese Scharte schleppte, um ein wenig frische Luft zu atmen; um das Gewicht meiner Ketten nicht so sehr zu fühlen, legte ich dann meine Arme und Ellbogen auf diesen Stein.

Als ich eines Tages so saß, sah ich am Eingang der Schießscharte eine große Ratte erscheinen. Ich rief sie, sie sah mich an, ohne Furcht zu verraten; ich warf ihr vorsichtig, um sie nicht durch eine allzu hastige Bewegung zu erschrecken, ein Stückchen Brot hin, sie kam, nahm das Brot, lief ein kleines Stückchen weiter weg, um es zu verzehren, und schien ein zweites von mir zu wünschen. Ich warf es ihr zu, aber ein wenig mehr in meine Nähe, ein drittes noch näher und so noch mehrere andere. Dies dauerte so lange, als ich ihr noch Brot zu geben hatte, dann als sie ihren Hunger befriedigt hatte, schleppte sie alle Krumen, die sie nicht aß, in ein Loch.

Am anderen Morgen kam sie wieder; ich war wieder ebenso freigebig; ich gab ihr sogar ein wenig Fleisch, das sie noch besser zu finden schien als das Brot; diesmal fraß sie in meiner Gegenwart, was sie den Tag vorher nicht getan hatte. Am dritten Tage waren wir schon so vertraut geworden, daß sie mir die Gaben, die ich ihr reichte, aus den Fingern nahm.

Ich weiß nicht, wo sie vorher ihr Nest gehabt hatte; aber sie schien sich ein anderes suchen zu wollen, um mir näher sein zu können; sie sah an jeder Seite der Scharte ein ziemlich tiefes Loch, sie untersuchte beide und schlug ihr Heim in dem zur Rechten auf, das sie für bequemer halten mochte. Am fünften Tage schlief sie zum erstenmal in ihrer neuen Wohnung. Am anderen Morgen machte sie mir zu recht früher Stunde ihren Besuch und ich reichte ihr ihr Frühstück; als sie tüchtig gefressen hatte, verließ sie mich, und ich sah sie erst am Tage darauf wieder, wo sie wie gewöhnlich kam. Aber ich bemerkte, als sie aus ihrem Loch hervorkam, daß sie nicht mehr allein war; ich sah ein Weibchen, das nur seinen Kopf hervorstreckte und genau zu beobachten schien, was wir wohl miteinander machten.

Vergeblich rief ich sie, warf ihr Brot und Fleisch-Stückchen hin; sie war augenscheinlich viel zu schüchtern und holte sie sich nicht. Nach und nach aber wagte sie sich doch aus ihrem Loch heraus und nahm die Bissen, die ich ihr bereitlegte. Zuweilen stritt sie sich mit ihrem Männchen darum, und, wenn sie gewandter oder stärker gewesen war als dieses, so zog sie sich mit ihrer Beute in ihr Versteck zurück. Der Gemahl holte sich dann bei mir Trost und fraß, um sie zu bestrafen, den Brocken, den ich ihm gegeben, in ziemlicher Entfernung von ihrem Loche auf, so daß sie ihn ihm nicht streitig machen konnte. Dabei zeigte er ihn ihr, um sie herauszufordern; er setzte sich auf seine Hinterbeine, hielt wie ein Affe sein Stückchen Brot oder Fleisch zwischen den Vorderpfoten und knabberte mit ganz stolzer Miene daran herum. Eines Tages fühlte sein Weibchen sich augenscheinlich durch seine herausfordernde Stellung in ihrer Eitelkeit gekränkt, sie vergaß ihre sonstige Zurückhaltung, stürzte sich auf ihn und packte mit ihren Zähnen den Bissen, den er zwischen den seinigen hielt. Keins von beiden wollte loslassen, und das Weibchen zog auf diese Weise das Männchen nach sich in ihr Loch hinein.

Sobald man mir mein Mittagessen gebracht hatte, rief ich sie stets sofort heran. Das Männchen kam schnell herbei, das Weibchen gewöhnlich langsam und zaghaft; endlich aber entschloß auch sie sich, zu mir zu kommen, und bald fraß sie mir aus der Hand. Einige Zeit darauf stellte sich ein dritter Gast ein; dieser machte nicht so viele Umstände, sondern betrachtete sich schon bei seinem zweiten Besuch als zur Familie gehörig. Diese dritte Ratte schien sich so behaglich zu fühlen, daß sie auch ihre Kameraden an meiner Freundschaft und meinen Geschenken teilnehmen lassen wollte. Am folgenden Tage brachte sie noch zwei mit, diese führten mir im Lauf der Woche noch fünf andere zu, so daß in weniger als vierzehn Tagen unsere Gesellschaft aus zehn großen Ratten und mir bestand.

Ich gab einer jeden ihren besonderen Namen, den sie bald behielten und unterschieden. Wenn ich sie rief, kamen sie sofort, um aus meiner Schüssel oder von meinem Teller zu essen. Doch fand ich ihr etwas zu freies Benehmen schließlich unbequem, da sie manchmal etwas unsauber waren, und mußte ihnen deshalb beiseite anrichten.

Ich hatte sie so zahm gemacht, daß sie sich unter dem Halse krauen ließen; dies schien ihnen sogar angenehm zu sein; niemals aber wollten sie ihren Rücken berühren lassen. Zuweilen amüsierte ich mich an ihren Spielen und spielte selbst mit. Ich warf ihnen ein Stückchen sehr heißes Fleisch hin; die gierigsten liefen danach, verbrannten sich, schrien und ließen es wieder fahren, während die weniger leckeren, die ruhig gewartet hatten, es nahmen, nachdem es kalt geworden war und sich damit in einen Winkel zurückzogen, wo sie sich darein teilten. Manchmal hielt ich Brot oder Fleisch hoch und ließ sie danach springen. Unter ihnen war ein Weibchen, das ich wegen seiner besonderen Behendigkeit Rapino genannt hatte; diese machte mir ganz besonders viel Vergnügen. Sie war ihrer Überlegenheit über die anderen so sicher, daß sie sich um das hingesetzte Futter niemals bekümmerte. Sie saß vor mir in der Stellung eines Jagdhundes, der ein Stück Wild belauert. Wenn ich einen Brocken wegwarf, ließ sie ruhig ein anderes Tier danach laufen, aber im Augenblick, wo es ihn erreicht hätte, schnellte sie sich mit einem gewaltigen Satz empor und fing mit ihrem Schnäuzchen den Bissen in der Luft auf. Wehe dem anderen Tier, wenn Rapino der Sprung mißlang! Denn unfehlbar packte sie es alsdann am Kragen und biß es mit ihren nadelscharfen Zähnen, daß es aufquiekte und seine Beute fahren ließ, auf die Rapino sich dann stürzte.

Mit solchen einfachen und unschuldigen Spielen hatte ich das Glück, mehr als zwei Jahre lang meine entsetzliche Langeweile zu zerstreuen; oft fühlte ich mich sogar glücklich; ein wohltätiger Gott hatte ohne Zweifel dies neue Zaubermittel für meine Einbildung erfunden; in diesen glücklichen Augenblicken existierte für mich keine Außenwelt mehr!

Wenn meine Erinnerung sich manchmal mit den Menschen und ihren Grausamkeiten beschäftigte, so sah ich sie nur wie in einem Traum. Mein geistiger Horizont reichte nicht weiter als die Mauern meines Kerkers; meine Sinne, mein Herz und mein Geist waren in diesen Kreis gebannt. Ich befand mich da im Schoße meiner Familie, sie interessierte mich, sie liebte mich. Warum sollte ich mich in eine andere Welt wünschen, wo ich nur Mörder und Henker fand?

Leider hielten diese süßen und wohltätigen Betrachtungen nicht immer meinen Mut empor; dann bezahlte ich teuer für das kostbare Selbstvergessen, für die Betäubung meiner Leiden. Doch ein glücklicher Zufall verschaffte meinem Geist neue Mittel, sich frei zu machen; es gelang mir dadurch auch, meine kleinen Zöglinge neue Kunststückchen zu lehren und meine Unterhaltungen auf diese Art zu vervielfältigen.

Eines Tages wurde mein Strohlager gewechselt und ich bemerkte in dem neu gebrachten ein Stückchen Rohr. Diese Entdeckung versetzte mich in eine Bewegung, die ich nicht auszudrücken vermag; sofort kam mir der Gedanke, mir eine Flöte oder Querpfeife zu machen, und erfüllte mich mit Entzücken. Ich hatte in meinem Kerker noch keine anderen Töne gehört als das Klirren der Riegel und Ketten; mit einer Flöte würde ich durch eine sanfte und rührende Weise das Grauen dieser Geräusche verscheuchen können; ich konnte meine Seufzer in Töne umsetzen und so die allzu langsam hinschleichenden Stunden des Elends verkürzen. Welch' überreiche Quelle der Genüsse würde mir eine Flöte bieten!

Aber wie sollte ich sie machen? Meine Hände waren von zwei dicken Eisenringen umschlossen, die durch eine Stange aus demselben Metall miteinander verbunden waren; ich konnte sie zwar bewegen, aber natürlich nur mit unendlicher Mühe. Ich hatte zudem kein einziges Werkzeug, meine Wächter hätten mir um alle Schätze der Welt nicht auch nur ein einfaches Stückchen Holz gegeben. Es fiel mir ein, die Schnalle loszulösen, die meinen Hosengurt zusammenhielt; mit meinem Fußeisen gelang es mir, diese Schnalle auseinander zu biegen und eine Art Meißelchen daraus zu machen; aber dieses war so schwach, daß ich nur mit vieler Mühe endlich das Rohr damit zuschneiden, von dem Mark befreien und ihm die richtige Form geben konnte. Nachdem ich mehrere Monate lang daran gearbeitet und fortwährend von neuem versucht hatte, kam ich endlich glücklich damit zustande. Ich sage ›glücklich‹, denn für mich war es wirkliches Glück. Diese Flöte ist sogar noch jetzt mein Glück. Seit vierunddreißig Jahren besitze ich das kleine Instrument; seit vierunddreißig Jahren habe ich es nicht eine Minute lang von mir gelassen. Es hat lange meine Kümmernisse verscheucht, es vergrößert heute noch meine Freuden. Es verschönert mir meine letzten Lebenstage und ich will dafür sorgen, daß es nach meinem Tode in die Hände eines unserer Freiheitsapostel gelegt werde. Möge es in einem der Freiheitstempel aufbewahrt werdenLatudes Denkwürdigkeiten erschienen in der Blütezeit der französischen Revolution. und als Denkzeichen der Gewalttaten des Despotismus dienen!

Die Zeit, die ich diesen wichtigen Arbeiten widmen mußte, hatte mich ein wenig von meinen häuslichen Angelegenheiten abgelenkt, und ich hatte meine kleine Familie vernachlässigt; in dieser Zwischenzeit hatte sie sich bedeutend vermehrt, und es war noch kein Jahr vergangen, so zählte sie sechsundzwanzig Glieder. Ich war sicher, daß keine fremden dabei waren; denn wer sich eindrängen wollte, wurde übel zugerichtet. Sie mußten sich erst mit meinen Freunden auf Leben und Tod schlagen. Diese Kämpfe waren für mich ein unterhaltendes Schauspiel. Sobald die beiden Kämpen einander gegenüberstanden, schienen sie zuerst mit einem einzigen Blick die Kräfte des Gegners abzuschätzen; dann knirschte die stärkere mit den Zähnen, die schwächere schrie auf und wich zurück, ohne sich aber umzudrehen, damit der Gegner nicht auf sie spränge und sie bisse. Die stärkere Ratte greift aber auch nicht von vorne an, weil sie sich dabei der Gefahr aussetzen würde, daß die andere ihr die Augen ausreißt. Ihr Verfahren ist sehr sinnreich und spaßhaft anzusehen: sie verbirgt ihren Kopf zwischen den Vorderpfötchen und schlägt zwei oder drei Purzelbäume, bis sie mit ihrem Rücken den Kopf der Gegnerin berührt. Diese sucht zu fliehen, die andere benutzt diesen Augenblick, um sie zu packen und klammert sich an ihr fest. Zuweilen ist die Beißerin sehr erbittert. Wenn andere Ratten bei dem Kampf anwesend sind, so bleiben sie ruhige Zuschauer; niemals kämpfen zwei gegen eine.

Ich habe die Bemerkung gemacht, daß diese Tiere anscheinend sehr kalter Natur und wenig zur Liebe aufgelegt sind; ich habe sie mit der größten Aufmerksamkeit beobachtet und viele Nächte darauf verwandt, sie zu belauern; niemals habe ich sie sich verbinden gesehen.

Mit großer Freude hätte ich mir auch einige Spinnen zähmen mögen; aber ich war nicht so geschickt wie der unglückliche Pellisson.Pellisson, Geschichtsschreiber Ludwigs des Vierzehnten und Mitglied der Französischen Akademie, büsste seine Anhänglichkeit an Fouquet, dessen erster Rat er 1657 war, mit einer fünfjährigen Haft in der Bastille. Um sie zu fangen, hatte ich mir ein sinnreiches Mittel ausgedacht: Ich band eine Fliege an eins meiner langen Haare fest und hielt sie in der Schwebe über einem Loch, worin ich wußte, daß eine Spinne war; diese kam heraus und packte die Fliege. Nun konnte ich sie herumtragen, wie ich wollte, denn die Spinne konnte nicht an dem Haar emporklimmen und auch nicht ihre Fliege loslassen; so blieb sie also in meiner Gewalt.

Dann band ich das Haar an eine Querstange meines Kerkergitters fest und stellte einen Becher voll Wasser darunter; die Spinne spann einen Faden zu diesem hin, so daß sie herab und hinauf steigen konnte; wenn sie an das Wasser kam, stieg sie wieder zu ihrer Fliege hinauf, und auf diese Weise konnte ich sie lange Zeit halten. Aber trotz aller Versuche gelang es mir nie, mir eine zur Freundin zu machen.

Ich habe mich so lange bei der Erzählung dieser unschuldigen Ergötzlichkeiten aufgehalten, weil sie mir die glücklichsten Stunden meiner Gefangenschaft vergegenwärtigen. Die Menschen wurden mir dadurch ferne gerückt, jedoch vergaß ich sie nicht ganz und gar. Zuweilen erinnerte ich mich ihrer und mit ihnen auch ihrer Quälereien und Grausamkeiten. Dann mußte ich nach neuen Zerstreuungen suchen; und da bot sich meinem Geist eine Beschäftigung dar, der ich mich mit aller Kraft hingab.

Meine tatkräftige Seele hatte immer das Bedürfnis, Pläne zu erdenken und auszuführen: wäre ich frei und eigener Herr meiner Fähigkeiten gewesen, so würde ich meinen Drang an nützlichen Objekten versucht haben; in Ketten und Banden konnte er mir nur dazu dienen, Mittel zu finden, wie ich diese zerbrechen könnte. Nun glaubte ich einen Plan erdacht zu haben, der nach diesen beiden Richtungen zugleich zum Ziele führen konnte; wenigstens dachte ich, mir schmeicheln zu können, wenn ich meinem Vaterlande einen Dienst erweise, so würde meine Freiheit der Lohn dafür sein. Meine Betrachtungen waren folgende: Schon früher war es mir aufgefallen, daß in unserer Armee Offiziere und Unteroffiziere nur mit Hellebarden bewaffnet waren, die während des größten Teils des Gefechts und zuweilen während seiner ganzen Dauer völlig unnütz waren, so daß der Mut ihrer Träger kaum Betätigung finden konnte. Aus dieser schlechten Einrichtung gingen sehr viele böse Folgen hervor. Im Gefecht bedient man sich nicht immer der blanken Waffe, und es kommt doch erst sehr spät zum Nahkampf. Was fangen bis dahin alle Unteroffiziere mit ihren Piken und Hellebarden an? Diese bilden aber nicht nur den zwanzigsten Teil der Armee, sondern sie sind auch die Blüte und Auslese derselben: ohne Zweifel weiß ein Sergeant, der nur durch Tapferkeit und lange Dienstjahre zu seinem Grade kommt, besser mit seinem Gewehr umzugehen und mehr damit zu nützen und dem Feind mehr damit zu schaden, als ein einfacher Rekrut oder ein notdürftig eingeübter Soldat, den der furchtbare Anblick des Gemetzels zagen macht, und der nur mit unsicherer Hand einen nutzlosen Flintenschuß abfeuert! Wie war es möglich, daß man nicht längst hieran gedacht hatte? Welchen Vorteil mußte Frankreich in der ersten Schlacht haben, wenn es auch seine Unteroffiziere mitfeuern ließ! Wie stolz mußten wir sein, dem preußischen Heros eine Lehre und ein Beispiel geben zu können!

Mich quälte der brennendste Wunsch, meinem König und dem Kriegsminister diese Ideen mitteilen zu können. Dies mußte aber sehr geheim geschehen, denn es war sehr wichtig, daß mein Plan bis zur Ausführung nicht bekannt wurde. Es galt, die Feinde mit der vollendeten Tatsache zu überraschen.

Aber worauf schreiben? Wie es anfangen, die Gedanken meines Herzens dem Urteil der zuständigen Persönlichkeiten zu unterbreiten? Während meiner ersten Gefangenschaft hatte Herr Berryer auf seine eigene Verantwortung hin angeordnet, man solle mir Schreibzeug und Papier geben. Dieser Gunst war ich jetzt beraubt; es war sogar ausdrücklich verboten worden, mir diese Hilfsmittel zu reichen. Ich mußte also in meinem eigenen Kopfe, und ich darf wohl sagen, in meinem Mut und in meiner Geschicklichkeit die Mittel finden, den neuen Plan zu entwickeln und ihn ohne Feder und Papier niederzuschreiben. Und es gelang mir.

Um das mir fehlende Papier zu ersetzen, sammelte ich lange Zeit so viele Brotkrumen, als ich ersparen konnte. Ich zerrieb sie in den Händen, machte mittelst Speichel einen steifen Brei daraus, schlug diesen platt und formte ihn zu Täfelchen von ungefähr sechs Zoll im Geviert und zwei Linien Dicke. Diese wurden mit der Zeit vollkommen hart und glatt. Als Federn dienten mir die dreieckigen Gräten, die sich unter dem Bauch des Karpfens finden. Sie sind breit und stark und brauchen nur gespalten zu werden, um sich vorzüglich zum Schreiben zu eignen. Nun fehlte mir nur noch Tinte; mein Blut konnte sie ersetzen, und ich bediente mich desselben.

Ich zog Fäden aus dem Saum meines Hemdes, umschnürte damit so eng wie möglich das Vorderglied meines Daumens, um es aufschwellen zu lassen, und stach mit dem Dorn einer meiner Schnallen hinein, aber jeder Stich lieferte mir nur wenige Tropfen Blut, und ich mußte das Verfahren daher sehr oft erneuern. Bald waren alle meine Finger voll von Stichen, es erfolgte eine Entzündung und starke Anschwellung, die mich besorgt machte. Zudem gerann das Blut, sowie ich einen Buchstaben geschrieben hatte, und ich mußte die Feder von neuem eintauchen. Ich half diesen beiden Übelständen ab, indem ich in meinem Becher das Blut mit ein paar Tropfen Wasser mischte. Das gab eine recht lesbare Tinte, und ich konnte nun eine Denkschrift aufsetzen, worin ich meine eben mitgeteilten Gedanken entwickelte.

Aber dies war noch nicht genug. Meine Abhandlung mußte ins Reine geschrieben werden, und zwar auf Papier, um dem Minister vorgelegt zu werden. Ich konnte diesen Dienst weder von einem meiner Kerkermeister, noch von den Bastillenoffizieren erwarten. Sie würden meine Täfelchen zerbrochen, auch mir meine Arbeit gestohlen haben, indem sie sich selbst mit meinem Einfall gebrüstet hätten. Sonst kam aber kein Mensch zu mir; nur ein Schließer durfte bis zu meiner Gruft dringen. Ich mußte mir also wiederum durch List helfen. Ich verlangte den Major zu sprechen; und da die Herren es gewöhnlich nicht sehr eilig haben, sich nach den Wünschen ihrer Gefangenen zu erkundigen, so trug ich mein Gesuch in sehr entschiedenem Tone vor, um nicht allzu lange warten zu müssen. Sobald er mein Verließ betreten hatte, fragte ich ihn, ob es die Absicht der Marquise de Pompadour sei, meinen Leib und meine Seele zugleich zum Teufel zu schicken.

»Sie sehen,« sagte ich ihm, »ich habe keine Hoffnung mehr, die furchtbaren Qualen, die ich erleide, noch lange auszuhalten; ich bitte, man möge mir zum mindesten die Gnade erweisen, die man auch den größten Verbrechern niemals vorenthält.«

Er versprach mir, man würde auch mir diese Gnade nicht verweigern, und er würde mir augenblicklich den Beichtvater der Bastille zuschicken. Nun muß man wissen, daß der Beichtvater dieses Ortes ein Beamter ist; der Priester, der diese Funktionen versah, gehörte zum Stabe der Festung, folglich war er nicht mehr als ein Spion. In dieser verruchten Höhle, wo man alles wagte, scheute man sich also nicht, selbst unsere geheiligtsten Mysterien zu entweihen, und man fand Gottesdiener, die erbärmlich genug waren, ihr erhabenes Amt zu prostituieren, und barbarisch genug, um sich zu Helfershelfern so vieler Greuel zu erniedrigen!

Der Mann, dem damals dieses Amt oblag, war der Jesuitenpater Griffet, übrigens in der wissenschaftlichen Welt durch etliche schätzbare Werke bekannt. Er kam. Aber er beschäftigte sich nicht mit dem Anlaß, wegen dessen ich ihn scheinbar hatte rufen lassen, er erwähnte nicht einmal das Wort »Beichte«, sondern stellte mir tausend Fragen über mein ganzes bisheriges Leben, meine geglückten Fluchtunternehmungen und die Mittel, die ich angewandt hatte, um den Erfolg zu erzielen. Ich suchte ihn nach Möglichkeit für mich zu interessieren; als ich glaubte, dies sei mir gelungen, sprach ich von meinem Projekt. Ich bat ihn inständigst, er möchte es lesen, und, wenn er es billigte, mir die Möglichkeit verschaffen, es zuständigen Ortes zur Kenntnis zu bringen. Er willigte ein und ich übergab ihm die sechs Tafeln, auf denen die Abhandlung geschrieben stand. Als er die mit meinem Blut hergestellten Schriftzüge sah, fühlte er sich von Bewunderung, gemischt mit Schauder, hingerissen.

»Wäre doch Ihr Herr,« sagte er mir, »ein Kardinal von Richelieu oder ein Friedrich von Preußen! Sie würden Ihren Erfindungsgeist anspornen, belohnen, anstatt ihn in einem Kerker zu ersticken.«

Ich antwortete ihm, unsere Minister hätten von diesen beiden Männern nur ihren grausamen Despotismus; eigentümlich sei ihnen nur die Erbärmlichkeit, die aus der Schwachheit und absoluten geistigen Unbedeutendheit entspringen — doch es handle sich zwischen uns vor allem um meinen Vorschlag. Er billigte ihn, nachdem er meine Gründe gelesen hatte, und versprach mir, ihn sofort dem Polizeipräsidenten mitzuteilen und diesen um die Erlaubnis zu bitten, mir zur Herstellung einer geziemenden Reinschrift Tinte, Feder und Papier zu verabfolgen.

Seine Bitte wurde genehmigt; man brachte mir alles Erforderliche, und am 14. April 1758 wurde meine Denkschrift dem König vorgelegt. Ohne Zweifel las er sie, und ohne Zweifel leuchtete die Richtigkeit meiner Beobachtungen ein, denn man machte sofort Gebrauch davon. Von diesem Zeitpunkt an bewaffnete man, genau wie ich es vorgeschlagen hatte, in mehreren Regimentern alle Sergeanten und Unteroffiziere mit Gewehren; man gewann dadurch fürs Gefecht einen Zuwachs von zwanzigtausend guten und tapferen Soldaten, deren Tapferkeit bis dahin fast ganz nutzlos gewesen war.

Wäre der Günstling eines Großen oder einer Kurtisane der Urheber dieses Planes gewesen, man hätte ihn mit Ehren und fetten Jahrgeldern belohnt — und, wollte Gott, es wären dergleichen niemals auf schlechtere Gründe hin ausgeteilt worden! Ich selbst ersehnte nichts als die Freiheit, um meinem Vaterlande auch weiterhin nützlich zu sein und ihm neue, größere Dienste leisten zu können. Ich wußte nicht, wie töricht es war, meine Freiheit durch solche Mittel erlangen zu wollen. Unter der Herrschaft der Pompadour schmiedete ich damit mir selber meine Ketten fester und zog selbst meine Bande enger zu. Denn je mehr Tatkraft — und vielleicht Talente — ich zeigte, desto gefährlicher erschien ich ihr. Sie sagte ohne Zweifel wie Ludwig der Elfte, dessen Denkweise ihr gewiß vertraut war: »Ein toter Feind beißt mich nicht mehr!«

Mit solchen Grundsätzen konnte sie allerdings wenig Neigung haben, meinen patriotischen Eifer zur Geltung kommen zu lassen. Aber konnte ich solche Grundsätze bei ihr vermuten? Konnte ich vor allem ahnen, daß sie allein die Triebfeder in unserem ganzen Staatsleben war? Es war freilich leider nur zu wahr. Unter ihr war als Minister nur möglich, wer feige genug war, sie zu fürchten, und niedrig genug, ihr zu dienen.

Nachdem ich drei Monate hindurch vergeblich auf den Preis gehofft hatte, den ich für diesen Dienst erwartete — ich hätte ihn als eine Gnade erflehen sollen, während ich ihn stolz als einen gerechten Lohn verlangte! — glaubte ich die Aufmerksamkeit der Königs und seiner Minister von neuem beschäftigen zu müssen, indem ich ihnen noch einen Plan unterbreitete. Mein erster konnte die Schlachten blutiger für unsere Feinde gestalten, mein zweiter wollte in unserem eigenen Lande die Leiden, die der Krieg im Gefolge hat, einigermaßen lindern.

Es schien mir furchtbar, daß die Witwe eines Offiziers oder Soldaten von dem Vaterland, für das ihr Gatte gefallen, kaltsinnig ihren Tränen überlassen wurde, daß der Staat nicht einmal versuchte; den Schmerz und oft genug das Elend zu lindern. Der König von Preußen hatte allen Witwen dieser Art ein Jahrgeld zugesichert, und dieser Beweis von dem Gerechtigkeitsgefühl seines Herzens hatte vielleicht mehr zu seinem Ruhm beigetragen, als die kühn erdachten Schlachtenpläne und die Triumphe seiner Waffen. Überall hatte ich ihn voll Begeisterung deswegen preisen hören; ich hätte auch meinem König gleichen Ruhm gönnen mögen. Doch hierzu war Geld nötig. Der schuldenüberlastete Staat konnte wohl die Mittel für die Verschwendungswut einer Maitresse und für die Habsucht ihrer Höflinge aufbringen, nicht aber die Mittel für Handlungen der Gerechtigkeit und Menschlichkeit. Ich gab eine Möglichkeit an, wie man, ohne das Volk neu zu belasten, jeden Bürger an der Bezahlung einer moralischen Schuld teilnehmen lassen konnte: man brauchte nur das Porto jedes Briefes um drei Heller zu erhöhen.3 Heller = ¼ Sou oder 1 Pf. Ich wies nach, daß dieser geringe Aufschlag, der jedermann traf, aber niemand drückte, mehr als hinreichend war, um die Witwenversorgung zu bestreiten; ich gab die Einzelheiten der Ausführung in wohl durchdachter Darstellung an.

Ich sprach zu der Seele des Monarchen, um sie für den schönen natürlichen und einfachen Plan zu begeistern; ich rief ihm zu, man verdiene selbst nur glücklich zu sein, wenn man Menschen glücklich mache.

Meine Eingabe verfehlte völlig ihren Zweck. Ich hatte dem Staat dienen und ihm Ehre machen wollen und mußte zu meinem Schmerz sehen, daß man die von mir angegebenen Mittel nur mißbrauchte, um das Volk neu zu belasten. Kaum war meine Denkschrift dem Hofe vorgelegt, so wurde wirklich das Briefporto erhöht, es wurde auch der Vorwand gebraucht, daß Pensionen für die Witwen der im Kriege gefallenen Offiziere und Soldaten geschaffen werden sollten — aber dies war nur eine schändliche Lüge, um das Volk zu täuschen: die Minister verfügten über den Ertrag der Steuer, und die Witwen erhielten — nichts!

So sollte mir denn keine Hoffnung mehr bleiben! Was ich aus der Tiefe meines Kerkers rief, es wurde nicht mehr gehört, mochte ich nun meine Unschuld beteuern, über meine Leiden klagen oder meine Dienste dem Vaterlande zur Verfügung stellen. Schon neun lange Jahre war ich eingeschlossen, verfolgt, mit schnöden Ketten beladen, und noch hatte man mir nicht einmal gesagt, was mein Verbrechen sei! Kein Ankläger war gegen mich aufgetreten, kein Zeuge hatte ausgesagt, kein Richter ließ sich sehen! Ich rief die Gesetze an — sie waren stumm, und alle ihre Diener hatten taube Ohren für mein Geschrei. Eine gemeine Dirne oder sogar ihre Lakaien, oder irgend ein Minister — der oft nichts besseres und nichts anderes war — konnten nach ihrem Belieben hinter einem Menschen die furchtbaren Tore sich schließen lassen.

Ich konnte also für meine Leiden kein Ende mehr erhoffen; auf dieser Streu, die ich so lange schon mit meinen Tränen benetzt hatte, sollte ich mein Sterbelager finden. Milde, Gerechtigkeit, Erbarmen — alles hatte ich vergebens angerufen! Ich befand mich in dem furchtbaren Zustand, wo der Unglückliche in sich selbst keinen Halt mehr findet, auf die Stimme seines Gewissens nicht mehr hören kann: ja ich will es gestehen, von der Verzweiflung geführt hat meine Hand sich verirrt und den Augenblick des Todes, der allein meinen Leiden ein Ende setzen konnte, zu beschleunigen versucht.

Damit man meine Leiden ermesse, will ich jetzt für einen Augenblick das Wort an einen unverdächtigen Zeugen abgeben. Unter den auf meine Haft bezüglichen Papieren, die mir am 16. Juli in der Bastille übergeben wurden,Nach der Erstürmung am 14. Juli 1789 befand sich auch der amtliche Bericht eines Arztes, den Herr de Sartines beauftragt hatte, mich zu untersuchen und meinen Gesundheitszustand zu begutachten. Der Bericht lautet folgendermaßen:

> Mein Herr!
>
> Auf Ihren Befehl habe ich mehrere Male einen Gefangenen in der Bastille besucht; nachdem ich seine Augen untersucht und mit dem Ergebnis meiner Beobachtungen die Mitteilungen des Gefangenen selbst verglichen habe, finde ich es durchaus nicht wunderbar, daß er seine Sehkraft zum größten Teil verloren hat. Seit vielen Jahren schon ist der Gefangene der frischen Luft und der Einwirkung der Sonnenstrahlen beraubt. Vierzig Monate lang hat er mit eisernen Ketten an Händen und Füßen in einem Verließ gelegen. In solcher Lage muß die Natur leiden! Es ist unmöglich, unter so großen Qualen sich der Tränen zu enthalten, und es ist nicht zweifelhaft, daß durch reichlichen Tränenerguß während so vieler Jahre das Gesicht des Gefangenen sehr geschwächt ist.
>
> Der Winter 1756 und 57 war außerordentlich streng; die Seine war gefroren, und in dieser Jahreszeit lag der Gefangene im Verließ in Ketten, auf elendem Strohlager, ohne Decke; in seinem Kerker waren zwei Mauerritzen von zwei und einem halben Zoll Breite und vier Fuß Höhe ohne Fensterscheiben oder verschließbare Läden. Tag und Nacht strich der kalte Wind ihm über das Gesicht: es gibt aber für die Augen nichts Schädlicheres als einen eisigen Luftzug, besonders während man schläft. Der beständig fließende Schnupfen spaltete ihm die Oberlippe; dadurch

wurden die Zähne bloßgelegt, die infolge des Frostes fast alle ausfielen; die Haarwurzeln seines Schnurrbartes wurden zerstört, er wurde ganz kahl. Die Spuren dieser Wirkungen sind noch heute sehr deutlich sichtbar. Nun, wenn der Frost solche Wirkungen hervorrufen konnte, so ist nicht zu bezweifeln, daß die unendlich viel empfindlicheren Augen noch viel mehr leiden mußten.

An der Fensteröffnung des Gefangenen sind vier eiserne Gitter; die Stäbe sind sehr dick und in einer derartigen Anordnung hintereinander gestellt, daß man einen Gegenstand draußen, den man betrachten will, in dreißigfacher Vervielfältigung sieht. Auf die Länge der Zeit ist so etwas dem Gesicht sehr schädlich. Die Mauern der Bastille sind neun bis zehn Fuß dick, folglich sehr feucht; die Feuchtigkeit aber schwächt alle Körperteile und ertötet alle Lebensgeister.

Der Gefangene konnte seine Leiden nicht länger ertragen und beschloß zu sterben. Er brachte hundertunddrei Stunden zu, ohne Speise und Trank zu nehmen; man brach ihm den Mund mit einem Schlüssel auseinander und flößte ihm die Nahrung zwangsweise ein. Als er sich gegen seinen Willen ins Leben zurückgerufen sah, öffnete er sich mit einem Glasscherben die vier Pulsadern; während der Nacht verlor er all sein Blut; es verblieben in seinem Körper vielleicht nicht mehr als sechs Unzen. Mehrere Tage lang lag er bewußtlos; dieser große Blutverlust hat alle seine Kräfte erschöpft. Wenngleich er wieder etwas zugenommen hat, darf man daraus nicht schließen, daß er gesund ist. Infolge des Blutmangels hat er nicht mehr Wärme und Kraft genug, um die schlechten Säfte durch Schwitzen auszuscheiden. Diese Säfte stocken, verdicken sich und bilden eine gewisse Fettmasse, deren Vorhandensein sich mit vielen Krankheiten verträgt; denn wir sehen sehr fette Leute an Rheumatismus, Verstopfungen, Geschwüren, Gicht leiden; alles dies wird nur durch Erschöpfung und Mangel an Transpiration hervorgerufen. Der Gefangene beklagt sich ebenfalls über Rheumatismus und andere Gebrechen, die er sich im Kerker zugezogen hat; aber mit diesen Krankheiten beschäftige ich mich hier nicht, weil sie nicht in mein Fach schlagen.Der Verfasser des Berichtes, Dr. Grandjean, war Spezialist für Augenkrankheiten

Hauptursache des Verlustes seiner Sehkraft ist seine Blutschwäche; dies wird bestätigt durch eine unendliche Zahl von Menschen, die sich über Kurz-und Schwachsichtigkeit beklagen und behaupten, ihr Leiden rühre davon her, daß ihnen in Krankheitsfällen zu starke Aderlässe gemacht seien.

Der Gefangene beklagt sich, daß ihm alles vor den Augen verschwimmt, daß er immer weniger sieht. Er ist nicht mehr jung, sondern hat die Mitte des menschlichen Lebensalters bereits überschritten, er ist zweiundvierzig Jahre alt,Das stimmt nicht ganz mit dem Folgenden; L. war 24 Jahre alt, als er ins Gefängnis kam, er kann also im fünfzehnten Jahre nach seiner Haft nicht älter als neununddreissig gewesen sein; übrigens ändert dies ja an der Sache nichts. er hat herbe Heimsuchungen erlitten! Seit fünfzehn Jahren leidet er ohne Unterlaß; sieben Jahre lang war er des Feuers und Lichtes, der Luft und Sonne beraubt. Zudem hat er achtundfünfzig Monate im Verließ verbracht, davon vierzig mit Ketten an Händen und Füßen, auf einem Strohbund ohne Decke!

Gewiß kann in solcher Lage eine Natur an Tränen oder Leiden zugrunde gehen. Wenn der Gefangene seinen Kopf vornüber neigt, oder beim Schreiben oder Lesen, fühlt er Stöße im oberen Teil des Gehirns, wie wenn ihm starke Faustschläge versetzt würden; zugleich verliert er für eine oder zwei Minuten das Sehvermögen. Diese Zufälle sind sehr gefährlich; es können bei solchen Gelegenheiten leicht Blutgefäße springen; dies kann einen Schlagfluß oder auch eine Lähmung der Sehnerven zur Folge haben.

Durch Einreibungen, Waschungen, aromatische Dampfbäder habe ich die unfreiwilligen Tränenverluste völlig zum Stillstand gebracht, die Entzündung der Augen gehoben, ja sogar die scheibenförmigen Muskeln der Iris, die sehr bedeutend erweitert waren, in ihre alte Gestalt zurückgebracht. Er hätte daher auch die frühere Sehkraft zurückerlangt, wenn deren Verlust nicht durch das übermäßige Weinen und durch die Blutschwäche verursacht wäre. Es ist daher unmöglich, ihm die Sehkraft wiederzugeben.

Ich habe es für notwendig gehalten, Ihnen diese Darstellung zu geben, weil es überflüssig ist, des Königs Geld für Arzneimittel und meine Besuche auszugeben. Einzig und allein die Erlösung aus seinem Unglück, frische Luft und starke körperliche Bewegung können dem Gefangenen den geringen Rest seiner Sehkraft erhalten. Die Luft wird alle Glieder und Organe seines Körpers kräftigen, und die starke Bewegung wird ihn von dem Übermaß der schlechten Säfte im Kopfe befreien, wodurch seine häufigen Zuckungen hervorgerufen werden und welche den völligen Verlust des Sehvermögens verursachen werden, wenn man ihn noch länger leiden läßt. Gezeichnet: Grandjean.

Nun? was sagt man dazu, daß die sachverständigen Ratschläge des Arztes, seine furchtbaren Schilderungen meiner Lage auf das Herz meiner Verfolger durchaus keinen Eindruck machten? Ich blieb in meinem Verließ! Man versetzte mich erst lange Zeit nachher in ein anderes Gelaß, als mein Loch infolge einer Seineüberschwemmung voll Wasser lief. Man erweise aber ja nicht meinen Henkern die Ehre, zu glauben, daß Mitleid sie bewegt habe! Der Befehl, mich in eins der Turmzimmer überzuführen, wurde erst gegeben, als der Schließer, der mich bediente, sich bitterlich darüber beklagte, daß er jedesmal, wenn er zu mir käme, durch das Wasser waten müßte!

Endlich atmete ich also eine etwas weniger dicke Luft und konnte mir durch meine Eisengitter hindurch eine unbestimmte Vorstellung von der Farbe des Himmel machen! Man brachte mich in das erste Zimmer des Turms La Comte. Es hatte keinen Kamin, so daß es, wie man sieht, noch ziemliche Ähnlichkeit mit dem Verließ hatte. Man befürchtete ohne Zweifel, meine Seele zu schnell an ein sanfteres Los zu gewöhnen. Ein anderer Grund, warum man mir dieses Zimmer gab, war der, daß es zum Bezirk des Schließers Daragon gehörte. Er war der unbarmherzigste aller Menschen; da er schon um meinetwillen bestraft war, weil er meine Flucht nicht verhindert hatte, so konnte er natürlich nicht verfehlen, mich unter dem Vorwande peinlicher Wachsamkeit aufs grausamste zu verfolgen.

Man beschuldige mich nicht, daß ich meinen Feinden ohne Ursache so scheußliche Beweggründe für ihre Handlungsweise unterschiebe. Ich habe Beweise; hier ist einer von vielen:

Ich sagte, meine neue Wohnung glich in mancher Hinsicht dem Kerker, den ich verlassen hatte. Immerhin war sie weniger feucht, die Luft, die ich atmete, war weniger dick, oder vielmehr: in meinem Zimmer war sie nur ungesund, in meinem Verließ dagegen war sie das reine Gift gewesen, dessen Wirkung ich bei jedem Atemzuge in den Schmerzen meiner Eingeweide verspürt hatte. Das war allerdings ein Unterschied. Aber es war noch ein anderer Unterschied da: ich fand in dem neuen Raum meine Zerstreuung, meine Tröstung in all den Qualen nicht wieder; ich hatte meine ganze kleine Familie nicht mit mir nehmen können. Ich sehnte mich schmerzlich nach ihr, da bot ein glücklicher Zufall mir einen Ersatz.

Ziemlich häufig setzten Tauben sich in mein Fensterloch; ich faßte den Plan, mir einige zu zähmen. Da meine Gedanken gänzlich von diesem Gegenstand erfüllt waren, so suchte ich den Plan unverzüglich auszuführen. Ich verfertigte aus einigen Fäden, die ich aus meinen Hemden und Bettüchern zog, ein kleines Netz, das ich außerhalb meines Fensters anbrachte. Ich fing darin einen prächtigen Täuberich; bald hatte ich auch das Weibchen, das freiwillig zu kommen schien, um die Gefangenschaft des Gatten zu teilen. Ich bot alles auf, um sie für den Verlust ihrer Freiheit zu trösten, ich half ihnen ihr Nest bauen, ihre Jungen füttern und wärmen. Sie schienen nicht fühllos dafür zu sein und suchten mich durch Liebkosungen zu erfreuen. Ich beschäftigte mich nur noch mit ihnen! Wie verfolgte ich alle ihre Bewegungen! Wie gönnte ich ihnen ihr Liebesglück, ich vergaß mich bei ihrem Anblick, und meine Einbildung schwelgte zuweilen in der Vorstellung ihrer Wonnen!

Alle Offiziere der Bastille besuchten mich, voll Erstaunen ob meiner Geschicklichkeit, und wollten meine Tauben sehen. Ich erzählte ihnen von meinen Freuden, von meinen Genüssen; sie waren sehr überrascht davon. Natürlich! Menschen wie sie, die rein geistige Freuden nie empfanden, konnten solche auch bei einem anderen nicht verstehen.

Daragon mißgönnte mir mein Glück und beschloß, es zu stören. Der armselige Wicht zitterte vor Wut, wenn er sah, daß mein Herz einmal nicht vor Schmerz zuckte. Er hatte einen Rückhalt an einigen Vorgesetzten, deren gefällige Kreatur er war, und die alle seine Niederträchtigkeiten guthießen. Man billigte alles, was er sich zu erlauben wagte. Er beschloß also, mir meine Tauben zu nehmen, oder mich die Erlaubnis, sie zu behalten, teuer bezahlen zu lassen. Ich schenkte ihm jeden Sonntag eine von den sieben Flaschen Wein, die ich wöchentlich geliefert erhielt. Er war so schamlos, für die Zukunft vier Flaschen zu fordern. Ich stellte ihm vor, in meinem Schwächezustand könnte ich das Stärkungsmittel, das mir so notwendig zur Bewahrung und Wiedergewinnung meiner Kräfte wäre, nicht fortgeben. Er sagte mir, wenn ich ihm den Wein nicht gäbe, so kaufte er mir kein Korn mehr zu Futter für meine Tauben — das ich ihm übrigens bereits mit dem vierfachen Preis bezahlte. Empört über so viel Frechheit, antwortete ich ihm ein wenig barsch. Schäumend vor Wut ging er ab und kam kurz darauf wieder mit der Meldung, der Gouverneur habe ihm befohlen, meine Tauben zu töten. Meine Verzweiflung bei diesem Donnerwort war entsetzlich, ich fühlte meine Vernunft schwinden, ich hätte mein Leben hingegeben, um an dem Scheusal meine nur zu gerechte Rache kühlen zu können. Ich sah ihn eine Bewegung machen, um sich auf die unschuldigen Opfer meines Unglücks zu stürzen. Da kam ich ihm zuvor, ich ergriff sie und erwürgte sie, bewußtlos vor Schmerz, mit meinen eigenen Händen. Nur mit Grauen vermag ich noch jetzt an jenen Augenblick zurückzudenken.

www.ingramcontent.com/pod-product-compliance
Lightning Source LLC
LaVergne TN
LVHW010112170826
845678LV00012B/2361

* 9 7 8 8 0 2 7 3 1 5 1 7 8 *